2050
ESG 혁명

개별 기업을 넘어 자본시장과 한 국가의 성패를 가를 새로운 경영 패러다임

2050 ESG 혁명

초판 1쇄 발행 2022년 6월 22일
초판 2쇄 발행 2022년 7월 25일

지은이 강지수 임현정 강민구 명광민 정훈 박민희 윤석근 김용우 김기현 윤태형

발행인 백유미 조영석
발행처 (주)라온아시아
주소 서울특별시 서초구 효령로34길 4, 프린스효령빌딩 5F

등록 2016년 7월 5일 제 2016-000141호
전화 070-7600-8230 **팩스** 070-4754-2473

값 23,000원
ISBN 979-11-92072-60-9 (04320)
979-11-92072-09-8 (세트)

※ 라온북은 (주)라온아시아의 퍼스널 브랜드입니다.

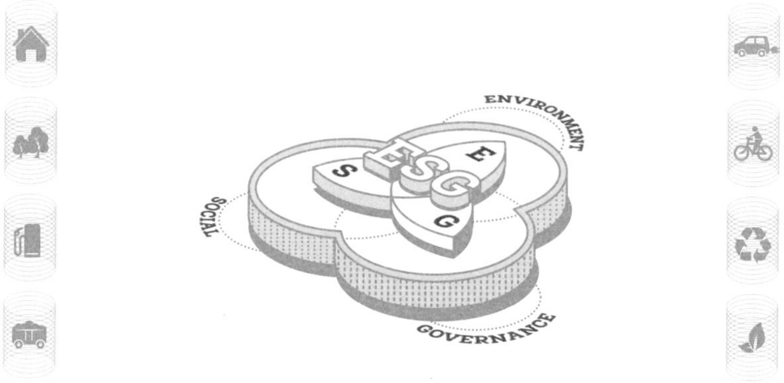

2050 ESG 혁명

강지수 임현정 강민구 명광민 정훈 박민희 윤석근 김용우 김기현 윤태형

RAON BOOK

추천의 글

14년간의 미국 생활을 마치고, 2007년 서강대학교 경영대학 교수로 부임했다. 이 시기에 한국 기업은 경영에 있어 사회적 책임을 비롯한 기업의 윤리경영이 하나의 중요한 트렌드로 부각되고 있었던 기억이 있다. 유학을 떠나던 1990년대 초반만 하더라도 기업 경영의 윤리적인 이슈는 크게 부각되지 않았었고, 따라서 이러한 새로운 트렌드는 나에게 꽤 흥미로웠다.

당시 사회적 책임을 잘 수행하는 기업은 훌륭한 기업으로 인식됐고, 그중 한 회사인 유한킴벌리의 CEO는 사회적 책임을 잘 수행하는 회사의 긍정적인 이미지에 힘입어 팬덤이 형성되어 국회의원으로 당선되기까지 했던 것으로 기억한다.

그 후 시간이 흐르면서 한국 기업의 경영도 선진화되면서 사회적 책임을 수행하는 기업은 더 이상 좋은 기업이 아니라 일반적인 기업으로 인식되었다. 그리고 사회적 책임을 등한시하는 기업은 상당히 부정적으로 인식되어 비윤리적인 경영활동으로 인해 기업의 존폐가 위협을 받게 되었다.

2022년, 기업의 사회적 책임과 윤리경영을 뛰어넘어 좀 더 포괄적인 'ESG 경영'이라는 새로운 조류가 전 세계의 모든 기업을 휩쓸고 있는 상황이다. 기업의 사회적 책임은 비용을 발생시키지만, 장기적으로 보면 간접적으로 기업에 긍정적인 영향을 미친다는 믿음에서 수행되어왔다. 하지만 ESG 경영은 기업이 ESG 활동을 통해 환경과 사회 전체에 긍정적인 영향력을 발휘함과 동시에 기업의 재무적 성과, 즉 직접적으로 기업가치에 긍정적인 영향을 미칠 수 있다는 믿음에 기초하고 있다. 이러한 점이 기업의 사회적 책임 수행과 가장 큰 차이라 할 수 있다.

학계에서는 기업의 사회적 책임 수행이나 ESG 경영이 기업의 재무적 성과에 직접적인 영향을 미치는지에 대해 여전히 논란이 있는 것도 사실이다. 하지만 주주 자본주의에서 이해관계자 자본주의로의 대전환과 지구의 지속가능성을 심각하게 위협하고 있는 환경 문제 그리고 ESG 경영을 촉발하고 지속적으로 촉진하고 있는 글로벌 투자자들의 영향력 등을 고려하면 ESG 경영이 단기에 사라져 버릴 단순한 유행이라기보다는 장기적이고 지속적으로 기업이 추구해야만 할 경영활동으로 자리 잡을 가능성이 큰 것으로 보인다.

따라서 기업들은 ESG 경영에 큰 관심을 가지고 이를 도입하여 내재화하려고 하고 있으며, 투자자들은 ESG 투자 성과에 집중하면서 기업의 ESG 경영활동을 모니터링하고 있다.

현재 ESG와 관련하여 정리되어야 할 이슈들이 여전히 남아있고 많은 이해당사자가 ESG 경영이 무엇인지, 아직 정확하게 파악하지 못하고 있는 것도 사실이다. 이런 상황에서 ESG와 관련된 다양한 이슈들을 이해하기 쉽게 풀어낸 본 저서는 중요한 의미를 담고 있다고 보인다.

서강대학교 경영전문대학원의 ESG 리더십 과정을 통해 ESG와 관련된 이론적인 배경들과 지식을 습득한 저자들은 현장에서 ESG 경영을 경험하고 수행한 전문가들이다.

현재 ESG와 관련되어 이미 출간된 다양한 저서들과 비교해볼 때 실제 현장 전문가들이 저자로 참여하여 좀 더 현장감 넘치고 현실성 있는 시각으로 ESG에 접근했다는 점에서 중요한 차별점이 있다고 보이며, ESG에 대해 알고자 하는 많은 독자의 궁금증이 적절하게 해소될 수 있을 것으로 기대된다.

서강대학교 경영대학 교수 | 김도성

지금 우리 사회는 코로나19로 인한 사상 초유의 전 세계 팬데믹에서 빠져나오면서 일상에 많은 변화가 생겼듯이, 현재의 기업 경영 환경 또한 ESG라는 새로운 경영 패러다임의 등장으로 과거 주주자본주의에서 이해관계자 자본주의로의 대전환의 시기를 맞이하여 기업은 환경, 사회, 지배구조와 관련된 다양한 이해관계자들의 니즈를 고려하고, 컴플라이언스 그 이상의 역할을 요구받고 있다.

현 기업들은 환경적 측면에서는 국가 NDC(온실가스 감축 목표)를 기반으로 한 '탄소 중립', 신재생 에너지를 활용한 'RE100(기업이 사용하는 전력 100%를 재생에너지로 충당하겠다는 캠페인)', 새로운 무역장벽으로 대두되고 있는 ' 탄소국경조정제도(CBAM)' 등이 기업 경쟁력을 위협하고 있고, 사회적 측면에서는 중대재해 처벌법 시행, 기업의 사회적 책임과 인권 영향 평가, 유럽의 공급망 평가 관리 등 다양한 요구사항이 증대되고 있다.

이와 더불어 지배구조에 있어서는 스튜어드십 코드(Stewardship Code)에 따른 투자자의 경영 요구 확대, 최근 사회적 이슈가 되고 있는 부정부패 방지, 이사회의 역할 확대 등 어느 것 하나 만만한 과제가 아닌 엄중한 경영환경들이 기업을 억누르고 있다. 자칫 이러한 이해관계자의 요구사항이 기업의 비용으로만 인식된다면 기업의 경쟁력은 취약해질 수 있으며, 그린 플레이션에 따른 물가상승 요인으로만 작용하여 모든 이해관계자를 고려하는 ESG 경영의 취지를 살리지 못하는 우를 범할 수도 있을 것이다.

따라서 우리나라 기업들이 경쟁력 있는 친환경·저탄소 제품을 개발하여, 이해관계자의 니즈에 맞춘 ESG 경영을 추진한다면, 글로벌 시장을 선도하는 ESG 기업으로 재탄생하는 기회를 가질 수 있을 것이다.

ESG가 경영의 화두로 뜨겁게 부상하고 있는 요즈음, 기업 현장에서 실무를 수행한 경험과 각자의 전문 분야에 대해 ESG를 중심으로 재해석하여 출간하는 일이 쉽지 않은 일임을 잘 알기에 저자들의 열정과 노력을 치하하고 격려의 박수를 보낸다.

모쪼록 이번 출간을 통해 ESG 경영에 대한 컨센서스(Consensus)

가 지구환경을 생각하는 사회로 한 발짝 다가서는 기회가 되길 기원한다.

금호석유화학 사장 | 문동준

강의에 대한 집중도와 수강생들의 질문 내용을 통해 강사들은 그 차이를 대번에 알 수 있다. 또한 강의를 다니다 보면 강의실마다 그 열기와 관심 수준이 다른 것을 느낀다.

2021년 서강대 1기 ESG 전문가 리더십 과정 강의를 하면서, 오히려 강사인 내가 ESG의 새로운 관점과 통찰을 얻을 수 있었다. 수강생들의 질문은 전문적이었고, 코멘트는 날카로웠다. 이런 강의실에 서게 되면 강사는 저절로 힘이 나고 보람을 느끼게 된다. 강사와 수강생들 간의 의견 교환을 통해 지식의 시너지가 일어나고 지식의 지평이 확장하는 것을 느끼기 때문이다.

나에게 이러한 느낌을 전달해준 수강생이자 각 활동 영역에서 활발하게 움직이고 있는 10명의 공동 저자가 함께 작업한 이 책은 국내 최고 ESG 강사들의 의견을 뼈대로 하여, 각 저자들이 추가로 조사하고 깊이 연구한 내용을 살로 붙여져 만들어진 역작이다.

주지하듯 ESG는 일시적 유행이 아니라 시대의 흐름을 바꾸는 거대 담론이자 새로운 시대정신이며, 앞으로 우리에게 다가올 미래에는 ESG를 제대로 이해하지 못하면 경제, 금융, 기업 및 산업을 제대로 이해할 수 없을 것이다. 그런 면에서 독자들에게 이 책을 강력 추천한다.

이 한 권을 통해 독자들은 ESG의 'A부터 Z까지' 관련 분야의 기본 지식과 정보를 얻어 가길 바라며, ESG의 원스톱 종합서를 통해 깊이 있고 의미 있는 시간을 보내길 바란다.

서스틴베스트 대표 | 류영재

프롤로그

우리는 ESG 가치 중심의 사회에 살고 있다. 즉 '착한 기업'에서 물건을 구매하고자 하는 소비자가 늘고, MZ세대는 자신만의 정체성을 드러내는 가치 있는 소비를 추구하고 있다. 또한 기업들도 과거보다 환경보호, 고용평등, 작업장 안전 및 공정한 의사결정 등에 대해 관심과 개선 노력을 기울이고 있다. 이러한 소비자와 기업의 행동 변화는 최근 경제 뉴스 등에서 자주 접할 수 있는 ESG와 연관이 있다.

ESG는 환경(Environment), 사회(Social), 기업의 지배구조(Governance)라는 세 가지 비재무적 요소를 말하며 이러한 ESG 성과를 투자정책 수립과 의사결정에 반영하겠다는 세계적 패러다임이다. 이미 유럽 선진국가들에서는 지구온난화 속도를 늦추기 위한 그린 뉴딜과 같이 기업 투자에 ESG를 반영하고 있으며, 그 실행 결과에 대한 정보공개도 요구하고 있다. 국내에서도 ESG 패러다임으로의 전환이라는 세계적 흐름에서 소외되지 않기 위하여 기업, 금융기관, 공공기관들이 ESG 경영을 도입하는 등 분주하게 움직이고 있다.

ESG라는 용어는 2005년 UN 글로벌콤팩트(GC, Global Compact) 보고서 〈배려하는 자가 승리한다(Who Cares Wins)〉에서 공식적으로 언급된 이래 인류의 지속가능 발전을 위한 뉴노멀이 되었다. 그런데 왜 최근에서야 ESG가 기업경영 및 투자의 화두로 더 자주 언급되는 것일까? 2008년의 서브프라임 모기지 사태로 드러난 기업 경영진의 모럴 해저드, 2015년 파리협약 이후 지구온난화의 심각성에 대한 인식, 2019년 발생한 코로나19로 더욱 심각해진 사회 양극화 이슈 등에 따라 이해관계자 자본주의(Stakeholder Capitalism)가 급부상했고, 인류 및 기업의 지속가능성이 심각한 위기에 직면했다는 인식에 따라 그 해결방안을 더 진지하게 고민하게 되었기 때문이다.

ESG 기준에는 환경(E), 사회(S), 지배구조(G)라는 세 요소가 있다. '환경'은 기후변화에 영향을 미치는 온실가스나 탄소 배출보다 더 넓은 개념이며 기업이 사용하는 자원과 에너지 그리고 배출하는 쓰레기나 폐기물 등을 통해 환경에 미치는 영향을 포괄한다. '사회'는 직원을 포함해 기업활동에 연관된 사람과 집단, 기관 등에 미치는 다양한 영향을 포괄하며 직원에 대한 대우, 다양성, 사회적 약자의 인권 등과 연관이 깊다. '지배구조'는 올바른 기업운영을 가능하게 하는 실천, 통제, 절차 등으로 이뤄진 시스템으로서 의사결정 과정, 인사정책, 기업구조와 정책 등이 포함된다. SK그룹의 최태원 회장은 보다 실감 나게 다음과 같이 ESG를 정의했다.

"ESG란 미래 세대와 공감하며, 사회적 가치를 우선시하고, 건강한 기업 지배구조를 고민하는 일이다. 매출, 영업이익 같은 숫자로만 우리를 보여줄 것이 아니라 사회적 가치와 연계된 실적 및 주가 그리고 우리가 추구하는 꿈을 하나로 인식하는 것이야말로 가장 강력하고 유일한 생존법이다."

글로벌 ESG 투자는 2012년 13조 3,000억 달러에서 최근 몇 년 동안 가파르게 상승해서 2020년 말 기준 40.5조 달러(약 5경 5,000억 원)까지 증가하였고, 2030년에는 130조 달러(14경 6,575조 원)까지 증가할 것으로 예측하고 있다. ESG 투자가 증가하는 주요 이유는 글로벌 연기금 투자기관 및 대형 자산운영사가 ESG 이슈에 대해 진지하게 생각하고, ESG가 비재무적 요소임에도 기업의 장기적인 이익과 투자 수익률에 긍정적인 영향을 끼친다고 보기 때문이다. 세계 최대 규모의 자산운용사인 블랙록의 래리 핑크 회장은 2020년 연례 서한을 통해 ESG 종목 투자를 지금의 2배로 늘리고, 화석연료를 사용한 매출이 25%를 넘는 기업에는 투자하지 않겠다고 선언했다. 국내 사례로는 네덜란드 최대 공적 연기금 운용공사인 APG가 2020년 2월 한국전력에 대한 투자금 6,000만 유로(약 800억 원)를 회수한 사건을 들 수 있다. 이산화탄소라는 온실가스를 많이 배출하는 석탄 사업을 한다는 이유에서다. 또한 2022년 2월에도 국내 대표 기업 10곳을 기후 포커스 그룹으로 선정하고 탄소배출 감축을 요구하는 주주 서한을 보내며 적극적인 주주권 행사를 예고했다. 이제 국내 주요 대기업들에게도 ESG 경영을 위한 글로벌 기관투자자들의 개입이 본격화될 것이다.

현재 선진국을 중심으로 기업이 전 공급망에 걸쳐 환경, 인권 문제 등에 해를 가하는 활동을 의무적으로 보고하도록 하는 입법이 추진되고 있으며, 2021년 3월부터는 EU 역내 모든 금융회사를 대상으로 ESG

공시가 의무화되었다. 이처럼 ESG 경영은 인류의 지속가능한 번영을 위한 투자 및 경영이라는 측면에서는 매우 이상적인 패러다임이라 할 수 있다. 그러나 아직까지 ESG는 고정된 개념이 아니며 사회·경제 환경의 변화에 따라 진화하고 있어, 기업들에게 바로 널리 적용되기 어려운 여러 장애 요소가 있다. 또한 수많은 ESG 평가 기준이 존재하고, ESG 규제 및 정책도 200개가 넘으며, 관련 평가 및 데이터 공급업체 역시 600개가 넘어 ESG를 구축해야 하는 기업들의 부담이 높다는 점도 어려움으로 작용한다.

탄소중립과 함께 ESG 경영 실천은 국내 기업의 해외투자 유치를 위해서도 매우 중요하다. 따라서 우리 정부는 국내 기업의 정보공개가 아직 활성화되지 못한 상황을 고려해 2024년까지는 공개를 자율 공시에 부칠 예정이다. 그러나 2025년부터 자산 2조 원 이상 코스피 상장사는 환경 및 사회적 활동을 담은 '지속가능경영 보고서'를 공시해야 하며, 이는 2030년에 모든 코스피 상장사로 확대 적용된다. 또한 2026년부터 모든 코스피 상장사에 '기업 지배구조 보고서'가 공시 의무화된다. 이에 따라 국내에서도 대기업을 중심으로 ESG 위원회 구성 및 전담 조직을 구축하여 적극적으로 대응해야 할 것이다. 기업들이 글로벌 투자사들의 ESG 기준을 충족하게 되면 기업의 입장에서는 재무적 수익을 높일 수 있고, ESG 투자 유치를 통하여 지속성장의 잠재력을 확보할 수 있게 된다. 사회적으로 책임 있는 기업으로서 브랜드 이미지를 개선하고 ESG 리스크를 축소하여 기업의 안정성을 제고할 수 있기 때문이다.

이미 ESG 투자와 경영은 전 세계적인 흐름이다. 기후변화, 코로나19와 같은 전 지구적인 환경 문제 등으로 불확실성이 가득한 시대이지만,

위기 속에도 기회는 있다. 특히 지구온난화 이슈는 전 세계 국가 및 기업을 넘어 연기금 투자자들로부터 합의를 이끌어내고 있으며, 장기적인 투자 및 경영의 패러다임으로 지속될 것이다. 즉 미래는 ESG 이슈에 적극적으로 대응하고, 기회를 선점하고, 문제를 해결하는 기업에게는 도약의 기회로 다가올 것이다. 따라서 우리나라 기업들도 ESG 경영을 리스크로 보고 수동적으로 대응하기보다는 현재의 사업을 혁신적으로 전환할 수 있는 새로운 도전과 기회로 인식하고, 그에 따른 사업 모델과 경영전략을 갖추어야 할 것이다.

이 책은 서강대 경영대학 ESG 전문가 리더십 과정의 책임교수인 천형성 교수님의 지도하에 1기 과정의 10명이 ESG 주제들에 대해 탐구한 결과물이다. 본문은 총 3부로 아래와 같이 구성하였다. 1부 '글로벌 경영 뉴노멀, ESG'에서는 ESG의 역사 및 지속가능 ESG 경영에 대하여 살펴본다. 또한 ESG 경영 속의 기업 성장전략과 그린워싱 사례 등에 대해 설명하고, 생활 속에서의 ESG 실천 항목을 소개한다. 그리고 공공기관의 ESG 경영 방향을 제시한다. 2부 '이해관계자 자본주의, ESG'에서는 환경(E), 사회(S), 지배구조(G)라는 ESG 경영의 각 요소별로 세부 개념 및 사례를 살펴본다. 먼저 환경 영역에서는 기후변화에 따른 지구온난화의 속도를 늦추기 위한 탄소중립 대응과 함께 수자원 확보, 기후변화 기술의 발전 가능성과 화학산업의 기후변화 대응과 친환경 사업으로의 전환에 대하여 논한다. 사회 영역에서는 인권경영과 인적 개발을 통한 사회적 책무에 대하여 설명한다. 지배구조 영역에서는 ESG에서의 주도적 실행 요소인 지배구조의 역할 및 방향에 대하여 설명한다. 3부 '지속가능 투자 가이드, ESG'에서는 먼저 ESG의 지속가능한 성장을 위한 ESG 공시 및 평가 관련 현황에 대하여 설명하고, 전 세계의 지속가능 투자액 규모 및 변화 등 ESG 투자 전략 및 가치와 현황에 대해 소개한다. 이어서 ESG 리스크 관리 체계, 지속가능보고서 사례 및 향후 전망에 관해 담고 있다. 아울러 ESG 생태계 즉, 각국 정부와 자본가, 기업인들이 지속가능한 경쟁과 존속을 위해 만들고 있는 새로운 규칙에 적응하는 방법에 대해 이야기한다.

이 책을 준비하면서 인류의 지속적인 번영과 행복을 위한 글로벌 패러다임으로서 ESG가 왜 필요하며, 우리는 어떻게 대응해야 하는지 배울 수 있었다. 또한 환경, 사회 및 지배구조의 세 영역을 잘 작동하도록 하는 여러 국제적 규범과의 공조가 필요하다는 것도 알 수 있었다. 저자들 개개인은 서강 ESG 리더십 과정에서 배운 내용을 토대로 심화 연구를 통하여 각 영역에서의 전문가가 될 수 있는 기회를 가졌다. ESG 전반에 대한 안목과 혜안을 열 수 있도록 강의해주신 서강대 경영대 교수님들을 포함하여 김성주 국회의원님, 최병암 前 산림청장님, 국립환경과학원, 김앤장 법률사무소, 녹색전환연구소, 법무법인 세종, 법무법인 지평, 법무법인 광장, 서스틴베스트, 이화여자대학교, 자본시장연구원, 포스코, 한국기업지배구조원, 한국노동사회연구소, 한국에너지기술평가원, 한국폐기물협회 등의 강사님들께 깊이 감사드린다.

아무쪼록 이 책이 ESG 투자와 경영에 관심 있는 독자들에게 많은 도움이 되기를 바라며, 우리나라 기업들이 보다 수준 높은 ESG 경영을 통하여 기업가치가 제고되는 것은 물론 인류의 지속가능한 삶에 크게 기여하기를 기대한다.

저자 일동

차 례

추천의 글 4

프롤로그 10

1부 글로벌 경영 뉴노멀, ESG

1장
:
강지수

ESG와 지속가능 발전

뉴 경영 패러다임, ESG 27

ESG의 과거 '국제사회의 노력' 32

ESG의 현재 '국제 이니셔티브를 중심으로' 39

ESG의 미래 '지속가능한 사회를 위하여' 46

2장
:
임현정

그럼에도 불구하고, 결국 ESG

게임의 룰을 바꾸는 기업들의 성장법칙 57

대한민국 ESG 경영 현황 62

산업혁명과 ESG의 발전 과정 68

리스크 감수에서 리스크 관리로 72

오렌지마냥 쥐어짤 수 없는 것이 지구 77

3장
:
임현정

공공영역의 ESG 활용백서

선도형 경제에 대응 중인 공공기관 87
ESG라는 도구의 활용 97
공생과 협력, 지속발전 가능한 지방자치단체의 생태계 조성 113

2부 이해관계자 자본주의, ESG

4장 : 강민구
지속가능 성장의 미래 환경에 답이 있다

지속가능 성장전략으로 ESG 경영을 시작하라 121
에너지전환은 시대의 요구이다 127
ESG형 미래 신성장동력으로의 친환경 수처리 기술 134
그린 인프라 전환이 물 부족 문제를 해결할 수 있다 139

5장 : 명광민
기후변화, 그 위기와 대응

기후변화로 인한 국가와 산업의 위기 151
데이터 지능으로 기후위기에 대응하자 160
기후 기술에 돈이 몰린다 167

6장 : 정훈
ESG를 위한 친환경 산업으로의 전환

화학제품과 환경오염, 기후변화 대응을 위한 바이오산업 177
기후와 환경을 위한 글로벌 바이오화학기업의 움직임 186
화학 농약에서 바이오 작물보호제로 194
온실가스 감축을 위한 새로운 바이오산업의 활성화 199

7장
강지수·박민희

ESG의 완성은
사회(S)로부터

기업의 사회적 공헌과 기여의 영역 209
ESG의 S, 사회적 측면의 의미 214
사회적 가치 지표의 실효성은 넘어야 할 산 233
ESG, 스타트업에서 시작하다 240

8장
박민희

ESG 시대 '인적자원 관리'와
다양성의 의미

ESG 시대 인적자원의 지속가능성 제고 방안 245
ESG 시대의 일하는 방식과 조직문화 255

9장
윤석근

ESG의 동력 지배구조(G)를
바로 세우자

기업의 브레인 G 275
바른 시스템과 투명한 G 284
조화와 참여가 더 좋은 G를 만든다 290
우리가 바라는 G를 향해 295

3부 지속가능 투자 가이드, ESG

10장 ESG 평가로 지속가능성을 본다

김용우

ESG는 미래가치를 보여주는 기준 303
착한 정보에서 시작되는 ESG 305
ESG 평가가 지속가능성을 말해준다 319

11장 미래 투자, ESG에서 찾자

김기현

왜 금융기업은 ESG에 열심일까? 331
ESG 투자, 착한 투자가 돈 불려준다 338
국내외 ESG 투자 현황 345
ESG 투자의 기회와 과제 355

12장
:
윤태형

기업인으로서 ESG 생태계의
플레이어가 되는 법

스포츠 경기 규칙과 같은 ESG 생태계 규율 361
ESG 경영을 위한 기업의 준비사항 367
ESG 리스크 측정과 관리 374
시장의 ESG 리더와 트렌드를 읽어보자 381

참고 문헌 387

1부

글로벌 경영 뉴노멀, ESG

강지수 (주)넵스 컨설팅 디렉터

고려대학교에서 국제개발협력을 전공하고, 수년간 UN과 코이카(KOICA), 대한상공회의소에서 국제개발협력 전문가로 활동했다. 특히 그라민뱅크, 유네스코, 카타르, 에티오피아, 라오스 등 해외에서 교육정책, 직업훈련 ODA 사업, 산업 및 창업증진 프로젝트를 진행했다. 현재는 한국에서 SDG를 넘어 ESG 중심으로 지속가능경영, 조직문화, 사회 혁신, 스타트업 창업, 스타트업 투자, 글로벌 투자에 전문성을 쌓고 있다.

이메일 jsjs23929@gmail.com

1장

ESG와 지속가능 발전

뉴 경영 패러다임, ESG

ESG의 의미와 경영

전 세계적으로 ESG, 즉 환경(E), 사회(S), 지배구조(G)에 대한 관심이 높아지면서 이에 대한 논의가 활발히 이루어지고 있다. ESG는 원칙적으로 투자자들을 위한 투자지침이지만, 기업 경영전략의 개념을 넘어서 전 세계 인류의 지속가능한 성장을 위한 가치를 현실에 구현하는 것을 목표로 한다. 그리고 이렇게 지속가능한 발전을 위하여 사회의 다양한 이해관계를 포용해야 한다는 철학을 반영한 개념이기도 하다.

오늘날 사회·경제 문제들은 공동체의 문제로 인식되고 있으며, 기업이 단지 제품을 생산하는 생산자로서만이 아니라 사회의 구성원으로서 우리 사회 문제 해결에 보다 적극적으로 참여하도록 하기 위해 ESG가 시작되었다. 1장에서는 지난 반세기 동안 다양한 개념과 철학으로 존재해오던 사회적, 경제적, 투자적 관점들이 어떻게 ESG의 개념으로 발전하고 적용될 것인지 살펴보고자 한다.

ESG 패러다임의 진화

1990년대까지 주류를 이루었던 주주 자본주의 체제하에서 기업의 운영 목적은 주주 이익의 극대화였다. 즉 자본주의 발전 형태의 한 가지로서, 자본활동의 모든 움직임이 주주의 이익을 옹호하는 방향으로 이루어지는 것이 주주 자본주의라 할 수 있다. 원래 주식이나 주식시장은 산업활동의 활성화를 위해 만들어졌지만, 현재는 주식시장의 이익을 위해 산업활동이 부차적인 지위를 차지하고 있는 모습도 볼 수 있는데, 이를 일컫는 말로 쓰이기도 한다.

1990년대에도 CSR(기업의 사회적 책임)이나 공유가치라는 이름으로 기업의 자선적·윤리적 책임이 언급되긴 했으나, 환경파괴 및 경제적 불평등에 대해 단순히 선한 목적으로 사회적인 도움 차원에서 행하는 것으로 이해되는 수준이었다. 그러나 2000년대 발생한 금융위기는 사회와 환경에 대한 기업의 책임을 본격적으로 인식하게 하는 계기가 되었다. 주주 혹은 오너 중심의 기존 경영방식에서 벗어나, 기업은 모든 구성원, 즉 고객, 협력업체, 지역사회까지 이해관계자를 포함하여 경영되어야 한다는 관점이 부상했다.

2019년 8월, 미국 200대 기업 CEO들의 협의체인 BRT(Business Round Table)에서는 기업이 주주 우선주의에서 벗어나 모든 이해관계자의 번영을 극대화하기로 약속한다는 성명을 발표했다. 특히 2000년대 UN 글로벌콤팩트에서는 자본주의 개념 자체가 '주주 자본주의'에서 '이해관계자 자본주의'로 변해야 한다는 논의가 시작되었고 이에 따라 인권, 노동, 환경, 반부패의 4대 부분에서 지켜야 할 경영의 10대 원칙을 제시하였다.

2020년 1월 다보스포럼에서도 4차 산업혁명 시대를 맞이한 기업의 보편적 원칙으로서 '이해관계자 자본주의'라는 말이 다시 언급되었다. 이로써 주주 자본주의라는 전통적 패러다임은 사실상 이해관계자 자본주의로 완전히 전환되었다고 볼 수 있다. 이해관계자 자본주의는 주주 우선 중심의 배려보다는 기업에 소속된 모든 종사자가 공존공영하는 것을 경영 목표로 하며, 이에 따라 실적이나 능력에 따른 차등대우보다는 전 사원에게 이익을 고루 배분하는 종신고용제와 연공서열에 따른 고정임금제가 채택된다. 또 근로자의 복지재원에 있어서도 정부의 재정지원 외에 기업이 상당 부분을 부담하게 된다. 기업의 공익적 책임을 중시하고 기업경영에 노동자, 소비자단체 등 이해관계자 모두가 관여할 수 있다는 것이 특징이다.

2004년도에 발간한 UN 주도 글로벌 금융기관 참여 워킹그룹 보고서에는 "먼저 배려하는 자가 이긴다(Who cares wins 2004)"라고 명시되어 있다. 2006년 당시 UN 사무총장이었던 코피 아난은 'UN 책임투자원칙(PRI, Priciples for Responsible Investment)'을 발표했다. 여기에는 주로 연기

| UN 책임투자원칙(PRI) 6가지 |

원칙 1.	우리는 투자분석 및 의사결정 절차에 ESG 요소를 포함한다.
원칙 2.	우리는 적극적으로 주주로서 활동하고 ESG 요소를 투자정책과 관행에 통합한다.
원칙 3.	우리는 투자 대상 기업에 ESG 사안에 대한 적절한 공시를 추구한다.
원칙 4.	우리는 자산운용 산업에 책임투자원칙의 수용과 실천을 촉구한다.
원칙 5.	우리는 투자원칙 실천과 실행의 효율성을 강화하기 위해 협력한다.
원칙 6.	우리는 책임투자원칙 실행에 관한 활동 상황 및 진척 상황을 보고한다.

출처: www.unpri.org

금 등 기관투자자를 대상으로 ESG 이슈가 투자에 미치는 영향을 이해하고, ESG 요인을 투자 및 소유자의 의사결정에 통합하도록 하는 6가지 원칙과 실천방안이 제시되었다. 이와 함께 ESG라는 용어도 점차 확산되었다.

ESG라는 용어는 2006년 뉴욕 주식시장에서 본격적으로 사용되었으며 각국 정부와 사기업, NGO 등 많은 이해관계자들의 필요 속에 사회·경제 생태계에 큰 영향을 주고 있다. 각국 투자기관은 기업의 '환경, 사회, 지배구조'가 장기적인 이익에 영향을 미칠 수 있다는 인식하에 UN PRI 같은 투자원칙을 만들어 이행 중이며, ESG 투자를 하겠다고 서명한 기관만 약 4,000개 이상에 이른다.

ESG에서 환경 항목에는 기후변화, 자연자원 고갈, 탄소 배출, 지속가능한 토지이용, 폐기물, 물소비량, 메탄 배출량, 생물다양성 등이 있다. 사회 항목에는 노동권, 인권, 근무환경, 지역사회 개선, 건강과 안정성 제고가 있으며 지배구조 항목에는 기업 경영의 투명성, 이사회의 책임성, 그리고 이해관계자의 참여, 부정부패, 임원 급여, 부정, 이사회 구조, 성실 납세전략, 사이버 보안 문제 등이 포함된다.

그런데 이러한 변화와 새로운 콘셉트의 ESG는 그저 단순히 지나가

| ESG 항목별 주요 요소 |

환경(E)	사회(S)	지배구조(G)
기후변화 자원 고갈 물 공해 삼림파괴	인권 현대노예 아동근로 근로조건 근로자 관계	뇌물 및 부패 경영진 보상 이사회 다양성 및 구조 정치적 로비 및 기부 조세전략

출처: UN Principles for Responsible Investment

는 트렌드일까? 그렇지 않다. 과거 기업의 전통적 경영방식은 재무적 성과에만 초점이 맞춰져 있었으나, 사회가 변함에 따라 이해관계자들로부터 요구되는 기대 수준과 기업의 지속가능성(Sustainability)이 중요시되고 있다. 따라서 전략적 사고 체계로써 ESG의 도입은 필수적인 것이 되었고, 사회적 책임과 이익 추구를 모두 놓치지 않는 것이 더 이상 유토피아적인 이념이 아니라, 장기적인 관점에서 지속가능한 기업을 만든다는 것을 깨달았기 때문이다.

이제 지속가능성은 사회적인 요청일 뿐만 아니라 기업이 살아남는 생존전략이기도 하다. 지속가능성에 대해서는 다양한 정의가 있지만, 지속가능 발전법에 따르면 "현재 세대의 필요를 충족시키기 위하여 미래 세대가 사용할 경제·사회·환경 등의 자원을 낭비하거나 여건을 저하시키지 아니하고 서로 조화와 균형을 이루는 것"을 의미한다. 그리고 이는 ESG로 표현되기도 한다. 즉 지속가능성을 염두에 둔 경영전략이란 ESG를 의식하고 'ESG 경영'을 하는 것을 의미한다. 이처럼 사회 문제를 고민하는 일은 이제 단순한 소양에 그치지 않고, 기업의 미래에 대한 비전을 평가하는 잣대가 되고 있다.

ESG의 과거
'국제사회의 노력'

MDG, SDG 중심으로

이번에는 역사 속에서 발전되어온 과정을 통해 ESG의 의미를 국제적 시각으로 고찰하고자 한다. 이를 위해 국제사회의 이슈를 해결하기 위한 대표적인 기관으로 UN을 살펴볼 것이다. UN은 약 반세기에 걸쳐 국제사회의 평화와 안보, 분쟁, 세계의 빈곤 같은 문제를 해결하기 위해 노력해왔다. 특히 지난 20년간은 기후변화와 삶의 질, 다양한 이해관계자와 자본주의 문제에 대해서도 다루고자 노력하는 모습도 볼 수 있다. 이러한 점들을 중심으로 ESG의 과거 모습에 대해 설명하고자 한다.

1987년 UN 브룬트란트 보고서를 기점으로 국제사회의 어젠다로 등장한 '지속가능 발전'이라는 개념은 특히 금융·투자·경영 업계에서 활발히 논의되었다. 이후 국제사회는 꾸준히 범지구적 이슈와 방향성을 설정하며 인류가 공동으로 직면한 문제를 해결하기 위해 노력해왔다. 구체적으로 살펴보면 UN에서 2000년에 채택된 의제인 '밀레니엄 개발

목표(MDGs, Millennium Development Goals)'는 2015년까지 세계의 빈곤을 반으로 줄인다는 내용을 담고 있으며, 다음과 같이 8대 목표를 설정했다.

1) 절대빈곤 및 기아 근절
2) 보편적 초등교육 실현
3) 양성평등 및 여성 능력의 고양
4) 아동사망률 감소
5) 모성보건 증진
6) AIDS, 말라리아 등 질병 예방
7) 지속가능한 환경 확보
8)개발을 위한 글로벌 파트너십 구축

이와 같은 목표를 바탕으로 국제사회가 주요 이행지표를 설정하고 선진국과 개발도상국 간의 글로벌 파트너십을 통해 빈곤을 퇴치하고, 건강과 교육 접근성을 향상시키며, 각종 불평등을 줄이되 지속가능한 경제성장을 촉진하는 전략을 함께하자는 것이다. 이후 2015년 UN 총회에서 채택된 SDG는 'Sustainable Development Goals'의 약자로, '지속가능한 발전 목표'란 뜻이다. SDG는 지구촌이 2030년까지 달성하기로 결의한 인류 공동의 목표를 담고 있는데, '단 한 사람도 소외되지 않는 것(Leave No One Behind)'이란 슬로건과 함께 인간, 지구, 번영, 평화, 파트너십이라는 5개 영역에서 인류가 나아갈 방향을 17개 목표(Goal)와 169개 세부 목표(Target)로 제시했다.

SDG는 빈곤, 기아, 질병 등의 인류 보편적 문제와 기후변화, 에너지, 생물다양성 등의 지구 환경 문제, 고용, 경제성장, 평화 등의 경제·사회 문제를 두루 포괄하는 국제사회적 과제이며, 전 사회 구성원 모두의 참여가 필요하다. 한편 SDG 이행을 위한 필수불가결한 수단으로서 ESG가 주목받고 있는데, 이는 ESG가 SDG 달성에 필요한 자금을 조달하고, 이해관계자의 행동 변화를 촉구할 수 있는 촉매제 역할을 할 수 있기 때문이다. 특히 기업은 자금 지원부터 지속가능한 제품 생산 및 서비스 제공에 이르기까지 다양한 역할을 가진 핵심 참여자로서, 심각해지고 있는 이상기후 및 코로나19 등으로 전 지구적 지속가능성이 심각하게 위협받고 있다는 인식이 확산되면서 이들에 대한 외부적 압력 또한 점차 높아지고 있는 상황이다.

MDG, SDG를 달성을 위한 도전

최근 MDG와 SDG를 중심으로 한 개발협력사업(양자, 다자)의 수가 폭발적으로 증가했다. 2001년 새천년개발목표(MDGs)의 출범으로 공동으로 달성해야 할 글로벌 개발목표('what')를 처음으로 갖게 되었으며, 이후 어떻게('how') 효과적으로 이러한 목표들을 달성할 것인가가 관건으로 대두되었다.

MDGs 달성을 위한 글로벌 개발 재원 동원 논의를 전개한 결과 '몬테레이 컨센서스(2002)'가 UN을 중심으로 채택되었고, 동 문서에서는 선진국들(주로 OECD 개발원조위원회 회원국)의 GNP 대비 0.7% ODA 제공 목표를 명시하였다. OECD 차원에서는 선진공여국들을 중심으로 개발목표의 효과적 달성 필요성을 위한 행동규범과 정책 조율에 보다 중점을 두

> 는 원조효과성(Aid Effectiveness) 논의를 주도하였다. 제 1차 로마고위급회의인 2003년 '원조조화를 한 로마선언', 원조효과성을 5가지 핵심원칙(주인의식, 원조일치, 원조조화, 성과지향, 상호책임성)과 12개의 성과지표로 구성한 2005년 '원조효과성에 대한 파리 선언(Paris Declaration on Aid Effectiveness)', 파리선언의 구체인 행동계획을 담은 2008년 '아크라 행동계획(Accra Action for Agenda)'으로 이어졌다. 이후 이 5대 원칙을 근거로 평가하는 연구가 주를 이루었다.
>
> – OECD, 2011.

원조의 효과를 증진하기 위해 계획과 이행에 관련하여 OECD 개발협력위원회(DAC, Development Assistance Committe)에서 논의한 5개 평가기준은 바로 이러한 목적을 지니고 제정된 것이다. DAC의 개발협력사업 평가기준은 조정 기준과 세부 항목으로 구성된다. DAC 평가기준은 공여국 및 국제기구의 개발협력사업 평가에 주요 지침이 되어왔으며, 적절성(Relevance), 효과성(Effectiveness), 효율성(Efficiency), 영향력(Impact), 지속가능성 등 5가지 기준으로 구성되었다.

특히 개발협력의 평가원칙(DAC Criteria for Evaluating Development Assistance)(OECD, 1991)[1]을 기점으로 가입된 회원국 및 국제기구는 개발협력사업의 평가기준을 개정하는 데 합의하고, 개정된 기준의 이행 방안에 대해 논의했다. 또한 DAC는 SDG 채택 등 개발환경의 변화를 고려하여 기존 평가기준의 정의를 개정하고, 새로운 기준으로 '일관성

1) www.oecd.org/dac/evaluation/daccriteriaforevaluatingdevelopmentassistance.htm

(coherence)'을 추가하였다.[2)]

2008년 이후로 국제개발 환경의 다변화에 따른 효과적인 대응이 필요하다는 공감대가 형성되었다. 미국, 일본, 서유럽 선진국 등 전통적인 공여국(Donors) 외에 중국, 브라질 등 남남협력을 주도하는 신흥경제국, 민간기업, 시민단체, 재단과 같이 대규모 자금 동원력을 보유한 자선재단 등 다양한 개발주체의 활동도 활성화되었다. 이러한 흐름 속에 포괄적이며 효과적인 개발협력 방안을 논의하기 위해 부산에서 원조효과성 관련 제4차 고위급 회의(2011.11.)가 개최되었으며, 여기에서는 특히 절대적 가난에서 벗어나 세계가 직면한 문제를 공동으로 해결하고자 하는 노력을 엿볼 수 있었다.

한편 기후변화의 영향에 따른 재난 급증, 식량안보, 금융위기 등 글로벌 위기의 심화로 그동안 이룩한 개발성과가 퇴보할 것이라는 우려에서 원조효과성에 관한 파리선언과 아크라 행동계획의 이행상황을 점검하고 원조효과성 원칙 심화, 남남·민관협력 등 포괄적 개발협력 방안에 대해 논의하였다. 더불어 신흥국, 민간 분야 등 모든 개발협력 주체를 포괄하는 새로운 글로벌 개발 파트너십 출범에 합의함으로써 국제 개발협력 역사상 최초로 '다주체(Multi-Stakeholder)' 파트너십 구축에 합의하였다. 또한 개발협력에 참여하는 주체가 다양화되고 있는 현실을 감안하여 국제 개발협력의 패러다임을 공여국과 수원국으로 양분했던 '원조효과성' 개념에서 보다 포괄적인 '개발효과성'으로 전환해야 할 필요성도 인식하게 되었다.

---

2) 개발협력사업 평가기준 개정에 관한 논의 동향

경제협력개발기구(OECD)는 집행위원회(Steering Committee) 및 공동 지원팀(OECD/UNDP)으로 구성되는데, '효과적인 개발협력을 위한 글로벌 파트너십(GPEDC, Global Partnership for Effective Development Co-operation)'의 이행 진전을 평가하는 모니터링 보고서를 UNDP와 공동으로 발표하고 2~3년 주기로 고위급 회의(HLM)를 하며 원조의 효과성을 모니터링하고 있다. 이와 같은 절차를 통하여 개발협력 분야의 새로운 이정표를 마련하고 있으며, 개발 주체의 상호 보완성과 차별성을 인정하면서 원칙과 목표를 바탕으로 모든 주체가 참여하여 글로벌 파트너십을 구축하는 데 합의한다는 의미가 있다.

국제기구 및 정부 위주 주도의 한계

그렇다면 기후변화에 대한 그동안의 대응 효과나 국제사회의 노력이 거둔 성과는 얼마나 될까? 2030년까지 달성을 목표로 하는 17개의 개발목표로 구성된 SDG 체제의 출범(2015. 9.) 이후 GPEDC의 핵심 원칙과 글로벌 모니터링 작업은 SDG의 이행 촉진에 기여할 것으로 기대되었다. 또한 2015년 7월 제3차 개발재원 총회 결과 채택된 '아디스아바바 행동계획(Addis Ababa Action Agenda)'에서는 개발효과성이 강조되면서 꾸준히 성과와 원조 효과를 높이기 위해 노력하고 있다. 하지만 과연 정말 질적인 성장이 있었는지는 다시 짚어보고 해결해야 할 문제이다.

스웨덴의 청소년 환경운동가 그레타 툰베리(당시 18세)는 제26회 UN 기후변화협약 당사국총회(COP26)에 대해 "엉터리"라며 "진짜 행동은 회의장 밖에서 있을 것"이라고 말했다. 이는 그동안 국제사회의 노력이 국제적 원조의 규모에 비해 과연 효과성 및 효율성이 있었는지를 다시 한번 검토하는 계기가 되었다. 또한 과연 국제개발협력에 투자하는 상당한 비용에 상응하는 결과를 얻었는지, 아니라면 만족스런 결과를 얻기 위해서는 무엇을 해야 할지 논의하고, 그 해답을 찾을 기회로 발전시켜야 한다는 것을 의미한다. OECD는 2021년 4월 OECD 개발원조위원회(DAC) 29개 회원국들의 2020년 ODA(Official Development Assistance, 개발 도상국에 대한 선진국의 정부 개발 원조) 잠정통계를 발표했다.[3] 이에 따르면 DAC 전체 회원국의 ODA 규모는 1,612억 달러이며, 경제규모 대비 원조 수준을 나타내는 국민총소득 대비 ODA 비율(ODA/GNI)은 평균 0.32%다. 우리나라의 경우 2020년에는 코로나19 영향에 따른 무상원조, 유상 원조의 감소 등으로 2019년에 비해 2.1억 달러 감소한 22.5억 달러를 지원했으며, 이는 DAC 전체 회원국 가운데 16위(2019년 15위) 수준으로, 상당한 규모의 예산이 원조를 위해 사용됨을 알 수 있다. 앞에서 설명한 MDG, SDG는 국제기구 및 각 정부기관이 주축이 된 개념이다. 그러나 원조의 효과성에서도 볼 수 있듯, 이제는 더 이상 누군가가 주축이 되어 하향식(Top Down)으로 이루어지는 것보다는 사회를 이끌어가는 각 구성원들의 참여가 무엇보다 중요하다. 특히 2020년에는 코로나19로 인한 글로벌 위기로 다국가의 협력이 어려운 상황에서 다시 한번 원조에 대한 필요성과 효과성에 주목하게 되었다. 또한 과연 어떻게 국제사회에 참여하고 효과를 낼 수 있을지 기존의 방법론에 대해서도 환기하는 계기가 되었으며, 이는 기업의 참여가 더욱 강조되는 밑바탕이 되었다.

3) www.mofa.go.kr/www/brd/m_4080/view.do?seq=371089

ESG의 현재
'국제 이니셔티브를 중심으로'

기업의 참여 촉구와 역할 강조

1999년 UN 세계경제포럼에서 코피 아난 사무총장은 범세계적인 문제를 해결하고 지속가능 발전을 이어가기 위하여 기업에 사회적 책임 이행에 참여할 것을 요청했다. 이 요청을 실천하기 위해 설립된 UN 산하 기구가 바로 UN 글로벌콤팩트이다. UN 글로벌콤팩트는 회원 기업들에 10개 원칙을 준수할 것을 요청하는데, 크게는 인권(Human Rights), 노동(Labour), 환경(Environment), 반부패(Anti-Corruption)의 4개 범주로 요약된다(41쪽 표 참고). UN 글로벌콤팩트는 회원 기업들에게 10개 원칙의 준수에 대한 연차보고서를 제출하도록 권고하고 있다.

2019년 8월, 미국의 대기업 최고경영자 협의체인 비즈니스라운드테이블(BRT)의 '새로운 목적("주주 우선주의 시대는 막을 내렸다")'과 2020년 세계경제포럼(WEF, World Economic Forum) 다보스 선언에서는 주주의 이익뿐 아니라 소비자·근로자·지역사회 등의 이익을 중시하는 이해관계자 자본주의 개념이 등장하여 ESG 경영 기준으로 명문화되었다. 2021년에는 다보스 아젠다에서 61개 글로벌 초우량 기업이 ESG 요소가 포함된 이해관계자 자본주의 지표(SCM, Stakeholder Capitalism Metrics)를 경영의 핵심지표로 채택하였을 뿐 아니라, 'The Global Compact'를 구체화하여 2000년 7월에 공식 출범하였다.

UN 글로벌 콤팩트 10대 원칙의 세부 내용은 오늘날의 ESG 개념을 상당 부분 포함하고 있다. 이전의 브룬트란트 보고서가 환경 문제를 중시한 것과 비교하면, 사회 및 지배구조에 해당되는 내용이 상당 부분 포함되어 있다는 점에서 한층 더 진일보한 것으로 평가된다. 그러나 기업의 다양한 이해관계자를 고려하려는 현재의 ESG 접근법보다는 다소 범위가 좁으며, 특히 사회 및 지배구조 분야에서 현재의 ESG보다 관점이 제약적이다. 강제력이 부족하고 관점의 폭이 좁으므로 적용과 실천, 그리고 그 영향력을 포괄적으로 개선하는 데에도 한계가 있다.

기업 운영에 적용할 사회적 책임이나 투자에 대한 규정과 원리를 개발하고, 이로써 ESG에서 사회적 요소를 강화하는 것이 필요하다는 목소리는 계속 커지고 있다. 또 이렇게 개발된 규정이나 원리를 공유함으로써 파트너십에 기반한 참여와 인증부여 등 다양한 목적의 이니셔티브에 대한 참여를 증진할 수 있으며, 환경과 사회에 대한 활동과 가이드라인을 제공함으로써 기업이 자발적으로 참여할 수 있는 환경을 조성하는 것도 중요하다.

한편 기업의 사회적 책임과 기후변화에 대한 대응과 노력은 초기에는 시민단체에서 시작하여 UN 산하기관, 국제표준화기구(ISO), OECD, 세계경제포럼을 중심으로 확대되었는데, 이를 중심으로 이니셔티브가

| UN 글로벌콤팩트 10대 원칙 |

인권	원칙 1	기업은 국제적으로 선언된 인권 보호를 지지하고 존중해야 하고,
	원칙 2	기업은 인권 침해에 연루되지 않도록 적극 노력한다.
노동	원칙 3	기업은 결사의 자유와 단체교섭권의 실질적인 인정을 지지하고,
	원칙 4	모든 형태의 강제노동을 배제하며,
	원칙 5	아동노동을 효율적으로 철폐하고,
	원칙 6	고용 및 업무에서 차별을 철폐한다.
환경	원칙 7	기업은 환경 문제에 대한 예방적 접근을 지지하고,
	원칙 8	환경적 책임을 증진하는 조치를 수행하며,
	원칙 9	환경친화적 기술의 개발과 확산을 촉진한다.
반부패	원칙 10	기업은 부당취득 및 뇌물 등을 포함하는 모든 형태의 부패에 반대한다.

출처: unglobalcompact.kr

구성되는 것에 대해서도 살펴보고자 한다. 아직 글로벌 이니셔티브의 다양한 이해관계자들의 참여를 강제하거나 의무를 부여할 수는 없지만, ESG의 비재무적 지표로 개발된다면 이는 의무를 부과하는 하나의 방법이 될 수도 있다. 투자자들의 직접적인 참여와 주도로 형성된 이니셔티브를 살펴보면서 사회적 책임 투자(SRT)를 장려하는 시장 환경에 대해 소개하고자 한다.

OECD 다국적기업 가이드라인

OECD 다국적기업 가이드라인(Guidelines for Multinational Enterprises)은 1976년 제정된 'OECD 국제투자 및 다국적기업 선언'의 부속서로 제정되었으며, 다국적기업 활동의 부정적인 영향을 최소화하기 위한 기업책임경영(RBC, Responsible Business Conduct)의 이행과 확산을 실현하기 위해 제정된 국제규범이다. OECD 가이드라인은 모든 다국적기업들의 활동뿐만 아니라 그들의 공급사슬, 즉 공급업체, 하청업체, 프랜차이즈 가맹점들의 활동에도 적용된다(Olsen and Sørensen, 2014, 10). 이는 다국적기업의 사회적 책임을 위한 가이드라인으로 활용되고 있다.[4)]

2018년 OECD는 글로벌 공급망의 ESG 관리 필요성을 제기하며 '기업 책임경영 실사 가이던스(Due Diligence Guidance for Responsible Business Conduct)'를 회원국 만장일치로 채택했다. 그리고 이에 포함된 인권, 노동, 환경, 뇌물방지, 소비자보호, 정보공개 등 11개 핵심영역에 걸친 권고사항을 기업이 자사의 경영정책에 반영하는 것은 물론 공급망 내 협력업체의 준수 여부까지 자발적 실사를 통해 관리할 것을 권고하였다.

OECD는 '다국적기업에 대한 OECD 가이드라인'과 '기업 지배구조에 관한 원칙(OECD Principles for Corporate Governance)' 및 '국제 거래관계에서 외국 공무원의 부패 척결에 대한 협약(Convention on Combating the Bribery of Foreign Public Officials in International Business Transactions)'을 통하여 기업의 사회적 책임을 강조하였다. 또 다국적기업에 대한 OECD 가이드라인은 기업, 노동조합 및 NGO에게 기업의 사회적 책임(CSR)에 대한 확고한 기본틀을 제공하기 위하여 정보공개, 고용, 환경, 반부패, 소비자 이익, 과학기술, 세제 및 경쟁 등 8개 분야를 포괄하여 다국적기업과 국내 기업 및 협력업체에게도 준수할 것을 권고하였다.

한편 '기업 지배구조에 관한 원칙'을 통하여 기업의 자본을 효과적으로 이용하는 것이 매우 중요하다는 전제하에 주주의 권한, 주주의 동

4) 안건형, 〈OECD 다국적기업 가이드라인의 국제적 동향과 시사점: 한국 NCP의 동료평가(Peer Review) 대응방안을 중심으로〉, 무역학회지 42권 4호, 2017.

등한 대우, 기업 지배구조에서 이해관계자의 역할, 정보공개와 투명성, 이사회의 책임 및 내부고발자 보호 등의 문제에도 초점을 맞추고 있다. 또한 국제 거래관계에서 '외국 공무원의 부패 척결에 대한 협약'을 통하여 모든 국가는 각국 내에 있는 기업의 행동에 대해 책임을 져야 한다면서, 외국 공무원에 대한 뇌물 제공을 멈추려는 노력이 필수적이라고 강조하고 있다.

글로벌 보고 이니셔티브

GRI(Global Reporting Initiative)는 기업의 지속가능경영 보고서에 대한 가이드라인을 제시하는 비영리기구로, 1997년 미국의 환경단체 CERES(Coalition for Environmentally Responsible Economies)와 유엔환경계획(UNEP) 등이 주축이 되어 설립되었다. GRI의 핵심은 '지속가능성 보고 표준(Sustainability Reporting Standards)'으로, 지난 20년 동안 G1(GRI Guidelines), G2~G4로 이어지며 확대, 개선되어왔다. 특히 〈GRI Standards〉는 경제 분야 6개 주제, 환경 분야 8개 주제, 사회 분야 19개 주제 등 광범위한 주제별 영향 보고를 위한 세부 지침과 글로벌 우수 사례를 제시하고 있다. 보고 대상은 투자자를 포함한 모든 이해관계자이며 전 세계에서 가장 널리 채택된 글로벌 지속가능성 보고 표준으로, 현재 15,402개 조직이 GRI 가이드라인에 따라 지속가능경영 보고서를 발간하고 있다.

ESG의 다른 모습 'CSR, 지속가능성, 공유가치'

많은 사람들이 ESG를 '기업의 사회적 책임(CSR, Corporate Social

Responsibility)'과 혼동한다. 비슷한 맥락으로 여겨질 수 있지만, 도입 필요성의 정도가 다르다는 차이가 있다.

먼저 정의부터 비교해보자. CSR은 1979년 호워드 보웬(Howard Bowen) 교수에 의해 제기된 개념으로, 기업가들은 우리 사회의 목적과 가치에 알맞은 의사결정을 한 뒤, 이를 사회에 바람직한 방향으로 행동에 옮겨야 한다는 것이며, 그러한 의무를 일컫는다. 이는 기업이 단순히 이익 창출을 위해 운영되는 것에 그치지 않고, 사회의 일원으로서 사회에 바람직한 책임을 이행해야 한다는 것으로, 자선적·기부적·사후적 의미가 짙다. 이에 비해 ESG는 기업이 준수해야 하는 바람직한 행태적 의무를 의미하지만, 이것이 본업을 수행하는 과정에서 이루어진다는 측면에서 본업과의 연관성이 더욱 짙다고 볼 수 있다.

그러면 ESG와 지속가능성 개념은 어떤 차이점과 유사성이 있을까? 지속가능성은 1987년 세계환경개발위원회(World Commission on Environment and Development)에서 논의하고 정립한 개념으로, 당시 노르웨이 환경부 장관이었던 브룬트란트 장관이 주도했다. 이 위원회의 보고서에 나타난 지속가능성 개념은 "미래 세대의 필요를 충족할 능력을 손상시키지 않고 현재의 필요를 충족시키는 것"이다. 즉 지속가능성은 자연자원 및 부존자원에 대한 현재 세대와 미래 세대 간의 공평한 활용을 전제로 한, 다소 미래지향적인 개념이다. 이에 반해 ESG는 세대 간의 공평성을 전제하지는 않지만, 사회가 추구해야 하는 가치를 달성하기 위한 비재무적 요소를 강조하고 있다는 측면에서 그 지향점은 같다. 또 각 경제주체가 ESG를 잘 추구하면 자연스럽게 사회의 지속가능성도 높아질 것이므로, 효과 면에서도 유사하다.

기업의 사회적 책임(CSR)에서 한 단계 더 발전한 개념인 공유가치(CSV, Creating Shared Value)도 널리 알려져 있다. 이는 2011년 하버드대학교 경제학과의 마이클 포터(Michael Porter) 교수가 주창한 개념으로, 기업이 당면한 사회적 요구를 파악해 문제를 해결하는 과정에서 경제적 가치(Economic Value)와 사회적 가치(Social Value)를 동시에 창출하는 경영전략을 의미한다. 기존의 CSR이 다소 소극적인 의미였다면, CSV는 기업이 본업을 통해 주체적으로 두 가치 모두를 창출하고자 하는 기업경영의 전략방법론이며, CSR에서 한 단계 발전한 개념이다. 반면 현시점에서 CSV는 기업 경영전략에서의 주도적 역할이 반영되어 있다고 보기 어렵고, 아직은 바람직한 ESG 지표 기준에 대한 적합성을 높이는 기업의 선한 행위 정도로 여기는 것이 적절하다.

나아가 ESG와 가장 맥이 닿아 있는 개념은 임팩트 투자(Impact Investment)이다. 임팩트 투자는 2007년에 록펠러 재단의 기금운용 대표인 안토니 버그레빈(Antony Bugg-Levine)이 제시한 개념이며 투자자의 시각에서 사회적 가치 또는 ESG를 실현하는 투자행위를 말한다. 즉 기업과 펀드에 자금을 적극적으로 투자해 '사회적, 환경적 선(Social and Environmental Good)'을 창출하고, 투자자에게는 최소한 투자수익을 돌려주는 사회적 자금조달 방법이다. ESG가 기업의 생산활동 측면에 녹아 있는 정신이라면, 임팩트 투자는 기업의 ESG 활동을 독려하고 격려하는 투자 측면의 움직임이라 할 수 있다.

ESG의 미래
'지속가능한 사회를 위하여'

ESG의 통합적 의미

그동안 국제사회가 공동의 문제 해결을 위해 해온 노력을 살펴보았다. 유사 개념들과 비교해본 것에서 알 수 있듯 ESG는 사회의 중요한 구성원으로서 기업이 준수하면 바람직한 요소들뿐만 아니라 기존의 재무제표상에서는 제대로 드러나지 않았던 비재무적인 요소들까지를 총망라한 것이다. 따라서 사회적으로 바람직한 방향으로 나아가는 과정에서 여러 유사 개념들과 공존하며 상호작용하는 개념이지, 홀로 동떨어진 개념이 아니다. 최근 기후변화나 코로나19가 인류 공동의 문제로 부각되면서 기업의 사회적 역할이 더욱 중요시되고 있는 상황에서, 기업 자체의 ESG 활동을 독려할 수도 있기 때문에 투자자의 관점에서도 더욱 중요시되는 개념이기도 하다.

ESG는 기업과 사회의 지속가능성을 강조한다. 기업의 측면에서는 단지 마케팅 수단으로 착한 이미지를 활용하는 것이 아니라, 지속적이고 안정적인 기업 경영을 위해서도 ESG의 도입이 필요하며, 수익창출의 방식에 있어서도 다양한 요소들을 고려하고 추진해야 한다. ESG는 단순히 나무 심기, 기부, 봉사 등의 활동에 그치는 개념이 아니라는 것을 인식해야 한다. 또한 ESG는 이제 단순히 트렌드라고 볼 수 없으며, 장기적으로 기업의 경영 측면에서 대응해야 한다는 것도 인정해야 할 것이다.

ESG는 현재로서는 자본시장 중심의 시각이나 투자자의 관점으로 분류할 수 있는 개념이다. 반면 '사회적 가치'는 투자자뿐만 아니라 기타 구성원까지 모두 포괄하는 일반 국민의 시각에서 더욱 중요한 개념이다. ESG가 정량화되어가는 흐름 속에서 우리는 비재무적 요소를 무시할 수 없는데, 최근에는 특히 비재무적 요소를 평가하는 항목으로 지표가 설정되고 있으며, 이를 위해 다양한 기관들이 통합적으로 접근하고 있다 하겠다.

글로벌 투자 경향, ESG 중심으로

글로벌 투자자의 ESG 투자 규모를 보면, 가파른 성장세를 볼 수 있다. 2018년부터는 ESG 활동을 하는 기업에만 투자하는 'ESG 투자'가 전체 운용자산의 20~40%를 차지하기도 했다. 글로벌 지속가능 투자연합(GSIA, Global Sustainable Investment Alliance)의 통계에 따르면 2020년 전 세계 ESG 투자 규모는 40조 5,000억 달러(4경 4,400조 원)으로, 2018년 30조 6,800억 달러(3경 3,600조 원)와 비교하면 1년 반 만에 31% 증가했다.

2020년 1월 ESG 투자 규모는 35.3조 달러로 '2018년 대비 15% 성장했으며 지역별로는 미국이 17조 달러로 가장 높았고, 유럽은 12조 달러, 일본은 2.9조 달러를 투자한 것으로 나타난다. 투자 운용사 중 블랙록은 2018년 이후 지속가능한 투자의 중요성을 특히 강조하고 있다. MSCI ESG 지수를 핵심 투자지표로 내걸고 2021년 1월부터는 석탄사업 비중이 총매출의 25% 이상을 차지하는 기업에서는 투자금을 회수하겠다고까지 선언했다.

ESG 중 환경 부문을 보면, 2050년 탄소중립이라는 목표는 단순한 환경보호 운동을 넘어 21세기 기업의 존폐를 가를 새로운 지표이자 생존수단이라 할 것이다. 이미 글로벌 기업들은 탄소감축 주도권을 잡기 위해 치열한 경쟁을 펼치고 있다. 애플, 구글, 마이크로소프트처럼 선제적으로 나서는 기업들도 있는 반면, 새로운 질서에 허덕이며 도태될 기미를 보이는 기업도 있다.

글로벌 기업의 경우 경영전략에 ESG를 적용하는 기조가 확산하고

| 글로벌 운용자산 추이(2016~2020) |

(단위: 10억 달러)

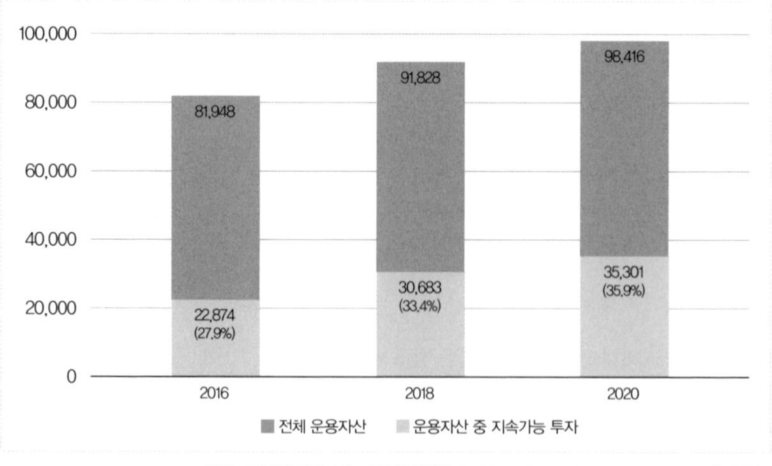

출처: 글로벌 지속가능 투자연합(Global Sustainable Investment Alliance), 2020.

| 지역별 지속가능 투자자산 추이(2016~2020) |

(단위: 10억 달러)

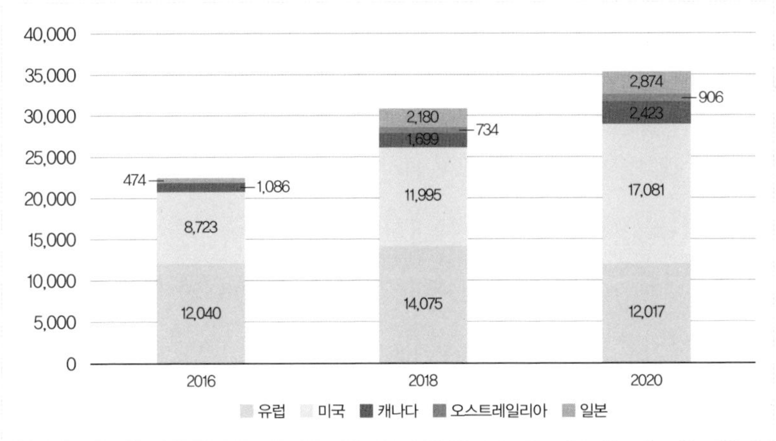

출처: 글로벌 지속가능 투자연합(Global Sustainable Investment Alliance), 2020.

있다. 환경, 사회, 지배구조 순으로 사례를 들면, 우선 환경과 관련된 기업들이 주도적으로 ESG를 적용하는 경우가 늘고 있다. RE100에 가입한 글로벌 기업들이 자사에 제품을 납품하는 협력사에게도 재생에너지 사용을 요구하는 사례도 증가하고 있으며, 기업이 필요 전력의 100%를 재생에너지로 공급하겠다는 자발적인 글로벌 리더십 이니셔티브 캠페인에 참여하는 기업도 늘고 있다. 이들은 2050년까지 기존 소비 전력을 단계적으로 재생에너지 전력으로 전환한다는 목표를 가지고 있다(2030년 60% → 2040년 90% 이상).

사회적 요소를 평가하는 항목에서는 여성 이사가 2명 미만인 기업에는 투자를 중단하겠다고 하는 계획을 발표함으로써 사회의 이슈가 기업의 경영, 나아가 투자자의 의사결정에 영향을 준다는 사실을 보여준다. 이는 사회를 구성하고 있는 일원으로서 기업이 사회와 얼마나 적절한 관계를 구축하고 있는지가 핵심 평가기준이며 근로자의 건강, 복지, 해고, 및 수익구조 등을 포함한 노동환경과 외부의 영향력에도 관심이 커지고 있음을 반영하고 있다. 특히 소비자의 정보 불균형 문제도 이에 포함된다. 예를 들어 최근에 논란이 많은 곳은 구 페이스북(현 메타)이다. 페이스북의 전 직원 프랜시스 하우겐은 페이스북 사이트와 앱이 "아이들을 해치고 분열을 조장하며 민주주의를 약화시킨다"라고 미국 워싱턴에서 열린 미 상원 소비자보호소위원회 청문회에서 강도 높게 비판했다.

이러한 일련의 사례는 기업이 사회에 어떤 영향을 주는지 보여주고 있으며, 기업의 사회적 영향이 기업의 이미지와 지속가능성에도 영향을 미친다는 것을 확인할 수 있다. 또한 H&M, 유니클로, 나이키 등 기업들이 2020년 이후 중국 신장에서 생산한 면화의 사용을 금지하는 정책을 내놓는 것에서, 기업들이 사회에 대한 영향력을 스스로 인지하고 이를 기업의 경영에 반영하는 모습도 볼 수 있다. 이는 기업이 사회 정의에 부합하는 방식으로 운영되고 있음을 의미하며 고객, 주주, 협력사까지 이해관계자 범위를 넓히는 ESG의 사례라 하겠다.

마지막으로 지배구조 측면에서는 다양성 확대 및 경영진의 보수와 ESG 성과 연계를 강화하는 것에 초점이 맞추어진다. 그 예시 중 하나는 유리천장을 뚫는 여성 고위 임원이 여럿 탄생했다는 것이다. 시티그룹은 월가에서 최초로 여성인 제인 프레이저를 차기 CEO로 지명했고, MSNBC는 케이블 뉴스 업계에서 처음으로 흑인 여성인 라시다 존스를 차기 회장에 선임했다. 메이저리그에서도 첫 여성 단장이 탄생했다. 중국계 미국인인 킴 응은 메이저리그 수석부사장으로 여성이자 아시아계로서는 처음으로 마이애미 말린스(Miami Marlins)의 단장에 올랐다.

이처럼 'ESG를 반영하여 투자하겠다'는 투자자들의 기조가 확고한 만큼, 기업은 투자 확보와 주주 이익을 위해서라도 더 이상 ESG를 경시할 수 없게 되었다. 또 투자자가 아니더라도 최근에는 '그린'과 '환경'이라는 단어로 대표되는 공생의 가치를 중시하고 지구를 위한 좋은 제품을 골라 쓰려는 고객이 늘고 있다. 뿐만 아니라 더 좋은 근로환경을 제공하고 사회에 공헌하는 기업과 일하려는 구성원과 파트너도 늘고 있다.

이러한 변화는 비즈니스를 둘러싼 이들의 의식이 전반적으로 변화하고 있음을 의미한다. 이제는 우수한 인재나 알찬 사업과 투자의 기회를 확보하기 위해서는 다양한 사회 문제를 해결하는 데 기여하는 기업의 면모를 보여주어야 하는 시대가 된 것이다. ESG가 고객, 구성원, 파트너 등 기업의 모든 이해관계자에게 영향을 미치며 기업을 움직이고 있음을 알 수 있다.

더 나은 ESG를 위하여, 실효성과 변화하는 사회

그동안 인류와 공동의 이익을 위한 노력은 국제기구를 중심으로 이루어졌지만, 이제는 기업들을 주축으로 확장되어야 할 것이다. 그렇다면 지금까지 공동의 노력으로 이루어진 지표들과 다양한 방법들은 앞으로 어떻게 발전되어야 하며 무엇을 고려해야 할까?

미국의 경우 정규직에서 프리랜서 등 비정규직으로 많은 인재들이 이동하고 있으며, 일자리는 많은데 일할 사람이 없는 것이 지금의 상황이다. 우리나라는 어떠한가? 코로나19 이후 고용시장이 급변하면서 역시 직업 '유연성'을 중시하는 사람이 늘었다고 볼 수 있다. '한 직장에 오래 있는' 것을 중요한 가치로 삼는 직업 안정성보다 언제 어디서든 원하는 시간과 상황에 따라 일할 수 있는 '유연성'을 직업의 더 중요한 가치로 느끼는 사람들이 늘었다는 것이다.

실제 코로나19 기간 중 원격근무를 했던 인력의 약 17%(900만 명)는 사무실로 꼭 돌아가야 하는 경우 이직을 고려한다고까지 말했다. 이에 대해 업워크의 CEO 헤이든 브라운은 "현재 노동시장은 그 어느 때보다도 강력하다. 프리랜서들은 일을 하고 싶어 한다"라고 말했다. 토드 거버 어도비 도큐먼트 클라우드 마케팅 부사장은 "Z세대 근로자들은 사무실에서 보내는 시간에 만족하고 있지 않다. 중요하지 않은 작업에 많은 시간을 할애하고, 일과 삶의 균형을 잡기 어려우며, 생산성을 높이기 위한 기술이 결여된 환경이기 때문"이라고 분석했다. 또 마이크로소프트 사는 이 같은 현상이 '일시적'인 것이 아니라며 '거대한 재편(great reshuffle)'이라고까지 분석하고 있다. 즉 사람들은 언제, 어디서, 어떻게 일하는지 선택할 뿐 아니라 왜 일하는지도 선택하고 있다는 것이다. 그리고 이런 유연성을 위해서 기업은 자원, 소프트웨어, 디지털 기술 등이 필요한 것이다.

일하는 방식은 어떨까? 스마트오피스를 주도하는 넵스(NEFS)에서는 2021~2022년 스마트오피스와 조직문화, 일하는 방식에 대해 4개 기업의 약 1,400명을 대상으로 설문조사를 진행했다. 이들은 재택근무와 사무실에서의 근무가 큰 차이가 없으며 60% 이상이 재택근무에 만족한다고 답했다. 또 스마트오피스를 통해 조직문화, 특히 개인의 자율성과 창의성이 존중된다고 답한 비율이 65%가량이었으며 그러한 문화가 뒷받침되기 위해서는 토론과 공유가 원활한 수평적인 문화가 필요하다고 답했다.

소비의 패턴도 매우 달라지고 있다. 과거에는 근검절약하고 한푼 두푼 모아 집을 장만하는 것으로 대표되는 소비가 옳고 합리적인 소비라고 여겨졌다. 그러나 현재는 집은 사지 않지만 외제차를 구매하는 20~30대들이 늘고, 특별한 날에는 호캉스를 즐기며 차를 대신 주차해주는 발렛파킹 등의 서비스에 과감하게 지출하는 등의 모습을 쉽게 볼 수 있다. 이것들이 의미하는 것은 무엇일까? 소비의 중심축이 비내구성 사치재로 변화하고 있다는 것을 의미한다고 볼 수 있지 않을까?

친환경 소재로 만든 가방 프라이탁(FREITAG)은 결코 싼 가격이 아니지만, 젊은이들 사이에서 인기가 있다. 그 이유는 젊은 세대들이 친환경적인 소비에 대해 의미를 부여하고, 자신의 소비와 행동이 사회에 영향을 준다고 생각하여 소비자로서의 역할에도 중점을 두고 있기 때문이다. 빈티지 마켓, 당근마켓 등에서의 중고품 거래, NFT로 가치가 높아져가는 운동화 등에서도 소비에 대한 인식이 바뀌고 있다는 것을 알 수 있다. 더 이상 단순히 물건이 싸고, 질이 좋다고 구매하는 것이 아니라 자신의 소비 행동에서도 주체성과 의미를 찾고, 사회와 환경의 지속가능성을 염두에 두고 제품과 기업을 바라보는 것이다.

이처럼 변화하는 사회에서 기업들은 일하는 방식, 내부 조직문화, 인재 경영 등 다양한 측면에서 사회의 변화와 요구를 반영하는지 점검하고, 더 나은 ESG 경영을 할 수 있도록 방향성을 설정해야 할 것이다.

임현정 공공정책전략연구소㈜ 소장

단국대학교 경영학 박사 및 단국대 경영·경제학부 겸임교수로 사회적 가치 및 공공서비스 성과 평가와 정부 및 지자체 대상으로 정책 제언과 자문, 지역 발전 및 산업 활성화 방안 수립 등의 연구를 수행한 경험이 있다. 현재는 공공정책전략연구소㈜ 소장으로 공공기관의 지속가능한 성장을 돕기 위해 전문적이고 차별화된 연구용역 서비스를 제공하고 있다.

이메일 ppsi.lhj@ppsi.co.kr

2장

그럼에도 불구하고, 결국 ESG

게임의 룰을 바꾸는
기업들의 성장법칙

가치 공유를 통한 동반 성장으로

우선, 게임의 룰에서부터 시작해보자. 기업의 관점에서 모든 경쟁은 본질적으로 게임이다. 날로 심화되어가는 극심한 경쟁의 소용돌이 속에서 기업들은 경쟁자를 제압하고 시장을 장악하며 안정적인 수익기반을 창출하기 위해 고심하고 있다. 일선 현장에서 사용되고 있는 경영전략 관련 용어 중에는 군사 용어나 스포츠 용어에서 차용된 것들이 많다. 그러나 기업의 경영전략은 스포츠나 전쟁과는 커다란 차이가 있다. 전쟁이나 스포츠에서는 경쟁자를 패배시키고 승리를 쟁취하는 것이 지상과제이지만 기업 경영에서는 이기고 지는 것만이 게임의 본질이 아니다. 기업은 가치를 창출할 뿐만 아니라 그렇게 만들어낸 가치를 다른 참가자들과 함께 나누는 존재이기 때문이다. 특히 이제는 혼자가 아니라 함께 실행하는 경영전략이 더욱 중요해진 시점이다.

컴퓨터 그래픽 카드인 '지포스(GeForce)'시리즈로 잘 알려진 엔비디아(NVIDA)도 기업의 가치를 다른 참가자들과 함께 나누는 '같이하는 경영'을 실천하고 있다. 엔비디아는 자율주행차 전용 반도체를 공개하며 AI 기술과 관련된 사업영역을 확대하면서 두각을 나타내고 있는데, 혼자서 모든 활동을 다 하는 것이 아니라 파트너사와 같이 수행한다는 점에서 다른 수많은 ICT 기업들과 큰 차이를 보인다. 농기계 전문제조업체인 야마하 모터 및 일본 스타트업 쿠보타 등과 협력해 스마트팜 사업을 추진해 지역 농가에 도움을 주고, 파트너사의 성장에도 기여하는 사례 등을 볼 수 있다.

야마하 모터와 엔비디아의 주된 충성고객은 일본 내 농업 종사자들인데, 이들의 평균연령은 67세로 이미 초고령화 단계에 진입한 상황이다. 야마하 모터 역시 급격한 산업의 변화에 따른 농림산업의 위기를 인식하고, 신성장 사업으로 산업용 무인 차량 및 로봇, 드론에 주목하고 있었다. 자신들의 운송기기 제작 노하우를 살려 농업용 무인 차량 UGV(Unmammed Ground Vehicle) 및 드론을 개발해 스마트팜을 도입하는 농가에 제공하려는 계획을 세우고 있었던 것이다. 그래서 자신들의 핵심기술은 지키면서 농업용 무인 차량의 개발 단계부터 같이 참여해 자사에 맞는 제품을 만들 파트너사를 찾고 있었다. 또한 고령화된 고객들을 위해 노인들을 태우고 이동하는 저속 전기차를 필두로 농업용 무인 차량과 드론 등 앞으로 출시할 자사의 모든 제품을 하나로 운영하고 관리할 통합 플랫폼의 개발까지도 고려해야 했다. 그런 야마하 모터에 손을 내민 곳이 바로 엔비디아였다.

야마하 모터는 엔비디아와 함께 UGV 플랫폼 및 농업용 무인 차량을 개발하기 시작했고, 마침내 2020년 12월, 딸기 수확용 무인 자율주행 차량의 프로토 타입을 선보였다. 이 차량은 딸기밭 사이를 스스로 돌아다니면서 로봇팔을 이용해 다 익은 딸기를 수확하고, 바구니에 넣는 작업까지 수행했다. 차량의 고도화 및 플랫폼의 전문적인 개발을 위해 엔비디아뿐 아니라 다른 파트너사들과도 협력하였으며, 모빌리티와 로봇 기술을 접목시킨 이 차량이 부족한 일손과 고령화로 어려움을 겪는 농가에 큰 도움이 될 것으로 기대하고 있다.

또 엔비디아는 2020년 10월 농기계 자율주행 분야에서 쿠보타와도 전략적 제휴를 맺고 완벽한 무인화 농기계를 제작하기로 했다. 쿠보타는 날씨 데이터를 이용해 그날 그날의 기후와 작물 생육 상태를 파악해 그에 맞게 스스로 움직이는 완전 무인 농기계를 개발하고자 했다. 이에 엔비디아는 에지 AI(AI 알고리즘의 연결 없이 장치에서 생성된 데이터를 기반으로 하여 에지 컴퓨팅을 사용한 하드웨어 장치에서 로컬로 AI 알고리즘을 실행하는 기술) 기술이 탑재된 '엔비디아 젯슨(NVIDIA Jetson)'을 쿠보타에 제공해, 컴퓨터 비전(딥러닝을 사용해 시각적 데이터를 분석하는 AI)을 활용한 완전 무인화 농기계를 함께 개발 중이다.

엔비디아는 2016년에는 AI 및 데이터 과학을 기반으로 4차 산업혁명을 이끌 차세대 스타트업을 지원하는 글로벌 프로그램 '엔비디아 인셉션 프로그램(Inception Program)'을 선보였는데, 이를 통해 최신 GPU 기술을 바탕으로 다양한 기술지원과 교육 및 협력 네트워크를 무상으로 제공한다. 또 일정 요건을 갖춘 스타트업에는 자금도 지원한다. 이처럼 엔비디아는 제휴 협력을 통해 자사는 물론 파트너사와 동반성장하는 것이 목표이다.

(좌) 야마하 모토의 TX 로보틱. (우) 쿠보타의 자율주행 트렉터 콘셉트.
출처: 김세엽, "일본 농기계 제조업체 쿠보타, '포도 농장 로봇' 개발에 주력", 〈글로벌이코노믹〉, 2022. 1. 28.

새로운 산업 트렌드를 받아들여라

4차 산업은 하루가 다르게 발전하고 있으며, 위와 같은 자율주행 기계들도 이제는 크게 놀랍지 않다. 하지만 그 발전 밑에 숨겨진 사회적 문제들도 살펴봐야 할 것이다. 뛰어난 과학기술의 발전은 일손 부족과 인구의 고령화와 같은 지역사회의 문제를 해결할 수 있으며, 독단적인 기술개발이 아닌 파트너십을 활용한 동반성장과 R&D의 공유 등을 통해 함께 상생할 수 있는 산업의 구조를 마련하고, 성장의 기회도 모색할 수 있다.

이와 같은 파트너십 경영철학은 이 책에서 논하고자 하는 ESG에도 반영되어, 사회공헌 활동에 있어서도 혼자 하기보다는 '같이 가치를 창출'하는 데 중점을 두었고, 애플이나 MS 등 다른 ICT 기업들과 비교하면 ESG 활동이 크게 눈에 띄지 않음에도 불구하고 엔비디아는 ESG 평가에서 8위를 차지한 기업으로 당당히 이름을 알리는 쾌거를 이룰 수 있었다[미국의 ESG 투자 전문 연구기관인 저스트 캐피털(Just Capital) 100대 기업 평가 발표, www.esgeconomy.com. 2021.1.12].

엔비디아의 사례에서 볼 수 있듯이 이제는 뛰어난 기술력을 바탕으로 파트너와의 동반성장, 지역사회의 문제 해결을 위한 최선의 노력, 더불어 기업경영의 투명성이나 윤리성, 환경보호 등 보다 더 적극적인 활동을 통해 기업의 부가가치를 부각시켜야 하는 시대로 변화하였다. 예상치 못한 코로나19라는 팬데믹을 겪으며 모두가 느꼈듯, ESG는 더 이상 이상적인 개념이 아니라 실천이 뒷받침되어야 하는 산업의 트렌드인 것이다. 또한 하루가 다르게 빠르게 변화하고 있는 4차 산업 시대에는 더욱 중요하고 게을리할 수 없는 부분이기도 하다.

대한민국 ESG 경영 현황

세계적인 ESG 트렌드의 확산

장기화된 코로나19로 인해 ESG 투자는 이제 주류로 부상했다. 블룸버그와 블랙록 등에 따르면 코로나19 이후 ESG 상장지수펀드(ETF)에 약 55조 원의 자금이 유입되었는데, 이것만 보더라도 직관적으로 확인할 수 있다. ESG가 핵심 가치요인으로 떠오르고 ESG 트렌드가 확산되면서 세계적인 기업들도 앞다퉈 경영 전반에 ESG를 반영한 전략들을 내놓기 시작했다. 또한 '공급사슬 관리' 측면에서 전 세계의 크고 작은 협력업체들에게도 ESG가 요구되고 있다.

세계적인 기업 테슬라는 〈2019 임팩트 보고서〉에서 '코발트 프리(Cobalt Free)' 배터리 개발 계획을 발표함으로써 코발트 채굴과정에서 지적받았던 아동노동 착취와 환경오염 논란으로부터 벗어나고자 했으며, 애플이 주도하는 RE100은 공급망 ESG의 대표적인 이니셔티브로 통한다. 내수경제보다 수출에 의존하는 한국 경제와 수출을 바탕으로 한 수익구조를 가지고 있는 한국 기업들에게 이러한 세계적인 ESG 열풍은 지나가는 가벼운 트렌드쯤으로 넘겨버리기엔 큰 부담으로 다가올 것이다.

다음은 구글 트렌드 사이트를 통해 확인 가능한 단어 검색량 추이이다. ESG 단어로 검색해본 결과, 2020년 중순 이후로 전 세계에서 관련 검색량이 급증한 모습을 볼 수 있다. 실제로 2021년 한국 내 언론의 기사만 찾아봐도 매일 다량의 ESG 관련 기사가 나오고, 정부와 기업의 구분 없이 모두가 ESG를 외치고 있다. 글로벌 검색량 추이와 최근의 시장환경만 본다면, ESG라는 용어는 코로나19 이후의 기후변화, 사회적 이슈, 투명한 지배구조에 따른 관심 등 산업 생태계의 빠른 변화에 따라 최근 등장한 새로운 개념으로 이해될 수 있다.

한편 장기화된 코로나19로 사회적 불평등 이슈가 급부상하고, 기업의 사회적 책임에 대한 요구도 강하게 부각되었다. 국제사회와 정부는 코로나19의 해결을 위해 2가지 해결방안을 제시했는데, 바로 기후변화 대응(탄소중립)과 뉴딜정책이다. 전 세계 과학자들은 코로나19를 유발한 바이러스가 탄생한 근본 이유는 기후변화 때문이라고 말하고 있다. 기

| 전 세계 ESG 단어 검색량 추이 |

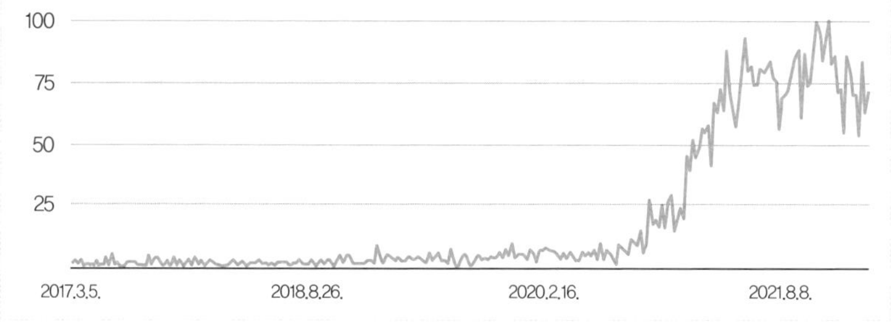

출처: Google trends, 2022.2.27.

후변화로 인해 박쥐와 같은 바이러스 매개체가 인간과 생활권이 겹치기 시작하면서 질병의 빈도와 강도가 높아지고 있다는 해석이다. 그리고 이의 해결을 위해 기후변화 대응을 인류 공동의 과제로 추진해야 한다는 당위성이 생긴 것이다. 각국은 탄소중립을 선언하며 적극적인 기후변화 대응 의지를 밝히고 있으며, 기업들 역시 속속 탄소중립을 선언하면서 국제사회의 정책 방향에 부응하기 시작했다.

뉴딜정책의 필요성

두 번째는 뉴딜정책이다. 코로나19의 회복을 위해서는 오랜 시간이 필요하고, 정부의 재정지출이 중요하다. 침체된 경제사회를 해결하기 위해서는 뉴딜정책이 필요한데, 그중 하나의 축이 그린 뉴딜이다. 그린 뉴딜과 기후변화는 ESG의 중심축이라 할 수 있다. ESG의 본질을 알아야 정확한 경영전략을 수립할 수 있으며, 기업에게 요구되는 점도 바로 이 부분이다. 앞으로 한국 기업에 기회의 장이 될 수 있는 ESG 경영은 어떤 길을 갈 것인가?

모두가 예상하는 것처럼 ESG가 다루는 이슈는 매우 방대하며, 일시적인 것이 아니라 장기적 관점에서 대응하고 관리해나가야 하는 이슈들이다. 대표적으로 ESG 경영에 큰 영향력을 끼치는 기후변화 대응만 봐도 그렇다. 탄소중립의 목표 시점은 2050년이다. 즉 지금 각국 정부와 기업이 선언하는 탄소중립을 위해서는 2050년까지 이 이슈를 관리해야 한다는 것이다. 또 다른 예로 기업 내 여성 임원 비중, 이사회 내 여성 이사 비중 등 여성 인권 문제도 마찬가지다. 이러한 문제는 하루이틀 만에 개선되지 않기 때문이다. 따라서 기업은 조급하게 ESG를 바라보아서는 안 되며, 단기적인 성과를 기대해서도 안 된다.

경영진 역시 무엇보다 강력한 ESG 리더십을 바탕으로 지금부터 장기계획을 수립하고 긴 호흡으로 개선해나가야 한다. 단기적인 성과만 우선시되는 기업문화에도 인식의 전환이 필요하다. 만일 경영진이 ESG에 대한 본질적인 이해가 부족한 채 단기 성과만을 기대한다면 홍보와 사회공헌 수단 등 1차원적인 접근만 가능할 것이고, 결국 기업의 영위를 담보하지 못하고 쇠퇴하게 될 것이다. 대한민국 정부는 2021년을 ESG 경영 지원 원년으로 선포했다. 국회 역시 3월 말 ESG 포럼을 출범시켰다. 국회의원 60여 명이 참여하는 등 국회 포럼 중 최대 규모라는 평가다. 이처럼 당·정·청은 물론, 기업까지 적극적인 ESG를 추진하는 상황이기에 이 분위기는 오랜 기간 지속될 것으로 보인다.

친기업 성향을 드러내고 규제 대신 자율성을 강조하며 2022년 5월에 새롭게 출범한 윤석열 정부 또한 기업의 ESG 움직임과 관련된 지원책을 발표했다. 디지털 기반의 ESG 혁신성장 인프라 구축, 민간 자금이 ESG 우수기업에 투자·지원될 수 있도록 금융 인프라 고도화, 에너지·탄소 분야 신산업 및 사회적 산업·서비스 육성, 중소·벤처기업 ESG 지원을 위한 플랫폼 구축 등을 관련 대표 추진 과제로 앞세웠다. 다만 지금 우리에게 필요한 것은 속도보다는 방향이다. 무엇이 ESG의 본질인지, 우리 정부와 기업에게는 어떤 ESG가 필요한지 살펴보고, 긴 호흡을 가지고 단계적으로 접근해가야 한다.

ESG는 내용 자체가 방대하기 때문에 기업을 경영하는 입장에서는 각 요인별로 하나씩 내용을 점검하기보다 큰 방향성을 살펴보는 것이 업무의 효율성과 경쟁력을 높이는 전략이 될 수 있다. 즉 환경적 요소에서는 기업 경영환경의 전반적인 과정에서 기업이 창출해내는 가치들이 자연환경을 어떻게 관리하고 보호하는지, 경영활동 방식이 어떠한지에 대한 고찰이 필요하며, 사회적 요소에서는 다양한 이해관계자 및 지역사회를 대하는 기업의 경영방식에 대한 이해가 필요할 것이다. 여기서 얘기하는 지역사회에 대한 경영의 방식은 기업 안에서의 경영과 지역사회를 분리하는 것이 아니라 지역주민 고용, 지역물품 우선구매, 지역사회 내 사회적 문제를 해결하기 위한 지원 등 해당 지역사회의 경제 활성화 및 사회적 이슈를 해결하기 위한 구체적인 방안을 기업경영에 활용하고자 하는 노력을 말한다.

마지막으로 지배구조 항목에서는 기업 경영에 있어 조직 스스로 다양한 이해관계자에 대한 요구사항을 관리하며 보호하는 방식에 대한 방향성을 심도 있게 확인해가며 나아가야 할 것이다. 기존의 개념에서 이해관계자가 전통적인 재무지표상의 기업 이윤창출과 직접적 연관이 있는 경영진이나 투자자 등 다소 협소한 범위였다면, ESG의 다양한 관점에서 이해관계자는 경영진 및 투자자는 물론 조직 구성원, 지역사회 및 시민단체, 더 나아가 시민 하나하나까지 더 넓은 범위를 포함한다. 따라서 다양한 관점에서의 이해관계자들의 요구사항, 즉 기업의 이윤창출, 기업 경영의 투명성, 윤리·도덕적 경영, 감사 및 적극적 커뮤니케이션 및 정보공유 등을 통해 구체적 지배구조의 방향성을 만들어가야 할 것이다.

ESG 요소에 대한 이슈는 비재무적 성과이므로 고정화된 재무적 성과에 비해 국내외적으로 유동성이 강하다. 다이내믹하게 변화하는 환경에 대응하는 이슈이기 때문에 상대적으로 정리하기가 쉽지 않다. 하지만 기후변화 및 사회적 이슈 등 세계적으로 ESG 경영에 대한 관심이 높아짐에 따라 우리도 반드시 적응해야 하는 상황이다.

한국에서도 이제는 ESG를 경영전략에 적극 반영한 기업들을 쉽게 찾을 수 있다. 눈에 띄는 기업으로는 1년 사이에 두 단계 가까이 등급이 오른 LG유플러스와 SK머티리얼즈, 현대바이오랜드 등을 꼽을 수 있다. LG유플러스는 지난해 B에서 올해 A로 등급이 두 단계 상승했으며 특히 지배구조 항목에서 높은 평가를 받았다. 한국기업지배구조원은 "감사기구 관행 개선에 상당한 노력을 기울였으며 지배구조 정보의 자율적인 공개를 확대했다"라면서 "또한 전자투표제를 도입하는 등 주주 권리 보호 관행 개선을 위해 노력했다"라고 밝혔다. SK머티리얼즈는 환경 항목에서 등급이 두 단계 상승했다. 협력회사와 동반성장을 위한 공급망 관리, 감사기구와 관련된 관행 개선과 자발적인 지배구조 정보공개를 위한 노력이 높은 평가를 받았다. 현대바이오랜드 또한 전체 등급이 2020년 B에서 올해 A로 두 단계 상승했다.

한국기업지배구조원은 현대바이오랜드가 "감사위원회 전문성 확보를 비롯해 감사위원회 구성원의 과반수를 재무·회계 전문가로 선임해 전문성 확보에 노력했다"라고 평가했다. 하지만 한국기업지배구조원은 아직 60%에 달하는 기업들이 B 이하의 등급을 받은 만큼 개선이 필요한 기업이 상당수 존재한다고 보았다. 김진성 한국기업지배구조원 ESG 평가 팀장은 "아쉬웠던 부분은 아직 많은 기업들이 ESG 평가를 대하며 기업 시스템과 관행 개선보다는 점수(등급) 향상에 목적을 두고 있었다는 점"이라고 말했다.

산업혁명과
ESG의 발전 과정

산업혁명과 경영전략의 변화

현대 경영학의 창시자라 불리는 피터 드러커(Peter Ferdinand Drucker)는 "미래를 예측하는 가장 좋은 방법은 미래를 창조하는 것이다"라고 이야기하며 한 나라의 기업을 운영하고 책임지는 리더의 역할을 강조했다. 요즘처럼 하루에도 수없이 새로운 것이 창조되고 있는 변화의 시대에에는 기업의 리더나 조직 구성원, 개개인 모두가 다이내믹하게 변화하는 환경에 적응하는 것이 쉽지 않아 보인다.

ESG 또한 어디서 들어봤던 내용 같으면서도, 그 안을 들여다보면 다소 생소한 개념이 들어 있어, ESG를 바라보는 다양한 관점들도 생겨나고 있다. 경제발전의 이론으로 잘 알려진 오스트리아 출신의 미국 정치과학자이자 경제학자 조세프 슘페터(Joseph Schumpeter)는 앙트레프레너(Entrepreneur)를 '새로운 제품과 서비스를 소개하고, 새로운 형태의 조직을 창조해내고, 새로운 원자재를 개발해냄으로써 기존의 경제적 질서를 파괴하는 사람'이라고 소개했다. 코로나19와 세계적인 기후 이상 변화로 한 치 앞을 내다볼 수 없는 지금, 앙트레프레너와 같은 리더십을 바탕으로 기존의 것을 혁신적으로 개발하고 발전시키는 기업의 생존전략이 그 어느 때보다 절실하다. 한편으로 우리는 어쩌면 예전부터 앙트레프레너에 의해 CSR, CSV, 지속가능경영 등 ESG와 유사한 개념을 기업의 관점에서 다양한 방법으로 수행해왔다고도 볼 수 있다. ESG도 그러한 연장선상에 있는 경영전략이라고 생각할 수 있다. 그렇다면 무엇이 기존의 전략들과 다른 것일까? 우선 ESG가 생겨나게 된 배경부터 살펴보자.

18세기 영국을 중심으로 촉발된 제1차 산업혁명은 18~19세기에 유럽과 북미로 확산되었다. 증기기관을 통한 기계적 동력을 이용하여 인간의 노동력을 대체하는 공업화의 과정이라 할 수 있다. 이로 인한 생산성 향상으로 소비자는 더 좋은 물건을 저렴한 가격에 구입할 수 있는 혜택을 누리게 되었다. 그런데 기계가 인간을 대체하게 되면서 기계와의 생산력 경쟁에서 뒤진 인간 노동자는 점차 설 자리를 잃게 되었다. 1811~1817년 영국 중북부의 직물 공업 지대에서는 노동자들이 '러다이트 운동'이라 불리는 기계 파괴 운동을 일으키기도 했지만, 기계는 물러서지 않았다. 한 대의 기계가 여러 사람이 하던 일을 대신하게 되니 일자리가 줄어들어 실업자가 넘쳐났고, 노동자의 임금은 점차 낮아져 생활고가 심각해져갔다.

다음으로 인류를 찾아온 두 번째 큰 변혁, 즉 제2차 산업혁명은 기술의 진보와 생산 방법의 변화를 통해 생산성 향상을 이룬 것이다. 제2차 산업혁명으로 기계의 역할은 축소되기는커녕 오히려 더 확대되었다. 1914년 헨리 포드가 자동차 공장에 컨베이어 시스템을 도입하여 대량생산을 통해 원가 절감을 실현한 것이 그 시작이다.

포드 시스템은 사람이 부품을 들고 움직이던 작업 방식을 획기적으로 변경하여 부품이 컨베이어를 타고 사람에게로 오게 한 역발상 시스템이다. 즉 사람이 정형화된 단순한 작업을 반복하는 것만으로도 대량생산이 가능하게 되었다. 또한 대량생산 체제가 구축되면서 과거 특권층만이 탈 수 있던 자동차를 일반 서민도 탈 수 있게 되는 '마이 카' 시대가 열렸고, 물질적 풍요가 급속히 늘었다. 하지만 다른 한편으로는 빈부의 격차가 심화되었고, 공장의 근로자들이 기계의 나사 하나로 전락하게 된 근로자의 소외 문제 등도 대두되었다. 이러한 1910년대에는 기업의 경영이 공장과 기계부품 등을 잘 관리하는 것에 초점이 맞추어져 있었다.

1924년부터 1932년까지 약 8년에 걸쳐 수행된 실험을 하나 소개하려고 한다. 이 실험은 앞에서 이야기했던 2차 산업혁명 당시 인기 있었던 기업 경영전략, 즉 공장 및 기계부품의 관리에 최적화된 경영방침 중 하나인 프레드릭 테일러의 과학적 관리론에 입각하여 실시되었다. 미국 시카고 근교에 위치한 호손 공장(Hawthorne Works)에서 10여 명의 노동자에 대해 작업장 조명의 밝기 정도와 생산성의 상관관계를 확인하기 위해 실험이 이루어졌던 것이다. 그러나 결과적으로 조명의 밝기와 생산성 사이에는 상관관계가 없다는 것이 밝혀졌고, 오히려 새로운 사실이 발견되어 이 실험은 더욱 유명해졌다. 작업장에서의 생산성은 해당 공장에 소속되어 있는 구성원들의 관계에 따라 유의미한 연관 결과를 가져온다는 사실이었다. 즉 좋은 인간관계와 좋은 작업조건 속에서 더 높은 생산성이 일어날 수 있다는 결론을 얻게 된 것이다.

그리고 이때부터 작업장의 환경, 구성원들 간의 인간관계, 심리적 안정감 등 오늘날의 '인사관리'가 경영의 중요한 부분으로 들어가게 되었다. 또한 공장 및 기계부품과 같은 물량적 관리 외에 구성원들의 동기부여나 교육 및 훈련을 통한 역량개발, 노무관리, 급여, 보상 시스템 등 다양한 비물량적 관리에 대한 중요성도 소개되기 시작했다. 이처럼 1930년대에는 공장의 최적화된 셋업 관리뿐만 아니라 종업원들의 동기부여 관리와 같은 인사관리 등으로 경영전략의 범위가 넓어졌다.

1950년 2차 세계대전을 거치면서 전 세계 연합군의 군수공장 역할을 하기 위해 미국의 제조업 시스템은 더욱 고도화되고 발전했다. 전쟁이 끝난 뒤에는 이렇게 고도화된 제조 시스템이 상용화되기 시작했고, 우리가 쓰는 생필품을 생산하는 과정에까지 접목되면서 인류 역사상 처음으로 공급이 수요보다 많아지게 되었고 구매자 시장, 'Buyers Market'이 시작되었다. 기업도 이전까지 해왔던 단순한 판매 및 영업을 넘어 잠재적 소비자의 구매심리를 파악하고, 그들의 니즈를 충족시킬 수 있는 물건을 생산하여 실제적 소비로 이루어질 수 있도록 연구하는 경영전략을 중요시하게 되었다. 이에 따라 1950년대 이후부터는 '마케팅 전성시대'라고 불릴 만큼 마케팅과 관련된 다양한 연구나 서적들이 쏟아져 나왔다. 1950년대에는 공장의 최적화된 셋업 관리, 구성원의 인사관리뿐 아니라 소비자까지 관리하는 것으로 기업의 경영 영역이 확장된 것이다.

리스크 감수에서 리스크 관리로

사회적 이슈와 기업경영의 변화

1970년대에는 1955년부터 시작된 베트남전쟁에서 미군의 베트남 철수에 따른 이슈를 두고 세계의 여론이 미국을 향해 따가운 비판적 시각을 보냈다. AP통신이 찍은 한 장의 사진이 그 시발점이 되었다. 미군이 발사한 네이팜탄이 베트남 민가에 떨어지자, 당시 해당 지역에서 잠자고 있던 9세 소녀 킴 푹(Kim Phuc)이 옷도 입지 못한 채 놀라 뛰쳐나와 도망가는 모습을 기자가 찍은 사진이다. 이 한 장의 사진은 전 세계 시민들에게 공분을 일으켰으며, '반인륜적인 무기를 생산하는 기업'에 대한 관심을 불러왔다. 그 기업은 네이팜탄, 고엽제(Agent Orange), 생화학 무기 등을 만드는 다우 케미칼(Dow Chemical)이라는 회사로, 세계 시민들로부터 지탄을 받게 된 것이다. 이는 인권 및 인종차별이나 역사 왜곡 등으로 전 국민의 공분을 산 몇몇 기업이 국내에서도 불매운동의 대상이 된 일을 떠올리게 한다.

이처럼 1970년대의 기업경영은 범위가 더 넓어져 사회적 이슈로 인한 명성까지도 관리해야 하는 수준에 이르렀다. 즉, 기업은 이제 리스크를 감수(Taking)하더라도 산업발전을 위해 독단적으로 무리하게 선택하는 것이 아니라, 사회적 이슈나 환경적 이슈에 대한 리스크를 관리(Management)하는 것이 지속성을 유지하는 강한 힘으로 작용한다는 것을 깨닫게 되었다. 이는 더 나아가 사회책임투자(SRI, Socially Responsible Investment)의 개념으로 발전하여 인권경영, 형평성, 다양성의 존중을 바탕으로 기업의 경영전략을 모색하는 방향으로 나아가게 된다.

다음으로 1992년 파키스탄의 한 공장에서 소년이 나이키(Nike) 사의 축구공을 생산하며 손으로 꿰매고 있는 사진이 세계적으로 유명해졌던 사례가 있다. 해당 사진이 전 세계에 공개되자 나이키 제품을 사랑하고 신뢰하는 전 세계 고객들은 참혹한 아동 노동의 실태에 경악했다. 그러나 나이키의 첫 번째 대응은 매우 실망스러웠는데, 나이키는 생산을 담당한 하청업체가 자신들의 조사 영역 밖에 있으며, 독립적인 계약업체의 행위에 대해 자신들은 책임질 수 없다는 식으로 일관했다.

그러나 수많은 소비자들의 비난과 항의가 이어지자 놀란 나이키는 이후 능동적인 대응방법으로 전환하여 1998년 기업책임부서(Corporate Responsibility Department)를 설립했고, 1999년에는 주당 노동 시간이 60시간을 넘지 않도록 하고, 독립적인 모니터링을 강화했다. 또 1999년 설립된 국제 공정노동 비영리단체인 FLA(Fair Labor Association)에 창립 멤버로 가입하면서, 다른 브랜드도 가입할 것을 권유했다. 이는 OEM 방식의 개발도상국 공급업체들의 노동·환경 이슈를 기업이 다뤄야 할 문제로 만드는 데 촉매 역할을 했으며, 해당 문제에 대한 선진적인 해결방안의 사례를 보여주었다.

2013년 4월에는 방글라데시 수도 다카(Dhaka)의 의류공장인 라나 플라자(Rana Plaza)가 붕괴되어 그곳에서 종사하고 있던 노동자 1,100여 명이 사망하고 2,500명가량이 부상당하는 사상 초유의 참사가 발생했다. 해당 참사의 직접적인 원인은 기준 이하의 자재를 사용한 부실시공으로 밝혀졌으나, 사건 발생 하루 전날 7층 내벽의 균열이 발견되어 붕괴의 징후가 있었는데도 근로자들의 안전을 무시하고 방치했다는 정황이 드러나 더욱 논란이 되었다. 방글라데시는 수출의 77%를 차지하는 봉제 의류산업의 핵심 생산지로, H&M, ZARA, GAP, Benetton 등 서구의 패스트패션(Fast Fashion) 선두기업들과 계약을 맺고 있었다.

이 사건을 계기로 방글라데시에 진출한 해외업체들의 불안정한 구매 관행, 현지의 형식적인 안전 점검 등이 사고의 간접적 원인이 되었다는 것도 밝혀졌다. 이후 NGO 단체 및 국제기구들의 관심과 노력을 바탕으로, 개발도상국가에 아웃소싱을 하는 글로벌 기업들은 현지 근로자들의 열악한 노동환경, 불합리한 근로조건 등을 개선해야 한다는 사회적·윤리적 책임 문제가 다시 대두되었다. 정부의 무관심과 감독 인력의 부족으로 큰 효력을 발휘하지 못하던 실정이었으나, 이 일을 통해 유럽에 있는 ESG 투자자들을 중심으로 저개발 국가에 생산라인을 둔 패션기업들의 근무 조건, 환경 등을 파악하고 조사(Inspection)하는 일도 늘었다.

2000년대에 들어 상당한 파급효과를 미쳤던 일로는 2001년 12월 엔론 회계분식 사건(Enron Scandal)이 있다. 매출 약 1,100억 달러 규모로 잘나가던 회사 엔론은 6년 연속 《포천(Fortune)》지가 선정한 '미국에서 가장 혁신적인 기업'으로 인정받으며 전기, 에너지, 제지와 같은 다양한 사업 분야로 확장을 진행하고 있었다. 하지만 언론에 화려하게 공개된 엔론의 눈부신 성과들은 결국 분식회계를 통해 과대포장되었다는 사실이 알려졌고, 이는 세계를 놀라게 했다. 이러한 사건을 통해 2000년대부터는 기업 지배구조가 중요한 이슈로 부각되기 시작했다. 기업 경영의 범위도 넓어져 공장의 셋업 최적화, 인사관리, 소비자, 기업 평판 및 이미지, 협력사 관리에서 더 나아가 기업 지배구조 관리까지 전략적으로 계획하여 수행해야 하게 된 것이다.

이쯤에서 한국 기업이 처해 있는 환경에 대해 생각해보자. 전쟁으로 초토화되었던 대한민국이라는 작은 나라가 반세기 만에 눈부신 경제성장을 이루어낸 업적은 말할 필요가 없다. 모두가 한뜻이 되어 힘을 모아 새마을 운동을 하였고, 1997년 외환위기가 닥쳤을 때는 집 구석구석 숨어 있는 작은 돌반지까지 탈탈 털어가며 금 모으기를 통해 극복해냈으며, 2002년에는 월드컵을 유치하고 깜짝 4강 신화를 이루며 세계가 놀랄 만한 응원문화로 대한민국의 저력을 보여주었다. 또 스토리 구성이 탄탄한 K-드라마, 높은 퀄리티의 공연문화로 세계를 놀라게 한 K-POP, 열거할 수 없을 정도의 다양한 문화 콘텐츠의 발전은 이제 선진국들과도 어깨를 나란히 할 수 있는 수준에까지 이르렀다.

하지만 여전히 소득의 양극화, 불평등의 문제가 심각하고, 사회적 취약계층에 대한 인식이나 환경을 비용으로만 생각하는 기업문화, 대기업에 의존적인 산업 생태계 및 여전히 소외되고 있는 중소기업 산업 환경 등은 세계적 경영전략의 흐름인 ESG 경영을 따라가지 못하는 모습을 보이고 있다. 이에 따른 국가적 정책의 방향 및 지원, 대기업들의 적극적 ESG 경영, 다양한 ESG 지원활동을 활용한 중소기업들의 노력, 불편함을 감수하더라도 지속가능한 삶이 영위될 수 있도록 노력하는 수준 높은 문화시민의 역할 등 사회 전체의 변화를 통해 ESG의 본질과 방향성을 찾을 수 있을 것이다.

오렌지마냥 쥐어짤 수 없는 것이 지구

뉴 노멀(New Normal) 시대의 과제와 미닝아웃

코로나19로 전 세계가 시들어 있던 2020년 10월, 프란치스코 교황은 기후위기에 대한 즉각적인 해결책을 모색하기 위해 국제적 차원에서 마련된 테드(TED) 강연 '카운트다운'에 영상 메시지를 보냈다. 그는 강연을 통해 우리 각자는 기후위기를 극복하는 데 기여할 수 있다며, 현재 우리가 살고 있는 경제시스템에 대한 새로운 시각이 필요하다고 전했다. 우리는 생산 및 소비방식을 비롯해 쓰고 버리는 문화, 근시안적 전망, 가난한 이들에 대한 착취와 무관심, 불평등의 증가와 유해한 에너지 자원에 대한 의존 등을 시급하게 다시 생각해야 하는 당연한 윤리적 명령 앞에 놓여 있다는 것이다.

교황은 코로나19로 인해 전 세계가 겪고 있는 이 상황은 우리 모두로 하여금 하나의 선택을 하게 하며, 그것은 중요한 것과 중요하지 않은 것 가운데 하나를 선택하는 것이라고 말했다. 가장 가난한 이들의 고통을 계속 무시하며 우리 공동의 집인 지구를 학대할 것인지, 아니면 우리의 행동방식을 변화시키기 위해 모든 차원에서 노력할지 선택해야 한다고 말이다. 특히 이러한 변화를 장려하는 한 가지 방법은 공동의 집(지구)을 통합적으로 돌볼 수 있도록 기업들을 이끄는 것이라고 주장하며, 통합 생태론의 조건을 충족하지 못하는 회사들을 투자 대상에서 제외하고, 현재와 같은 에너지전환 국면에서 지속가능성, 사회정의, 공동선 증진이라는 조건을 행동의 중심에 두도록 압박해야 한다고 강조했다.

리베카 헨더슨의 《자본주의 대전환》이라는 책의 내용 중에는 "비행기를 덜 타고 자동차 운행을 줄이겠다고 결심하거나, 직원을 잘 대우하는 기업의 제품만을 구매하려고 노력하라. 여러분의 탄소 발자국을 계산해보고, 얼마나 큰 피해를 주고 있는지 가늠해보고, 그 피해를 상쇄할 수 있도록 노력하라. 편안함을 느끼는 영역에서 조금이라도 벗어나는 일을 하다 보면, 스스로에 대해 생각하는 방식 자체가 바뀔 수 있다. 나의 작은 희생이 세상을 바꿀 수 있고 내 목소리가 중요하다는 자각으로 이어질 것이다"라는 구절이 있다. 이처럼 기업뿐만 아니라 개인에게도 새로운 자본주의를 위한 대담한 행동들이 요구되며, 이것이 뉴 노멀 시대를 살아가고 있는 우리들의 상황이다. MZ세대는 이러한 흐름을 주도할 수 있는 참여자로 떠오르고 있으며, 기업들은 이들의 소비패턴인 '미닝아웃(Meaning Out)'에 관심을 보이며, 제품이나 서비스를 제공하는 데 최선을 다한다.

미닝아웃이란 미닝(Meaning, 신념)과 커밍아웃(Coming out, 정체성을 드러내다)의 합성어로, 편의성을 먼저 생각하던 소비자들이 환경이나 건강을 우선적으로 생각하면서, 자신의 소비 행위를 통해 정치적, 사회적 신념을 적극적으로 표현하는 것을 말한다. 미닝아웃 소비자들은 소비를 통해 자신의 취향과 신념을 알리며, 사회적 책임을 다하는 기업의 제품을 우선적으로 구매하고, 기업의 확고한 신념을 리더인 CEO로부터 강하게 느낄 수 있는 제품에 열광한다. 또 이를 통해 영향력을 드러내고자 한다.

미닝아웃을 소비자에게 인정받는 브랜드로는 파타고니아(Patagonia)를 들 수 있다. "우리는 우리의 터전, 지구를 되살리기 위해 사업을 한다"라는 사명을 가진 아웃도어 브랜드 파타고니아는 매년 매출의 1%를 환경단체에 기부하며 환경에 끼치는 피해를 줄이기 위해 재활용 소재, 농약과 화학비료를 쓰지 않고 기른 목화로 만든 순면을 사용해 제품을 만들고 있다. 파타고니아의 CEO 라이언 겔러트(Ryan Gellert)는 "오늘날 우리는 패션 산업과 블랙프라이데이가 초래한 기후위기의 벼랑 끝에 서 있다. 새옷이 아닌 헌옷을 사게 되면 그 옷의 평균 수명이 2.2년 연장돼 탄소, 폐기물, 물 사용 발자국을 73%나 줄일 수 있다. 소비자가 기업에게 리사이클 제품, 유기농 원단으로 만든 제품, 공정무역 제품을 요구하는 것이 중요하다. 당신에게는 옷을 만드는 방법을 바꿀 수 있는 힘이 있다"라고 말한다.

코카콜라 역시 미닝아웃 소비자에게 각인되려는 브랜드 중 하나이다. 2018년 코카콜라는 '쓰레기 없는 세상(World Without Waste)'이라는 이니셔티브를 발표하며 2030년까지 병이나 캔 하나를 판매하면 하나를 재활용하고, 자사 용기의 50% 이상을 재활용 재료로 만들겠다는 목표를 밝힌 바 있다. 코카콜라의 지속가능성 부문 총괄 담당자 알파 수

타리아는 "코카콜라의 소비자들은 지속가능성 문제에 민감하다"라며 "이번 기회에 100% 재활용된 플라스틱으로 용기를 제작했다"라고 선언했다.

품질 좋은 제품이 '지속가능성'을 만났을 때 미닝아웃을 선호하는 소비자들로부터 탄탄한 충성도를 형성할 수 있고, 이러한 노력들이 더 많은 제품에 같은 요구를 할 수 있다는 생각의 전환을 가져다주게 된다. 이러한 소비의 패턴에 힘을 실어주는 것이 새로운 소비세대로 떠오르고 있는 MZ세대이다. 이들 중 많은 이들이 다음 세대를 위해 환경과 자원을 소중히 다루고 지속가능한 현명한 소비에 주목하며, 환경적 가치를 위한 소비를 지향한다. 실제로 제로웨이스트(Zero Waste)와 비건 소비를 실천하는 '제비족'이라는 신조어까지 생겨나기도 했다. 이들은 또한 자신의 가치관에 부합하는 제품을 소비하거나 캠페인에 참여하는 것에서 그치지 않고 개인 SNS를 통해 자신이 의미 있다고 생각하는 내용을 적극적으로 공유하며 본인의 정체성을 드러낸다. 이는 이미 하나의 놀이이자 문화로 자리 잡았다. 이들에게 제로웨이스트, 업사이클링(Upcycling) 등과 관련한 제품 소비는 그 자체로 환경 보호에 동참하는 의식을 표현하는 행위인 것이다.

이들은 치열하게, 부지런히 살며 눈부신 경제발전을 이루어낸 부모세대, 또는 그 이전 세대의 피와 땀이 배인 노력으로 여유로워진 가정 살림을 통해 모자람 없이 자랐지만 바쁘다는 핑계로 살뜰히 살펴볼 수 없었던 환경 문제, 사회 문제, 공정성과 평등함을 가치를 자신의 삶과 연결시키고, 수준 높은 주인의식을 바탕으로 능동적으로 해결해보려는 주체자들이다.

이러한 젊은 세대의 관심사에 발맞추어 이제는 기업도 ESG 경영을 기업의 핵심 가치전략으로 전환하여 너도나도 친환경, 사회적 이슈 해결, 공정성 등을 강조한 전략을 홍보하고 있다. 친환경 포장재 전환은 물론이고 플라스틱 사용을 줄이기 위한 리필서비스 등과 같은 서비스 상품들을 심심치 않게 볼 수 있다. 미닝아웃 또한 이들의 소비패턴을 여우같이 분석하여 내놓은 기업들의 야심작이라고 볼 수 있겠다. ESG 경영은 투자자의 역할도 중요하지만, 소비자들을 변화의 중심에 놓는 것이 장기 계획을 수립하는 데 중요하다. 이러한 의미에서 MZ세대에게 미닝아웃은 자연스러운 규범인 동시에, SNS 등을 통해 개인 브랜드를 구축하고 홍보하는 전략적 역할을 담당하는 것으로 보인다.

독일의 한 연구(Martin, 2019)에 따르면 독일에서는 미닝아웃이 상류계급의 새로운 문화자본을 상징하여 명품 소비보다 유기농 식품 등 눈에 띄지 않는 소비가 사회적 신분을 드러낸다고 분석하였다. 이는 다소 한정적인 연구 결과이긴 하나, 다른 의미에서는 적극적으로 ESG를 추구하는 기업이 가치 소비를 즐기는 MZ세대의 두터운 충성심을 유발할 수 있고, 이는 기업의 제품이나 서비스를 홍보하는 마케팅의 핵심 전략이 될 수 있음을 다시 한번 확인할 수 있다.

E(환경), S(사회), G(지배구조)를 변혁하라는 지구촌의 외압은 글로벌 기업뿐만 아니라 산업의 대부분을 수출에 의존하고 있는 대한민국 기업의 존립을 좌우할 수 있을 만큼 거세다. 이에 따라 기업들은 너 나 할 것 없이, 하루가 다르게 ESG 관련 제품이나 서비스를 내놓고 있다. 우리가 자주 가는 마트에 눈을 돌려봐도, '친환경 ○○', '플라스틱 zero' 등의 문구를 심심치 않게 확인할 수 있다.

세계적인 커피 브랜드 네스프레소는 지구를 위한 지속가능성의 가치를 강조하지만, 캡슐 커피를 만드는 데 막대한 양의 알루미늄 캔을 사용하고 있다. 얼마 전, 스타벅스의 리유저블컵 증정 행사가 SNS상에서 큰 관심을 끌었다. 이날 하루 음료를 주문하면 해당 음료를 리유저블컵에 담아주는 행사였다. 스타벅스 코리아 측은 친환경적 메시지를 담고, 지속가능성의 가치를 실현하기 위해 이 행사를 주최했다고 밝혔다. 하지만 일부 환경운동가들은 리유저블컵 또한 플라스틱으로 만들어져 있어 오히려 소비자에게 플라스틱 사용을 유도하고, 새로운 자원 낭비를 만들어낸다고 지적했다. 그린워싱(Greenwashing, Green + White Washing의 혼성어), 또는 녹색분칠이라고 표현되는 이러한 행위는 실제로는 환경에 악영향을 끼치는 제품을 생산하면서도 광고 등을 통해 친환경적인 이미지를 내세우는 것을 말한다.

이처럼 ESG의 본질을 흐트러뜨리는 기업들의 행위에 대해서는 제품이나 서비스를 이용하는 소비자는 물론, 해당 기업의 조직원이나 그것을 지휘하는 리더뿐만 아니라 ESG의 본질을 명확하게 이해하고 실행력이 뒷받침되는 기업에 투자하기를 바라는 투자자 입장에서도 심도 있게 고민하며 조심해야 한다. 즉 소비자들은 객관적인 시각을 통해 진정으로 도움이 되는 소비생활을 지향해야 할 것이다.

그동안 인류는 풍요롭고 편리한 삶을 위해 과도하게 자원을 사용하고, 수많은 오염물질을 배출해왔다. 그 결과 홍수, 가뭄, 폭설 등 이상기후 현상을 불러오는 '기후위기 시대'를 초래했다. 한편 환경 및 사회적 문제를 해결하기 위해 아무리 대단한 해결방안을 모색한다 하더라도 지배구조의 강력한 리더십(올바른 의사결정 시스템)을 바탕으로 자율성과 책임성이 보장되지 않는다면 그 어떤 묘약도 해결방안이 되지 못할 것이다. 즉 강력한 리더십을 바탕으로 해당 기업의 핵심적인 가치가 소비자(고객)에게 전달되었을 때, 그리고 세부적이며 실행력이 바탕이 된 경영전략이 있을 때 진정한 ESG 경영이 이루어질 수 있다.

ESG는 새로운 경영전략이나 대단한 기업에서만 투자를 받기 위해 가볍게 쓸 수 있는 마케팅 기법이 아니다. 개인이 작은 것이라도 실천하며, 한 사람의 열 걸음보다 열 사람의 한 걸음이 더 큰 걸음임을 인식해야만 가능한 일이다. 그래서 우리가 살고 있는 지구를 돌보는 것이 책임이자 권리라는 것을 깨닫고 모두가 이 여정에 적극적으로 참여해야 한다. 왜냐하면 미래는 오늘이 모여 이루어지며, 혼자가 아닌 함께 조화를 이루어 만들어가는 것이기 때문이다. 지속가능한 아름다운 미래를 기대하며, 우리 모두 각자의 위치에서 올바른 방향으로 삶을 가꾸고 영위해갈 수 있기를 바란다.

임현정 공공정책전략연구소(주) 소장

단국대학교 경영학 박사 및 단국대 경영·경제학부 겸임교수로 사회적 가치 및 공공서비스 성과 평가와 정부 및 지자체 대상으로 정책 제언과 자문, 지역 발전 및 산업 활성화 방안 수립 등의 연구를 수행한 경험이 있다. 현재는 공공정책전략연구소(주) 소장으로 공공기관의 지속가능한 성장을 돕기 위해 전문적이고 차별화된 연구용역 서비스를 제공하고 있다.

이메일 ppsi.lhj@ppsi.co.kr

3장

공공영역의 ESG 활용백서

선도형 경제에
대응 중인 공공기관

공공기관의 ESG 경영 도입

우리나라 정부는 '대한민국 대전환'을 선언하면서 추격형 경제에서 선도형 경제로, 탄소 의존 경제에서 탈탄소·저탄소 경제로, 불평등 사회에서 포용 사회로의 근본적인 변화를 계획하였다. 세계적으로도 자유와 평등, 공정에 대한 관심이 뜨거워지고 있는 상황에서 ESG 경영은 2022년 경제정책의 어젠다(Agenda)로서 초미의 관심을 받고 있다. 거스를 수 없는 자본주의의 대전환 시기와 맞물려 기업의 투자관점뿐만 아니라 공공기관의 경영 및 지자체 행정 서비스 등 공공분야에까지 빠른 속도로 퍼져나가면서 선도적 역할을 하고 있으며, 새로운 경제시스템으로 자리 잡고 있다.

새롭게 출범한 윤석열 정부의 ESG 정책은 이전 문재인 정부와 비교해 기후와 ESG 투자 부문에서 일부 후퇴할 것이라는 분석도 있지만 윤 대통령은 공시제도 개선과 관련하여 두 트랙으로 가는 모습이다. 대기업은 국제 표준 IFRS를 따르고 중소·중견 기업은 K-ESG를 기반으로 입찰과정에서 인센티브를 제공한다는 방침이다. 공공기관 또한 이러한 민간영역의 흐름을 좇아 ESG정책 기조를 함께 가져가고 있다.

우리나라의 공공기관은 기본적인 공공서비스를 제공하면서 세계 어느 나라보다 적극적으로 국민경제를 성장시키고, 국민의 삶의 질 제고를 위해 주요한 주체로서 역할을 하고 있다. 따라서 우리나라에 ESG가 도입되고 정착하기 위해서는 공공기관에서부터 적극적으로 모범적인 ESG 경영을 시행해야 할 것이다. 지자체 및 유관기관과의 협업으로 지속가능한 ESG 협의체를 구성하여 지방행정을 통해 각 지자체의 자생적인 역량을 강화하고 혁신할 구체적인 방안을 수립할 수 있어야 한다.

기업의 입장에서도 코로나19의 발생 이후 불확실성이 확대되고 지속가능한 발전에 대한 고민이 커졌으며, 투자자들은 투자를 결정하거나 의사결정을 할 때 ESG를 더욱 고려하게 되었다.

이렇듯 ESG의 중요성이 부각됨에 따라 우리나라 정부도 ESG를 적극 도입하고자 노력하고 있다. 구체적으로 산업통상자원부에서는 K-ESG 평가지표를 발표하였으며, 기획재정부는 공공기관의 ESG 관련 지표에 관한 정보공시를 추진하고 있다. 이러한 정부 정책에 발맞춰 공공기관들도 ESG 도입을 위해 노력하고 있지만, 개별 공공기관의 입장에서는 ESG에 대한 명확한 정의가 공유되지 않고, ESG의 평가나 추진 전략에 대한 준비가 갖춰지지 못해 대책 마련이 시급한 상황이다.

맞춤형 전략의 필요성

글로벌시장의 메가트렌드로 자리매김한 ESG 문화는 이제 국가 차원의 핵심과제로 부상하였으며 자본시장과 기업 경영을 넘어 사회의 모든 부문에 광범위하게 확산되는 사회적 공통관심사가 되고 있다. 다소 정리가 되지 않아 보이는 ESG 공공정책 및 관련 규제나 지표들이 난무하는 가운데, 2022년 2월 기획재정부에서 발표한 자료는 평가에 대한 가이드라인을 제시함으로써 ESG 성과 측정에 대한 해답을 찾는 데 도움을 주고 있다. 물론 공통된 하나의 지표로 모든 산업의 ESG 성과를 측정할 수는 없지만, 대한민국 산업의 특성이나 가지고 있는 특유의 문화 등이 반영된 가이드라인이기에 활용도가 높다고 판단된다.

기획재정부는 공공기관 공시항목에 ESG 관련 항목을 대폭 확대하고, 통합공시를 통해 공공기관의 ESG 경영 선도를 유도하고자 한다. 그간 정부는 2050 탄소중립 달성과 포용·공정경제로의 대전환을 추진하기 위해 정부 총지출 규모의 1.5배 예산을 운용(2020년 751조 원)하는 공공기관의 선도적 역할이 매우 중요하다는 인식에 공감했다. 그에 따라 이번에 발표된 통합공시 항목의 가장 큰 변화는 지속가능한 성장으로 패러다임을 전환하기 위해 공공기관의 환경·사회·지배구조 등 ESG 공시항목을 대폭 확대한다는 점이다. 특히 윤리·안전경영 및 이사회 운영 평가 강화, 경영 목표·전략 수립 시 ESG 반영 여부 신규평가 등 ESG 관련 평가를 강화한다는 방향을 제시하였다.

2022년 1월 27일부터 시행된 중대재해처벌법 시행과 더불어 사회 전반의 안전문화 확산을 위해 공공기관은 선도적으로 2021년 공공기관 안전등급 평가제도를 최초 실시하고, 경영평가 중 〈재난·안전관리 지표〉를 최초 반영한 사항을 발표한 바 있다. 통합공시 부분에서는 ESG 경영의 핵심인 투명한 정보공개를 위해 그간의 논의 동향을 반영하여 지속적으로 안전·환경, 사회공헌 활동, 상생협력, 일·가정 양립 등 공시항목을 신설·보완해왔다.

금융위원회 〈기업공시제도 종합 개선방안(2021.1)〉의 발표에 따르면 코스피(KOSPI) 상장사의 경우 2025년까지 공공기관들을 대상으로 정보공시 의무화(2030년까지 상장기업 정보공시 의무화 추진)를 추진하는 등 ESG가 공공기관에 미칠 영향에 대한 관심이 높아지고 있다. 국내뿐만 아니라 EU 역시 2014년과 2019년, 두 차례의 개정 작업을 통해 일정 규모 이상의 기업들에게 ESG에 관한 정보를 공시화하도록 의무화하였다. 이에 따라 국내에서는 K-ESG 가이드라인을 바탕으로 구체적인 평가지표를 제시하는 등 공공기관의 적극적인 ESG 경영 참여를 유도하고, 각 영역의 책임성 제고를 위한 노력을 반영하고자 하였다.

공공기관들은 2007년부터 공공기관 운영법에 따라 경영공시 중 주요사항을 표준화하고 통합하여 공시하고 있다. 경영공시의 내용은 대부분 재무적 사항을 기반으로 공개되어왔지만 최근 공공기관에 대한 사회적 요구 등 시의성 있는 정보를 제공하기 위해 지속적으로 공시항목을 확대 중이다. 2007년 27개에서 시작한 정보공시 항목의 개수는 2014년 37개, 2021년 기준 41개로 꾸준하게 증가해왔으며, 향후 꾸준히 증가할 것으로 예상된다.

공공기관의 우선적인 목적은 공공성의 실현이지만 그러면서도 수익성과 효율성까지 요구받는 것이 현실이며, 공공서비스를 전달하는 과정에서 중시되는 가치가 다양화되고 글로벌화되기도 한다. 공공기관의 운영이 안정화되면서 사업의 경제성이 강조되던 기존 관리정책은 사회적 가치, 환경보호, 지배구조의 투명성 등에 대해서도 높은 수준을 요구받게 되었다. 이에 정부는 일자리 창출, 지역발전 등의 정책을 통해 공공기관이 시장에서 구심체 역할을 할 것을 기대하고 있다.

공공기관별로 존립의 타당성이나 유형의 구분(시장형·준시장형·기금관리형·위탁집행형·기타 공공기관), 산업별 특징 및 리스크 분석 등 다양한 관점에서의 ESG 해석이 필요한 부분이 분명 존재한다. 따라서 공공기관별 맞춤 ESG 경영전략이 필요하다. 이해관계자가 폭넓은 공기업을 중심으로 지속가능경영에 대한 자발적 관리는 이미 시작되었다. 나아가 세계적 경영의 흐름인 ESG 경영의 내재화를 이루기 위해 노력하고, 구체적 혁신경영전략 확보 및 실행을 위한 기본 틀 마련에 힘을 쏟아야 할 시기이다.

공공기관 ESG 현황

공공기관이란 정부의 투자·출자 또는 정부의 재정지원 등으로 설립·운영되는 기관으로 일정 요건에 해당하여 기획재정부 장관이 매년 지정한 기관을 의미한다. '공공기관 운영에 관한 법률(공운법)'에 의거하여 적용대상이 되는 기관을 지정·해제하거나 구분을 변경하여 지정, 또는 신규로 매년 지정한다. 2021년 기준 총 350개 기관이 공운법상 관리대상으로 확정되었으며 기관 신설, 부설기관 독립 등으로 공공기관 지정 요건에 부합하는 12개의 기관을 신규로 지정하였다. 지정된 공공기관들은 경영공시, 고객만족도 조사 등을 통해 투명하게 운영하고자 노력해야 하며, 또한 엄격한 경영실적 평가, 경영지침 적용 등으로 기관 운영의 책임성 및 대국민 서비스의 질을 제고해야 한다.

초기 투자비가 막대하여 민간영역이 감당하기 어렵고 국가 경제에

| 공공기관 현황(2021년 기준) |

구분		2020년	2021년	증감	신규	해제	변경
① 공기업		36	36	–			–
	시장형	16	16	–			–
	준시장형	20	20	–			–
② 준정부기관		95	96	+1			+1
	기금관리형	13	13	–			
	위탁집행형	82	83	+1			+1
③ 기타 공공기관		209	218	+9	+12	△2	△1
계		340	350	+10	+12	△2	–

출처: 기획재정부, 〈2021 공공기관 지정〉, 2021.1.

반드시 필요한 철도·도로·공항·항만 등 필수 기간시설을 운영하고, 국가 경제의 안정적 발전과 국민 행복을 위한 기금 관리·산업진흥·복지·안전관리·환경보호·중소기업 지원 등 공공성이 짙은 업무를 수행하기 위해서는 다양한 분야의 공공기관이 꼭 필요하다. 1960년 경제성장기 시절 초기 취약한 민간 기업을 대신하여 경제개발의 견인차로 적극 활용되기 시작한 공공기관은 국민의 정부, 참여정부, 이명박 정부, 박근혜 정부, 문재인 정부를 지나 새로운 정부를 준비하는 현재까지 정부를 대신하여 필수 공공서비스를 제공하는 등 국민 생활에 밀접한 역할을 수행하고 있다.

새롭게 만들어지거나 개정된 정책 및 가이드라인을 참고하여 분석해보면, 향후 공공기관이 나아가야 할 방향성의 중심에는 늘 ESG가 있다. 기획재정부가 2022년 2월 발표한 보도자료에서도 공공기관 공시항목에 ESG 관련 항목을 대폭 확대하며 공공기관이 ESG 관련 정책을 선도

| ESG 관련 정책(안) 및 기타 |

환경	사회	지배구조
정책발표	정부 관계부처 합동	ESG 인프라 확충방안 (2021.8.)
		제4차 지속가능 발전 기본계획 (2021.2.)
		공공기관 혁신 가이드라인 (2021.4.)
	중소벤처기업부	중소기업 ESG 촉진방안 (2021.11.)
	금융위원회·금융감독원·한국거래소	기업공시제도 종합 개선방안 (2021.1.)
가이드라인	정부 관계부처 합동	K-ESG 가이드라인 v1.0 (2021.12.)
	한국거래소	지속가능 보고서 (2021)
보도자료	기획재정부	통합공시를 통해 공공기관 ESG 경영선도 보도 (2022.4.)

참고: 정부 관계부처 합동 발표 및 보도자료 저자 재구성(2022.2. 기준)

| ESG 영역별 관련 법·제도·규범 사항 |

영역	법·제도·규범 사항
환경	저탄소 녹색성장기본법, 화학물질의 등록 및 평가등에 관한 법률, ISO 14001 및 환경표지·환경인증제도, 자원의 절약과 재활용 촉진에 관한 법률, 녹색제품 구매촉진에 관한 법률, 에너지이용합리화법, 물환경보전법, 대기환경보전법, 자원순환기본법, 폐기물관리법, 온실가스 배출권의 할당 및 거래에 관한 법률 등
사회	독점규제 및 공정거래에 관한 법률, 소비자기본법, 사회적 책임세계표준(ISO 26000), 국가인권위원회법, 남녀고용평등과 일·가정양립지원에 관한 법률, 근로기준법, 노동조합 및 노동관계조정법, 산업안전보건법, 중대재해처벌법, 장애인차별금지 및 권리구제법, 제조물책임법, 표시·광고의 공정화 법률, 정보통신망 이용촉진 및 정보보호 법률, 공정거래법, 하도급법, 부정청탁 및 금품등 수수금지법, 화학할물질관리법 등
지배구조	상법, 유가증권시장 공시규정, 자본시장과 금융투자업에 관한 법률, 기관투자자의 수탁자 책임에 관한 원칙 등

참고: 서강대 ESG mini MBA과정 강의 내용(탄소중립위원회 이유진 박사, 2021.11.), 공공기관을 위한 ESG 경영전략 웹세미나(한국기업지배구원 윤진수, 2021.11.), 법무법인 지평 ESG센터 전략그룹 발표자료(2021.4.) 저자 재구성

적으로 수행하길 기대하고 있다.

현재 공공기관이 추진중인 ESG의 방향성을 살펴보면, 환경적 요소는 친환경 경영을 화두로 지속가능성 차원에서 중요 가치로 인식하고

있다. 예를 들어 한국남동발전은 친환경에너지 사업으로 전환한 선도적인 기업으로 해상풍력에너지, 태양광에너지, 바이오매스 등의 개발로 미세먼지를 감축하고 발전폐기물도 100% 재활용하는 사업을 추진하고 있다. 사회적 요소는 공공기관이 기존에 해왔던 사회적 가치 추구사업을 적극 활용하며, 기존의 사업을 재정비하고 신규사업에 ESG 개념을 적극 반영하여 끌고나가려는 적극적인 모습이 나타난다.

사회적 공헌 활동, 특히 공공기관 지방 이전에 따른 지역발전 성과를 비롯하여 이번 정보공시 의무사항에 포함되어 있는 일·가정 양립이나 안전관리 현황, 정보보호, 인권경영 등 매우 세부적인 사항들이 공공기관의 경영평가 및 정보 의무공시 추진정책과 연결되어 뜨겁게 논의가 이루어지고 있는 상황이다. 지배구조적 요소를 살펴보면, 공공기관의 특성상 전반적으로 수준 높은 운영에서의 투명성 및 윤리성을 보유하고 있으나, LH 사태 등과 같은 불미스러운 사건이 생길 때마다 가장 위태롭게 흔들리며 가장 많은 의심을 받게 되는 부분이 바로 지배구조의 요소들이다.

뿐만 아니라 민간영역에서의 이사회 구성, 감시체제 등과 동일한 기준이 공공영역에서 적용되는 것이 옳은지에 대한 판단도 필요하다. 오히려 의사결정 사항들은 실무에서 만들고 경영진/이사회에서 결정하는 구조를 만들어 이사회 차원에서 논의가 가능한 ESG 리더십을 구축하고, 조직문화 형성 또는 인프라 구축 정도를 지배구조적 요소에 포함시킨다면 공공기관이 훨씬 적극적으로 ESG 경영에 참여할 계기를 마련할 수 있을 것이다.

공공기관 ESG 도입의 대표적인 사례를 살펴보면, 국민연금·한국거래소 등 금융 분야 공공기관을 중심으로 지속가능경영 정책이 강화된 것을 볼 수 있다. 해외국가에서 일어나는 것과 마찬가지로 국민연금이 스튜어드십 코드를 도입하여 경영 참여 및 의결권을 행사하기도 하고, 탄소배출 감축을 위한 투자제한 전략을 도입하기도 하였다.

국민연금뿐 아니라 공무원연금, 사학연금 등 국내 3대 연기금이 책임투자자의 입장을 취하고 있다(한국거래소, 2021). 이와 더불어 인권경영을 협력업체와 자회사 등으로 확대하고, 안전을 위한 작업환경 개선 등 ESG 경영을 전사적으로 추진하는 중이다. 한국농수산식품유통공사의

| 공공기관 ESG 추진 현황 |

영역	구분	기관명	세부 내용
환경	에너지 ICT로 친환경 미래 구현	한전KDN	환경 경영체제 강화, 신재생에너지 신규사업 개발, 친환경 에너지 ICT기술투자 확대, KDN-Eco Life 실천
	재생에너지 확대로 농어촌 탄소중립 선도	한국농어촌공사	그린에너지, 탄소저감, 녹색 생태계 구축
사회	사회적 책임 경영기반 확립	광주도시관리공사	행복한 광주 만들기 사회적 가치 실현을 위한 '광주도시철도 시니어-세대공감 플랫폼 사업' 추진
	참여와 협력의 민주적 경영체제	인천광역시 연수구 시설안전관리공단	주민참여형 FMS 도입을 통한 민관협업 공원녹지 유지관리
	일자리 창출 및 지역경제 활성화	대구도시공사	수성 스마트시티 '스마트 테스트장' 활용 및 기술개발
	적극행정 확산 및 경영혁신	세종특별자치시 시설관리공단	ICT 환경 분야 기반 대기방지시설 기능개선
	일자리 창출	전남여성가족재단	워라밸 기업문화 조성을 통한 여성 일자리 혁신
지배구조	ESG 중심으로 준법·투명 경영 확립	한국무역보험공사	ESG 경영체계 구축, 윤리·준법 경영, 공정·투명 경영
	투명하고 공정한 거버넌스 구축	한전KDN	청렴·윤리가치 확산, 지배구조 건전성 확립 이해관계자 소통 기반 ESG 운영체계 강화

참고: 〈2020년 지방공기업 혁신 우수사례집부〉(행정안전부. 2020.12.), 한전KDN, 한국무역보험공사, 한국농어촌공사 홈페이지 자료 저자 재구성.

경우에도 친환경 농산물을 확산하고 유통단계를 줄여 탄소배출을 줄이고, 먹거리를 활용한 취약계층 바우처 지원, 임산부 친환경 농산물 지원, 로컬푸드 발굴 등으로 ESG 가치를 확산하고 있다.

이외에도 다수의 공공기관이 ESG 추진위원회 설립, ESG 경영선언, ESG 추진전략 수립 등 기관 경영전략과 ESG 정책 간 연계성을 확보하기 위한 노력을 기울이고 있다. 한전KDN, 한국무역보험공사와 한국농어촌공사 등은 ESG 추진전략을 마련하여 홈페이지에 게시하고 있다. ESG라는 새로운 변화에 따라 각 기관들도 고유 특성을 반영한 전략을 마련하여 시대적 흐름에 맞춰가고 있는 것이다.

ESG라는
도구의 활용

ESG라는 도구를 어떻게 활용할 것인가

공공기관운영법에 따라 지정된 350개의 공공기관은 확대된 ESG 경영 공시뿐만 아니라 엄격한 경영실적 평가를 통해 기관 운영의 책임성 및 대국민 서비스 질을 향상시키려는 노력을 하고 있다. 특히, 윤리·안전경영 및 이사회 운영 평가 강화, 경영 목표·전략 수립 시 ESG 반영 여부 신규 평가항목을 추가함으로써 ESG 관련 평가를 강화하겠다는 방향을 확인할 수 있다. 예를 들어 윤리경영 배점이 3점에서 5점으로 확대되었으며, 중대한 위반·위법 행위 시 윤리경영 지표 0점 처리, 이사회 운영 관련지표를 현행 이사회 활성화와 실질적 역할 강화 여부 평가에서 이사회의 운영 투명성 제고를 위한 노력 정도를 추가한 것 등으로, 중장기적인 안목을 바탕으로 ESG 경영의 성숙도를 이끌어가고자 했다.

뿐만 아니라 2022년 1월 27일 시행된 중대재해처벌법을 바탕으로 사회 전반의 안전문화 확산을 위해 2021년 공공기관이 선도적으로 공공기관 안전등급 평가제도를 최초로 실시하였다. 또 2022년부터는 경영평가 중 '재난·안전관리 지표'에 최초로 안전등급 평가 결과를 반영하였다. 이 지표는 건설현장 등 위험한 작업현장을 가진 99개 공공기관을 대상으로 안전 전문가가 선제적 안전 종합진단과 안전취약 분야를 컨설팅하는 것을 뜻하며 공기업의 경우 재난관리시스템 구축, 사이버 보안, 안전관리등급 결과 등으로 구성하여 안전관리등급 결과에 최대 가중치를 부여할 예정이다.

ESG 도구의 활용 1, '정보공시의 ESG'

코로나19를 거치며 기후변화, 온실가스 배출, 불평등, 심각한 양극화 등이 더욱 심화됨에 따라 역설적으로 ESG가 더욱 확대될 수 있는 기회가 마련되었다. 피부로 느낄 수 있는 환경과 사회 문제의 해결과 투명하고 공정한 지배구조에 대한 요구가 높아지면서 기업 투자에 대한 국내외의 경영환경도 급변하였다. 다양한 이해관계자들의 요구를 파악하고 리스크를 줄이기 위해 ESG 요소가 매우 활용가치가 높은 비재무적 요소로 인식된 것이다.

이러한 변화 속에서 적극적으로 ESG 정보를 공개하고 투자자 및 이해관계자 등이 이를 활용해 의사결정을 할 수 있는 제도적 기반에 대한 요구도 커지고 있다. 이에 따라 공공기관도 환경·사회·지배구조 등 ESG 공시항목을 대폭 확대하며 지속가능한 성장으로 패러다임의 전환을 준비하고 있다. 또 한국거래소(2021. 1.), 산업부 K-ESG 가이드라인(2021. 12.) 등 국내 ESG 평가지표를 참고하여 의무화된 항목 등을 바탕으로 공공기관 부담을 최소화하는 지표 중심으로 공개 가능한 ESG 항목을 추가하였다.

환경적 요소는 기후위기 대응을 위해 에너지 사용량, 폐기물 발생량, 용수 사용량 등 '환경보호' 항목을 대폭 확대하였다. 특히 2050 탄소중립 실현에 공공기관의 적극적 참여를 유도하고 유사 산업·공공기관과 비교할 수 있도록 하여 환경보호 영역의 책임성을 높이도록 하였다. 사회적 요소는 정보보호·인권·상생협력 경영성과에 대한 정보공개를 확대하여 사회적 포용 문화 확산의 계기가 되도록 하였다. 마지막으로 지배구조적 요소는 공공기관의 윤리경영 진단에 필요한 '자체 감사부서 현황' 및 '청렴도 평가 결과' 공시항목을 추가하여 반부패·청렴활동 쇄신에 대한 국민적 기대를 자체적으로 뒷받침하도록 하였다.

ESG 정보공개가 필요한 이유는 3가지로 요약될 수 있다. 첫 번째 이유는 기후변화의 위험에 대한 관심이 고조되어 전 세계가 저탄소 경제로의 전환을 촉구하기 때문이다. 저탄소 경제로의 전환은 경제 및 산업 전반에 걸쳐 중대한 변화를 요구하기 때문에 투자자와 기업 모두 장기 전략과 자본의 가장 효율적인 배분을 고려해야 한다. 기업은 기후변화로 인한 위험에 직면할 수 있지만 동시에 새로운 투자 기회를 창출할 수도 있다. 투자자, 대출기관 등은 기후변화로 인해 어떤 회사가 위험한 상황에 놓여 있고 어떤 회사가 이에 잘 대응하고 있는지를 고려하여 의사를 결정하게 되므로, 기업에도 그와 관련한 정보를 요구하고 있다. 정보가 충분하지 않으면 위험을 적절히 고려하지 못할 가능성이 있기 때문이다.

두 번째 이유는 책임투자의 확산이다. 최근 연기금, 자산운용회사 등 기관투자자의 투자 방식이 투자 대상 기업의 재무적 성과에 초점을 맞추던 방식에서 벗어나 비재무적 성과를 고려하여 투자 대상의 잠재적 위험을 관리하는 방식으로 바뀌고 있다. 이러한 책임투자는 종교적 신념에 기반을 두고 주류 또는 도박 등과 관련한 기업에 대한 투자를 배제하는 윤리적 투자에서 출발하였으며, 이후 사회·환경·인권 등과 관련한 문제까지 그 범위를 확대하고 있다. 투자 대상 기업의 ESG 요소를 검토·분석하는 것은 기관투자자의 투자의사 결정과정의 필수적인 절차로 자리 잡아가고 있으며, 기관투자자들은 기업이 이러한 문제들을 어떻게 평가하고 이를 기업의 전략과 어떻게 연계하고 있는지를 중요한 요소로 평가하고 있다.

2006년 4월 UN 환경계획/금융이니셔티브(EP/FI) 및 UN 글로벌콤팩트가 글로벌 기관투자자들과 함께 발표한 'UN 책임투자원칙(Principles for Responsible Investment)'은 연기금 등이 수탁자로서 투자 의사를 결정하는 데 있어 대상 기업의 재무적 요소뿐만 아니라 ESG 등 비재무적 요소를 함께 고려해야 한다는 원칙을 담고 있다. 이 원칙에 서명한 기관은 2020년 3월 현재 약 3,000여 곳에 달하며 최근 1년 동안 약 28% 증가하였다. 이들 서명기관의 총 운용자산(AUM)은 약 89조 달러에 이른다.

마지막으로 강화되는 글로벌 규제로 인한 정보공시 의무화이다. 지속가능한 발전이라는 관점에서 국가적 목표를 달성하기 위해서는 시장 메커니즘을 강화해야 한다는 인식이 확산되고 있다. 이에 따라 많은 국가에서 기업의 자율적인 ESG 활동을 권고하는 단계를 넘어, 최근에는 ESG 성과 관리를 위한 정부 차원의 다양한 규제들도 마련되고 있다. 특히, 2014년 EU 집행위원회(European Commission)는 '기업의 비재무 정보의 공개에 관한 지침(Directive 2014/95/EU)'을 제정하고 2018년부터 근로자 수 500인 이상인 기업에 대해 환경, 사회, 노동, 인권, 반부패 등에 관한 정보의 공개를 의무화하였다. EU 내 약 6,000여 곳이 그 대상이다.

기업이 정보를 공개하는 경우 해당 문제와 관련한 정책, 결과 및 위험을 설명하고, 기업이 시행하는 준수 절차(Due Diligence Processes)뿐만 아니라 공급업체 및 하청업체와 관련한 준수 절차에 관한 정보를 포함해야 한다. 이 지침은 국내 기업에도 영향을 줄 수 있는데, EU 내 현지 법인이나 공장을 설립한 국내 기업도 이 기준에 해당하는 경우 그 대상이 된다. 각 기업들은 ESG 요소를 파악하고 이를 공개할 수 있는 체계를 마련함으로써 이러한 규제 환경의 변화에 선제적으로 대응할 수 있다.

| ESG 요소별 공시항목 |

영역	구분	공시내용
환경	1. 에너지 사용량	공공기관의 연간 에너지 총 사용량 공시 (4월)
	2. 폐기물 발생량	공공기관의 연간 폐기물 발생실적 공시 (4월)
	3. 용수 사용량	공공기관의 연간 용수(물) 사용량 공시 (4월)
	4. 환경법규 위반 현황	환경관련 법규 위반사항 공시 (수시)
	5. 저공해 자동차 현황	저공해 자동차 보유·구매현황 공시 (7월)
사회	1. 개인정보보호	공공기관 개인정보보호 진단결과 공시 (7월)
	2. 인권경영	기관의 인권경영체계 구축 및 이행 현황 공시 (7월)
	3. 동반성장 평가결과	공공기관 동반성장 평가결과 공시 (7월)
지배구조	1. 자체 감사부서 현황	기관 자체 감사부서 설치 및 운영현황 공시 (4월)
	2. 청렴도 평가결과	공공기관 종합청렴도 평가결과 공시 (7월)

출처: 기획재정부, 〈통합공시를 통해 공공기관의 ESG 경영 선도〉, 2022.2.

공시는 공공기관에 대한 투자 판단과 평가의 기초가 되는 정보를 제공한다는 점에서 공공기관의 ESG 경영을 촉진하기 위한 핵심적인 요소이다. 강화된 ESG 공시를 통해 공공기관의 ESG 경영을 모범적으로 이끌어가고, 민간 ESG 경영을 선도할 수 있는 마중물이 되길 기대할 수 있다. 지속가능 보고서의 경우 민간기업이 주도적으로 현재 자율 공시 중이며, 100여 개의 기업이 현재 자율 공시를 하고 있으나 이 중 거래소에 공시하는 회사는 20개 사에 불과하다(2019년 기준). 그러나 아무리 취지가 좋은 ESG 공시 제도화라도 민간 및 공공영역에 과도한 부담으로 다가가서는 안 된다.

따라서 투자자는 이해하기 쉽고, 공시의무가 있는 기업 및 공공기관의 부담은 줄어드는 시장친화적인 공시제도의 틀을 마련할 필요가 있다. 뿐만 아니라 표방 뒤에 실질이 갖춰지지 않은 이른바 '그린 워싱' 또한 조심해야 하며, 이를 어떻게 선별할 것인지 등에 대한 조절을 통해 실효성 있는 제도화를 추진해야 한다.

정보공시의 6가지 원칙

ESG 정보는 목적 적합성과 표현의 충실성을 갖추어야 한다. 정보 취합 및 작성 과정에서 정확성을 확보하고, 정보의 보고 범위를 명시해야 한다. 또한 가공된 정보와 가공되지 않은 정보를 조화롭게 배치하고, 중립적 관점에서 긍정 및 부정적 영향을 모두 보고하여 편향된 해석을 방지해야 한다. 이를 위해 일반적으로 요구되는 원칙은 다음과 같다.

정보의 정확성(Accuracy)

정보는 이해관계자가 기업의 성과를 평가할 수 있도록 정확해야 한다. 정보의 수집 및 분석 등 보고서를 준비하는 과정에서 다양한 오류가 발생할 수 있으므로, 정보의 작성자 및 보고서 작성자 등이 정보를 체계적으로 관리하여 오류나 누락을 방지해야 한다. 따라서 너무 많은 지표보다는 정확성을 담보로 하는 공통의 지표부터 수립해야 한다.

정보의 명확성(Clarity)

정보공개 시 그 내용은 이해관계자의 요구에 맞는 정보를 전달하기 위한 목적으로 작성되어야 하고, 이해관계자가 쉽게 이해할 수 있는 방법으로 제공되어야 한다. 지나치게 구체적이거나 개략적인 것은 지양해야 한다. 정성적 정보 및 정량적 정보를 적절히 사용하는 것을 권장한다. 실질이 없는 워싱이나 잘못된 정보로 인한 오해가 발생하지 않아야 하며, 특히 다양한 이해관계자의 요구에 부합하는 정보가 작성되어야 한다.

비교 가능성(Comparability)

정보는 이해관계자가 기업의 목표와 성과를 비교할 수 있고, 이를 다른 기업의 성과와도 비교할 수 있어야 한다. 이를 위해서는 일관된 방법을 적용하여 정보를 공개해야 하며, 지표의 산출 방법에 중대한 변화가 있는 경우 이전의 정보를 정정하고 변경 내용을 명시하는 것도 필요하다. 다른 기업과의 비교 가능성을 높이기 위해서는 글로벌 표준을 적용하고, 권장된 지표 및 방법론에 따라 보고하는 것이 바람직하다.

예를 들어 여성고용률을 측정할 경우 산업평균 대비 최근 3년간 여성고용률을 공시하는 지표를 사용하고 있으나, 여기서 말하는 산업평균의 의미가 어떻게 도출되었으며, 산업마다 가지고 있는 특징 등이 제대로 반영된 것인지 등 다양한 관점에서의 해석이 필요하다.

정보의 균형(Balance)

많은 기업들이 사고 등 부정적인 이슈는 축소하고 긍정적인 활동은 부각하기도 한다. 그러나 정보의 완전성을 보장하고 이해관계자가 조직 전반의 성과를 합리적으로 평가할 수 있으려면 기업에 유리한 정보뿐만 아니라 불리한 정보도 보고서에 포함해야 한다. 다만 이 경우 기업이 부정적인 이슈에 어떻게 대응하고 있는지 적극적으로 소명하는 것을 권장한다.

균형이라고 하는 것은 결국 공시를 한 대상이 취할 수 있는 ESG의 방향성을 뜻하는 것인데, 예를 들어 올해의 부족성을 공개하고 내년에 어떻게 성장할 것인지를 보여주는 성숙한 의미가 있다. 해당 기관의 부족한 부분을 정보공시를 통해 공론화한다는 것은 사실 현실적으로 매우 무리한 요구이다. 다소 부족한 부분이 있더라도 투명하고 공정하게 공개하여 다양한 이해관계자의 충분한 이해를 받기 위해서는 중장기적인 안목과 함께, 단기 성과를 추구하는 경영 문화를 지양하는 것이 매우 중요한 요건 중에 하나이다. 이렇게 공공기관 영역에서부터 호흡을 가다듬고 기다릴 수 있는 환경의 변화를 적극적으로 시도해봄으로써 민간영역의 참여도 이끌어낼 수 있을 것이다.

정보의 검증 가능성(Verifiability)

정보는 검증이 가능하도록 정의, 수집 및 기록되어야 하며, 정보의 공개는 재무보고서와 유사한 내부 통제절차를 따라야 한다. 보고서의 품질을 높이기 위해 독립적인 제3자 검증기관의 검증을 거치는 것이 바람직하며 검증 수준, 범위 및 과정 등을 보고서에 함께 명시하는 것이 필요하다. 또한 ESG를 추구하는 본질적 의미를 감안할 때 평가나 측정이 자칫 형식적인 ESG 추구에 그치거나 공시의무에 대한 부담만 가중시키는 것은 아닌지, 제도화를 추진하기 전에 심도 있게 고민해야 한다.

정보의 적시성(Timeliness)

이해관계자들이 정보를 효과적으로 활용할 수 있도록 정보를 정기적으로 공개하는 것이 필요하다. 정보의 적시성을 위해서는 재무보고서와 ESG 정보의 공개 기간을 동일하게 하는 것이 바람직하며, 재무보고서 발간 이후 최대한 빠른 시기에 ESG 정보를 공개하는 것이 필요하다. 다만 재무적 결과에 중대한 영향을 미칠 수 있는 ESG 이슈가 발생한 경우에는 이를 적시에 공개하는 것을 권장한다.

하지만 현실적으로 판단이 어려운 경우가 발생하기도 한다. 예를 들어 일반적으로 법률의 위반이나 분쟁의 발생으로 해당 사안이 사법심사의 대상이 된 경우, 법원의 확정판결을 받을 때까지는 상당한 기간이 소요되므로 이해관계자에게 어느 시점에 정보를 공개하는 것이 적절한지 판단하기 어려운 상황도 일어난다.

충실한 내용을 바탕으로 ESG 정보공개가 확대되면 책임투자가 활성화된다. 공공기관 ESG 공시확대 제도화 계획은 이를 토대로 공공기관 경영의 선순환 구조를 형성하기 위해 만들어졌다. 그러므로 기존의 사회적 가치나 공공기관이 해왔던 내용을 단순히 갈아끼우는 방식이 되어서는 안 될 것이다.

공공기관들이 앞에서 제시한 6가지 정보공시 원칙에 따라 ESG 관점에서 경영을 시행하는 것은 매우 의미있는 일이 될 수 있다. 기존의 사회적 가치, CSR 등에서 하려고 했던 것들에 비해 풍성해진 내용을 바탕으로, 민간에서 기업이 이익창출을 위해 짧은 기간 동안 달성하기 어려운 부분들에 대해 선도적 선례를 남길 수 있기 때문이다. 공공기관 ESG 정보를 공개하는 방법은 산업별 또는 기업(기관)별로 다양하며, 민간영역에서 사용된 지표를 공공기관에 적용하는 것 또한 현실적으로 힘든 부분이 있다. 그러므로 무엇보다 중요한 것은 해당 영역별 또는 산업별 경영 수준, 특수성 및 리스크 등을 고려하여 각 공공기관에 맞도록 지표를 세분화하는 것이다. 그리고 이를 통해 실효성 있는 ESG 정보공시 제도화를 구현해야 할 것이다.

ESG 도구의 활용 2, 'ESG 경영전략 수립 및 경영평가'

공공기관은 민간기업과 달리 공적 책무성(Public Accountability)이 강조되는 특성이 있다. 즉 공공기관에서 수행하는 사업들은 이해관계자 다수의 요구를 고려해야 한다. 이때 다수의 이해관계자에는 주주 자본주의 관점에서 벗어나 종업원, 노동조합, 주주, 이사회 등이 포함된 내부 이해관계자와 협력업체, 유통업자, 서비스 제공자 등이 포함된 사업 파트너, 소비자 및 소비자 단체, 정부 및 규제기관과 무역협회, 전문가, 언론, 지역사회, 이익집단 등 다양한 범위에 속한 외부 영향자까지 모두 포함된다. 이렇게 다양한 이해관계자의 니즈를 파악해야 한다는 점에서 다각화된 ESG 위험요인이 존재한다.

특히 시장형·준시장형 공기업은 정부기관의 업무를 수행하면서, 동시에 수익을 발생시켜야 하는 기업의 역할을 추구해야 하는 복합적 수행기관이다. 공기업에서 의사결정이 필요할 때에는 다양한 이해관계자들의 요구를 ESG적인 측면에서 살펴보고 고려해야만 이들로부터 발생할 수 있는 위험요인에 대해 대응이 가능하다. 공공기관도 국내외 환경에서 정책적으로 ESG 방안을 제시하니 이를 따라가야 한다는 관점으로 이해하기보다는, 다양한 이해관계자들을 고려할 수밖에 없는 공공기관 자체의 특성에 따라 ESG 경영 도입이 더 당연시되어야 한다. 그리고 이에 따라 공공기관 내에서도 적극적·능동적·수용적인 ESG 경영 참여에 대한 요구가 증대되고 있다. 정부는 관계부처 합동으로 친환경 포용·공존경제로의 대전환을 위한 ESG 인프라 확충방안을 발표하며(2021.8.) 한국판 뉴딜, 2050 탄소중립 추진전략 과정에서 시장 부담과 혼란을 최소화하기 위한 제도 정비를 시작하였다. 앞에서 살펴보았던 ESG 공시, 녹색채권 등 투자 관련 가이드라인 제공 등 민간영역 관여를 최소화하며 ESG 생태계 조성을 구축하고자 한다. 뿐만 아니라 ESG 확산을 위한 인프라를 구축하고, 특히 여러 다양한 관점에서 공공기관의 지원을 통해 민간기업보다 더 적극적으로 구현된 ESG 시장 인프라를 구성하는 긍정적 선례가 되도록 독려하고 있다.

정부는 산업부의 '지속가능경영 확산대책' 발표(2020.12.), 환경부의

| ESG 기본 추진 방향 |

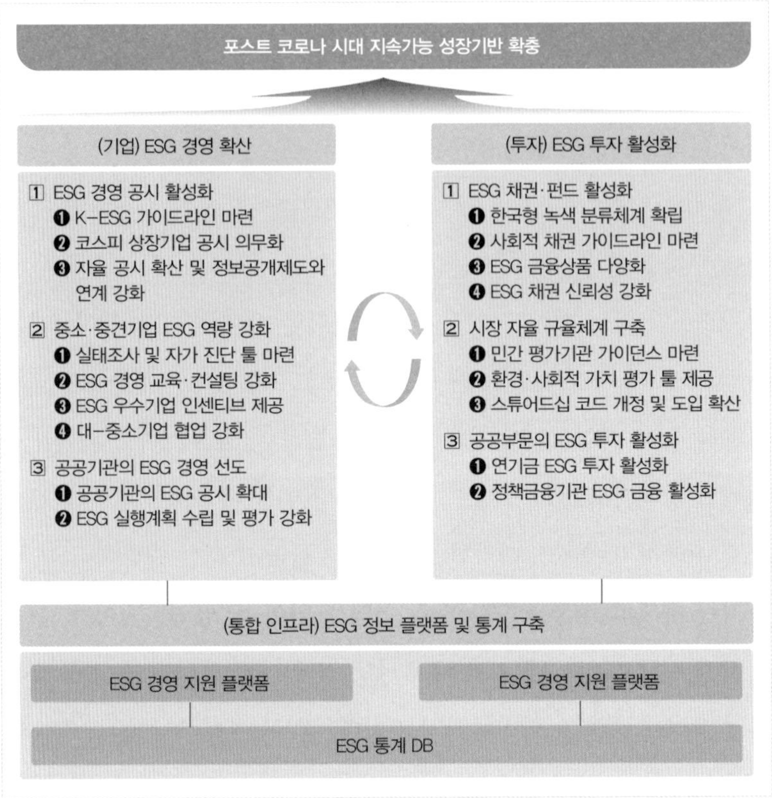

출처: 정부 관계부처 합동, 〈ESG 인프라 확충 방안〉, 2021.8.

녹색채권 가이드라인(2020.12.)과 환경책임투자 법적 근거 마련(2021.4.), 금융위원회의 ESG 정보공개 단계적 의무화 계획 수립(2021.1.) 등을 중심으로 ESG 관련 정책을 마련하고, 제도정비에 착수하는 등 발빠르게 대응하고 있다.

공공기관도 이러한 ESG 정책 기조에 따라 앞에서 살펴보았던 ESG 공시 확대뿐만 아니라 ESG 실행계획을 수립하고, 이를 평가에 반영해야 한다. 공공기관 특성에 따라 ESG 경영 중점 목표 및 추진과제를 선정하여 ESG 실행계획 수립(2022)을 통해 탄소중립 등 ESG 과제가 추가된 구체적 실천방안을 모색해야 할 것이며, 이에 따른 이행상황 또한 주무부처의 점검을 통해 이루어질 예정이다.

뿐만 아니라 지방공기업 '사회적 가치 실현 실행계획'은 'ESG 실행계획'으로 확대·개편하고 이를 경영평가에 반영하여 ESG 실행계획 수립 여부, 추진성과 등 'ESG 실행 노력과 성과'에 대한 가점으로 신설한다. 또한 공공기관의 경영평가 항목 중 일자리 창출, 균등한 기회와 사회통합, 안전·환경, 상생협력·지역발전, 윤리경영 등 '사회적 가치 구현' 배점을 상향 조정하였다(2021년 평가:35점 → 2022년 평가:38점).

공공기관은 현재 경영 전반의 전략을 ESG 체제 기반으로 전환 중

| ESG 확충방안 내 공공기관 주요사항 추진계획 |

과제	2021년	2022년	2023~2025년	2026~2030년	담당 부처
공공부문의 ESG 경영 선도					–
❶ ESG 공시 확대					–
▶ESG 공시항목 순차적 확대					기획재정부 행정안전부
▶공기업 지속가능경영 보고서 의무화					기획재정부
❷ ESG 실행계획 수립		계획수립	평가반영		기획재정부 행정안전부
❸ 경영평가에 ESG 요소 강화					–
▶공공기관 평가 확대 검토					기획재정부
▶지방공기업 평가 확대		도입	평가반영		행정안전부

출처: 정부 관계부처 합동, 〈ESG 인프라 확충 방안〉, 2021.8.

이다. 즉 고유 업무 중심으로 공공성을 강화하고, 안전·환경 등 사회적 가치를 구현하며, 업무를 혁신하고 일하는 방식을 개선하여 대국민 서비스의 질을 높이는 수단으로 ESG를 적극 활용하고 있다. 일자리 창출, 혁신 성장 선도사업 투자 확대 및 첨단기술을 활용하여 경제 패러다임 전환을 선도하며 국민 참여, 정보공유 확대 및 의견 수렴 절차 확대 등 투명성과 수용성을 제고할 뿐만 아니라, 관리 감독상 공공기관의 자율성을 바탕으로 다양한 관점에서의 위원회를 개설하여 공공기관 지배구조를 참여·협력의 형태로 개편하였다.

물론 공공기관의 구분유형에 따라 ESG에 대한 방향성은 달라질 수 있다. 즉 수익을 창출하는 공기업과 정부 예산으로 운영되는 공공기관(준정부기관, 기타 공공기관)은 방향성에서 차이가 있다. 즉 공기업은 수익성과 공공성 조화가 필요한 ESG Player(실행자), 공공기관은 공공 책무 수행과 함께 정부정책에 동조하는 ESG Accelerator(촉진자)라고 구분 지을 수 있다. 다시 말해, 공기업의 ESG 방향에 대해서는 환경 부문에서 '환경투자를 중장기 수익성으로 연결', 사회 부문에서는 '지방 이전에

| 공공기관 유형별 ESG 전략 방향 |

구분		공기업 (ESG Player)	준정부기관·기타 공공기관 (ESG Accelerator)
특징		수익성과 공공성의 조화	고유의 공공책무 수행
방향성	환경	환경투자를 중장기 수익성으로 연결	환경개선사업의 선도적 역할, 민간 부문 지원사업 수행
	사회	지방 이전에 따른 지역협력	윤리경영 및 인권경영 등
	지배구조	이사회 구성 및 운영 혁신	소통채널 역할(정부-시민)

출처: 조환익, '2021 경영평가 우수사례 공유회' 기조 강연, 녹현리서치, 2021.1.

따른 지역 협력', 지배구조 부문에서는 '이사회 구성 및 운영혁신' 등이 구체적 전략 방향이며, 공공기관(준정부기관 및 기타 공공기관)은 환경개선 사업의 선도적 역할, 윤리경영 및 약자의 인권 보호, 정부와 시민 간의 소통 채널 역할 등을 그 방향으로 제언할 수 있다.

공공기관은 엄격한 경영평가에 대비하기 위해 ESG를 수동적으로 도입하는 것이 아니라, 그 필요성을 인식하고 내재화하는 적극성이 필요하다. 어떻게 보면 지금까지 공공기관이 해온 일들도 ESG의 측면과 크게 동떨어져 있지 않다 하겠다. 그러므로 ESG적 관점에서 체계적으로 관리한다면 공공기관 경영 전반에 걸친 성숙된 혁신전략으로 자리 잡을 수 있을 것이다.

공공기관에서 ESG 경영을 도입하기 위해서는 우선 '핵심 이슈 선정 및 리스크 분석'이 필요하다. 이때는 ISO 26000, SDGs, 또는 기존의 경영평가 지표보다 훨씬 포괄적인 지표를 가지고 있는 K-ESG 지표 등을 활용하여 해당 기관에 현장감 있는 리스크를 파악하는 활동이 선행되어야 한다. 이러한 과정을 통해 도출된 핵심 이슈 및 리스크 분석 결과를 토대로, 관리체계 및 의사결정 체계를 구축해야 할 것이다.

해당 기관별 모범 규준을 마련하여 자율적이고 적극적인 정보공개를 통해 조직의 성숙된 의사결정 문화를 형성하며, 이러한 조직문화 및 인프라 구축 정도를 경영평가에 반영할 수 있는 방법을 논의한다면 더욱 효과적일 것이다. 이는 적극적으로 공공기관을 ESG 경영에 참여시킬 수 있는 계기가 될 뿐만 아니라 정보를 듣는 주체자, 즉 우리 공공기관의 시장참여자들이 요구하는 정보를 판단하여 시장에 알려주고, 시장과 적극적으로 커뮤니케이션함으로써 ESG 체제에서 선순환 구조를 형성할 수 있다. 결과적으로 ESG 경영에 대한 배경의 이해, 조직 구성원 간의 확실한 내부적 합의 및 공감대가 형성되어야만 지속가능한 경영이 이루어질 수 있다.

공생과 협력, 지속발전 가능한 지방자치단체의 생태계 조성

시민과 함께하는 지역공동체 생태계 조성

ESG 경영이 중요하다는 것에 이견이 있는 이는 없을 것이다. 지방정부 또한 공공기관 및 민간영역과 협업하여 환경정책 등 지역 행정 운영은 물론 지역 문제 해결, 탄소중립, 사회공헌 확대 등 지역 현안 해결에 ESG 경영을 도입하거나 ESG 관점에서 접근하려는 노력을 기울이고 있다. 뿐만 아니라 지자체 자체적으로 지속가능 발전 위원회를 입법화하여 다양한 활동들을 개최함으로써 ESG와 더불어 지속발전 가능한 생태계 조성에 앞장서고 있다. UN SDGs기반으로 2000년 들어 대통령 직속 국가지속가능발전위원회(PCSD)가 설치됐고, 국가 지속가능발전 기본계획과 이행계획 또한 구체적으로 수립되며 발전해왔다.

장기화된 코로나19로 인해 지자체는 더욱 적극적으로 변화된 ESG 생태계에 적응해야 함을 느끼고, 다양한 방법으로 지자체만의 색깔이 반영된 ESG 정책을 펼치고 있다. 즉, 지역의 다양한 산업군, 지역 특색,

| ESG 정보공개 원칙 |

구분	세부 내용
울산시	탄소중립도시 실현 선언
창원시	글로벌 수소 도시 향한 비전발표
광주광역시	광주형 AI-그린 뉴딜 사업의 원년
남양주시	ESG, 기업의 전유물이 아니다
하남시	시정 전 분야 ESG 도입
전라북도	ESG 실천을 위해 민·관·학·연 협업 추진
충청북도	충북형 도시유전 조성계획 발표
세종시	탄소배출량 감축을 위한 사업 추진 및 지역화폐 확대 발행
강원도	탄소상쇄 숲길 조성
경상북도	ESG 정책과 지역산업 육성
전라남도	RE100 전용 국가산업단지 조성계획 발표
대전시	지능형 환경성 질환 리빙랩 플랫폼 구축

참고: 언론 보도(2021.1.~11.) 저자 재구성.

지역 시민의 특징 등이 고려된 실질적인 정책방안 모색, 지자체 특색이 반영된 ESG 기준(안) 개발 등 각 지자체만의 실질적인 추진계획을 수립하고 ESG 행정을 실천하려는 노력을 보이고 있다. 뿐만 아니라 지역협의체를 주도적으로 구성하여 지역사회 발전 및 지역 뉴딜 사업, 지역혁신플랫폼 구축 등 공유와 협력을 통한 지역혁신모델 수립을 지원하여 지역의 위기 극복에 적극 나서고 있다.

주민 구성원으로 구역을 나누어 자치권을 행사하고 있는 지자체의 특성상, 지자체장의 강력한 ESG 리더십을 바탕으로 지자체 이해관계자(공무원 포함) 및 시민 개개인의 ESG 인식을 제고하기 위한 교육 및 우수사례 발굴, 시민활동 등을 통해 지역사회 전반에 걸쳐 ESG 문화 형성에 선도적 역할을 해야 한다.

ESG 경영은 투자자, 민간기업의 영역, 공공기관 등 다양한 사회관계적 역할도 중요하지만, 시민들을 변화의 중심에 놓는 것이 지속가능한 ESG 환경을 수립하는 데 매우 중요하다. 특히 MZ세대가 주도하고 있는 가치 소비 문화를 기반으로 자원을 확보해야 한다. 또한 해당 지역만이 가지고 있는 특색, 관심, 인구, 환경 등 다양한 관점에서의 해석을 바탕으로 지역 특색에 맞는 현장감 있는 ESG 행정을 탐색하여 실효성 높은 이행방안을 마련하는 것이 선행되어야 할 것이다. ESG 모범기업으로 자주 소개되는 유니레버 사의 ESG 슬로건은 다음과 같다.

"Small change can make a BIG difference."

시민 개개인을 대상으로 하는 지역사회의 작은 움직임 하나가 코로나19 이후 'ESG 대전환'이라는 의미 있는 발전에 가장 실효성 있는 시작이 될 수 있을 것이다.

2부

이해관계자 자본주의, ESG

강민구 CJ제일제당 BIO 사업부문 부장

충북대학교에서 환경공학을 전공했으며(공학박사), 깨끗한 물을 만드는 하폐수처리 분야의 전문가이자 바다를 사랑하는 스킨스쿠버 강사로 활동 중이다. CJ제일제당 BIO Sustainable Growth 부문에서 수처리 기술 사업화를 위한 사내 벤처팀을 이끌고 있으며, 한국상하수도협회 하수처리 분야 기술지원 자문위원으로 공공 하수처리시설 문제 해결에 힘쓰고 있다. 기후변화로 인한 물 부족 문제 해결, 탄소중립, 에너지전환, 순환경제 및 ESG 분야에 관심을 가지고 있다.

이메일 minkoo.kang@cj.net

4장

지속가능 성장의 미래 환경에 답이 있다

지속가능 성장전략으로 ESG 경영을 시작하라

포스트 코로나 시대에서 지속가능경영의 중요성

기업을 경영하기 위한 환경여건은 끊임없이 변하고 있다. 따라서 이에 대응하기 위한 경영전략의 가장 큰 부분을 차지하는 것은 바로 환경변화에 어떻게 잘 적응할 것인지이다. 다시 말해 기업의 지속가능한 성장전략은 급변하는 환경을 잘 예측하고 적응하여 생존하는 것이라 할 수 있다. 특히 최근 2년간 지속되고 있는 코로나19 여파로 국내외 기업들의 생존에 대한 위기감이 고조되면서 지속가능경영이 다시 한번 뜨거운 이슈로 떠오르고 있다.

최태원 SK그룹 회장이 2020년 〈SK 지속가능경영 보고서〉를 발간하면서 강조한, "기업의 지속가능경영은 지속가능한 사회에서만 가능하다"라는 말이 그 어느 때보다 절실하게 다가온다. 우리 사회가 지속가능하지 않다면 기업 또한 지속가능한 생존을 할 수 없을 것이기 때문이다. 결론적으로 기업의 지속가능 성장 경영은 기업 간의 경쟁력 우위는 물론 기업의 생존을 위해 필수적인 조건이라 볼 수 있다. 우리나라의 경우 창업 7년 후 생존하는 기업이 약 22.8%에 불과하다. 대부분의 기업이 단기간 내에 수익을 극대화하는 단순 성장에만 집중하고 있으며, 변화하는 경영환경을 파악하지 못해 존속하는 것조차 어려움을 겪고 있는 것이 현실이다.

기업의 사회적 책임과 역할

우리가 일반적으로 알고 있는 '지속가능경영'은 기업에 대한 사회적, 환경적, 경제적 책임을 경영지표로 삼아 계획하고 실행해야 한다는 경영이념이다. 기업을 운영하는 데 있어 사회적 책임을 다하고자 노력해야 한다는 움직임은 예전부터 시작되었지만, 최근과 같이 핵심 경영 전략으로 대두된 결정적 요인은 경영환경과 이해관계자들의 변화 때문일 것이다. 사회에 대해 책임을 지는 기업, 주주 및 이해관계자들을 이

| 기업의 사회적 책임과 명성 관리 |

(단위: %)

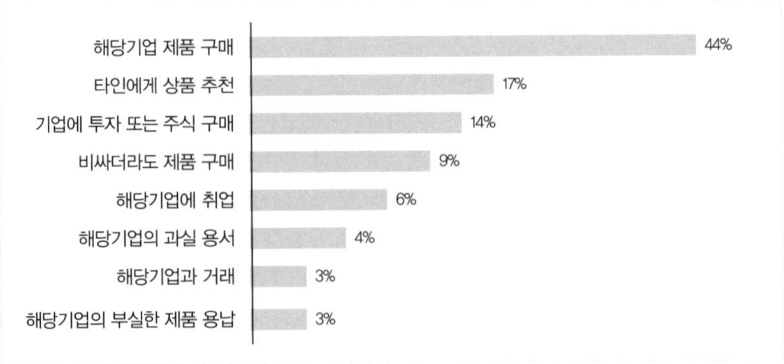

출처: 중소벤처24, www.smes.go.kr/csr/user/info/define.do

해할 수 있는 기업이 장기적으로 지속가능 성장을 할 수 있다. 기업이 더 이상 사회적 책임을 언급하지 않고는 경영을 수행할 수 없게 된 것이다. 이러한 사회적 책임에 대한 노력의 효과는 소비자들에게 해당 기업에 대한 신뢰와 호의를 제공하고, 고객만족도 및 기업 호감도에 긍정적인 영향을 미칠 수 있다.

기업의 환경적 책임

대부분의 기업은 환경적 책임 면에서 법적 기준을 준수하는 것에 가장 큰 비중을 두고 있으며, 몇몇 선진기업들은 법적 기준 준수 외에도 친환경소재 개발, 폐기물 재활용, 용수 재이용 등의 활동을 통해 처리비용을 절감하고 있다. 또한 이처럼 환경을 위한 투자를 통해, 친환경적 경영이 무조건 비용의 상승을 가져온다는 우려를 불식시키고자 노력하고 있다. 환경적 책임에 대한 이러한 기업의 노력은 단기적으로는 이익 창출이 줄어들 수 있지만, 대부분의 경우 장기적으로 기업의 재무적 성과 및 비재무적 효과 모두가 증대된 것으로 나타났다. 뿐만 아

| 기업의 친환경 활동을 고려한 제품 구매행동 |

(단위: %)

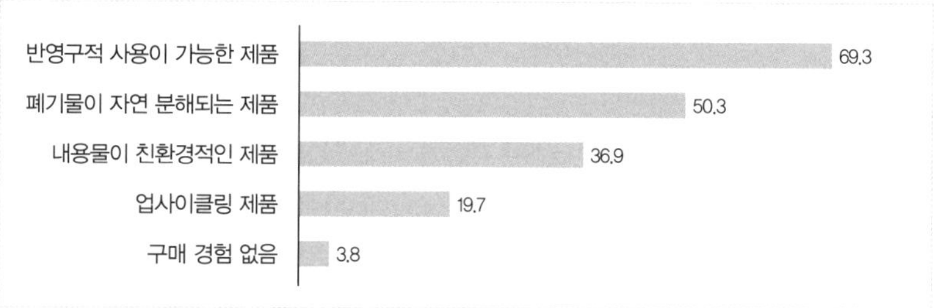

출처: 손광표, 황원경, 〈KB 트렌드 보고서(1) – 소비자가 본 ESG와 친환경 소비행동〉, KB경영연구소, 2021.9.5. www.kbfg.com/kbresearch/report/reportView.do?reportId=2000182

니라 기업의 평판을 높여주고, 기업의 잘못으로 인한 고객 호감도 감소 등의 부정적인 환경에 있어서도 환경적 책임의 노력을 하지 않은 타 기업보다 이미지 회복이 빨랐다. 많은 고객들이 이처럼 친환경 활동을 하는 기업의 제품을 구매하려는 소비행동을 보이고 있기 때문이다.

기업의 경제적 책임

기업은 유한한 자원을 효율적으로 이용하여 제품과 서비스를 고객에게 제공함으로써 이익을 창출하기 위해 존재한다. 이러한 이익은 기업 자신뿐 아니라 주주, 이해관계자, 소비자 개개인에게도 고르게 돌아갈 수 있다.

즉 기업의 사회적, 환경적, 경제적 책임의 노력은 모두 유기적인 관계로 연결되어 있다. 내부적으로는 혁신, 윤리, 창조경영을 가져오며, 외적으로는 사회적 책임, 환경, 주주가치를 향상시킬 수 있다. 이러한 환경적, 사회적 책임을 다하는 과정에서 기업의 브랜드 명성과 고객 만족도를 높일 수 있다. 만일 경제적 이익 때문에 환경적·사회적 책임을 소홀히 한다면 이른바 '착한 기업'에 투자하고 그러한 기업의 제품과 서비스를 선호하는 MZ세대에게 외면받게 될 것이며, 이는 기업의 지속가능 성장에도 위협이 될 것이다.

하지만 지속가능경영에 대한 국내 기업들의 반응은 아직 미온적이며, 기업이 지속가능경영을 한다 해도 그 진정성에 의문을 갖는 소비자들도 많다. 지속가능경영의 노력이 기업에 긍정적인 영향을 미친다면 당연히 모든 기업이 자발적으로 도입하려고 하겠지만, 반면 경제적 이익이 전혀 없다고 판단된다면 단지 비난을 피할 정도로 최소한의 노력만 할 것이다. 또한 기업의 경영방식을 근본적으로 바꾸기보다 보여주기 식의 활동에 그칠 것이다. 실제로 많은 기업들이 그렇게 하고 있다고 의심되거나 폄하되기도 한다. 따라서 기업은 진정성 있는 사회공헌 활동 등을 통해 고객들이 피부로 느낄 수 있는 지속가능경영 활동을 위해 노력해야 할 것이다.

새로운 지속가능경영 전략으로의 ESG 경영

2020년 발생한 코로나19가 현재까지 장기화되면서, 기업들은 이 위기에 대응하기 위해서는 기존의 지속가능경영 활동으로는 기업의 생존에 효과적인 전략이 될 수 없다고 판단하기 시작했다. 이에 새로운 경영전략의 필요성이 대두되었고, 그중 가장 대표적인 것이 바로 ESG 경영이다.

ESG 경영은 앞서 언급한 보여주기식의, 최소한의 사회적·환경적 책임 활동에서 벗어나 기업의 경영 및 혁신전략에 ESG 요소를 통합하는 것을 말한다. 이는 4차 산업혁명, 언택트, 디지털 트랜스포메이션, 기후변화 및 탄소중립이라는 메가트랜드 및 코로나19로 인한 위기 등 급변하는 경영환경에서 중장기적으로 기업가치를 높이려는 구체적인 생존전략이기도 하다.

ESG 경영은 투자자들과의 효율적인 소통에서부터 시작한다. 그들의 요구와 니즈를 경영현장에 반영하고, 그 결과를 투명하게 공개하는 것이 핵심이다. 만일 기업이 ESG를 기존의 지속가능경영 활동과 같은 것으로 생각한다면, 그 기업은 미래의 투자자들에게 외면받고 자본유치에도 어려움을 겪을 것이다. 한편 ESG 평가를 너무 의식하여 형식적으로 무리하게 활동할 경우 그린 워싱, ESG 워싱이라는 평가를 받을 수 있다. 그리고 이는 오히려 기업의 지속가능 성장에 방해요인으로 작용할 것이다. 과정에 대한 논의 없이 성과로만 ESG 경영을 평가하는 것도 기업의 궁극적인 지속가능 발전을 저해할 수 있다.

ESG 경영에 대한 뜨거운 관심으로 기업의 경영자들은 구체적인 경영전략과 ESG의 적용방법을 수립해야 하는 현실적인 문제에 직면해 있다. 결론적으로 기업은 그들의 몸에 맞는 ESG 경영을 통해 투자자들뿐 아니라 이해관계자로부터 신뢰를 얻고, 이를 통해 지속가능한 성장을 도모할 수 있을 것이다.

에너지전환은 시대의 요구이다

기후변화 위기를 해결하기 위한 에너지전환

과거, 인류는 산업 발전에 따라 화석연료 중심의 에너지원 사용을 가속화했고, 이는 결국 인류 생존을 위협하는 기후변화라는 부작용을 초래했다. 그렇다면 기후변화라는 세계적 문제에 선제적으로 대응하고, 인류의 지속가능한 성장을 위해서는 어떻게 해야 할까?

제1, 2차 석유 파동과 체르노빌, 후쿠시마 원전사고 등으로 세계 각국은 에너지 안보에 대한 심각한 위협을 체감하고 글로벌 기후변화에 대응하기 위해 석탄, 석유 등 기존의 화석연료와 원자력 에너지를 대체할 에너지원을 찾기 위해 노력해왔다. 이때 생겨난 개념이 바로 에너지전환이다. 에너지전환은 미래 세대와 지구환경에 미치는 영향을 인지하고, 화석연료와 원자력 중심의 기존 에너지 체계에서 친환경·신재생 에너지 체계로 전환하는 것을 의미한다. 그렇다면 생각해보자. 에너지전환을 왜 시대의 요구라고 하는 것일까?

첫째, 인류의 삶의 방식을 유지하면서도 기후변화라는 위기에 대응하기 위한 유일한 방법이기 때문이다. 인류는 화석연료라는 에너지원을 통해 경제활동을 하며 풍요로운 삶을 영위했지만, 조절 없는 무분별한 사용으로 기후변화라는 위기를 초래했으며, 이는 인류의 생존을 위협하게 되었다. 이러한 위기를 해결하는 방법은 에너지효율을 향상시키거나 전 세계적으로 화석연료 사용을 줄여 온실가스 배출량을 감축하는 것뿐이다. 하지만 인류는 그동안 누려왔던 풍요로운 삶을 포기할 수 없다. 그렇기에 친환경적인 새로운 에너지원인 신재생에너지로의 에너지전환이 필요한 것이다.

둘째, 현세대가 미래 세대인 우리의 후손들을 위해 기후변화라는 위기를 저감시켜줄 수 있는 방법이기 때문이다. 사회적 할인율(Social Discount Rate)이란 공공부문에 투자할 때 바람직하고 안전한 투자를 위해 요구되는 최소 수익률을 의미한다. 특히 에너지전환과 같은 기후변화 관련 투자는 특성상 그 영향이 매우 장기간에 걸쳐 발생하고, 영향의 크기가 매우 불확실하여 사소한 할인율의 차이가 현저하게 다른 결과를 불러올 수 있으므로 신중을 기해야 한다.

다시 말해 현시점에서 우리가 에너지전환에 대해 적극적인 투자를 한다면 그것은 미래 세대의 삶의 질과 지속가능성을 위한 것이다. 이때 그로 인해 미래에 발생되는 편익과 삶의 질 등이 현재의 관점에서 어떻게 평가될지 따져볼 수 있다. 즉 에너지전환에 있어 최적의 사회적 할인율을 적용하는 것이 핵심이다. 만일 현세대가 미래에 대해서 가치 있게 생각하지 않는다면, 다시 말해 사회적 할인율이 높다면, 기후변화에 대응하기 위한 노력은 하지 않을 것이다.

| 할인율과 기후변화 간의 상관관계 |

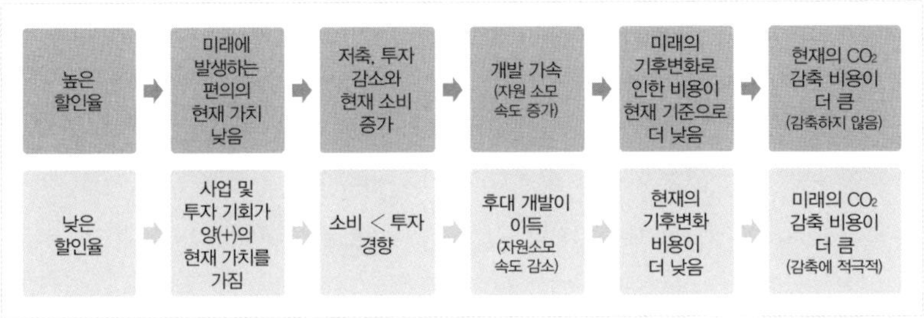

출처: 한국에너지공단, 〈[에너지라이프] 기후변화정책에서 사회적 할인율이 가지는 의미〉, 2016.4.11. blog.energy.or.kr/?p=10526

영국의 경제학자 니컬러스 스턴 교수는 현세대가 먼저 태어났다고 해서 미래 세대를 희생시킬 권리는 없다고 주장했다. 뿐만 아니라 당장의 기후변화 위기를 극복하기 위해서라도 신재생에너지로의 에너지전환은 시급한 상황이다.

셋째, 에너지전환은 미래 신성장의 원동력이 되기 때문이다. 에너지전환은 일자리의 변화를 가져올 것이다. 국제재생에너지기구(IRENA)에 따르면 2019년 기준, 신재생에너지 분야의 일자리 창출 효과는 세계적으로 1,146만 명에 이른다. 일자리 창출효과는 매년 증가하여 2030년에는 3,000만 명으로 증가할 전망이다. 분야별로는 신재생에너지 중 가장 많은 비중을 차지고 있는 태양광 분야의 일자리 창출 효과가 가장 큰 것으로 나타났다. 2019년 기준, 태양광 분야 일자리는 전년 대비 4% 증가해 약 380만 개에 달하며 매년 그 비중이 증가하고 있는 바이오연료와 풍력, 수력, 수소에너지 등도 새로운 일자리 창출에 기여하고 있다. 이처럼 에너지전환은 환경을 보호하면서도 지속가능한 성장을 이끌 수 있는 미래 신성장의 원동력이 될 것이다.

에너지전환을 통한 기업의 탄소중립은 선택이 아니라 필수이다. 이러한 움직임은 RE100이라는 글로벌 캠페인을 통해 이미 글로벌 선진기업을 중심으로 시작되고 있다. RE100은 '재생에너지(Renewable Energy) 100%'의 약자로, 기업이 사용하는 전력량의 100%를 풍력, 태양광 등 재생에너지로 전환한다는 목표를 말한다. 현재 애플, 구글, 마이크로소프트 등 300개의 글로벌 기업이 RE100에 가입돼 있으며 국내에서는 SK그룹 계열사, 아모레퍼시픽, LG에너지솔루션 등이 가입한 상태다. 이러한 흐름은 RE100에 가입된 기업에 부품을 납품하는 협력업체도 탄소배출량을 줄이기 위해 동참해야 한다는 것을 의미한다.

하지만 현재 국내의 재생에너지 비중은 2020년 처음으로 전체 전력 발생량의 약 7.4%를 차지하는 데 그치고 있다. 물론 그 비중이 증가하고 있는 추세지만, 기업들이 요구하는 만큼 충족시키기에는 부족한 상황이다. 그러므로 기업은 RE100을 달성하기 위한 새로운 전략이 반드시 필요할 것이다. 먼저 RE100을 달성하고자 하는 시기와 그때까지의 세부 수행목표를 설정해야 한다. 또 기업의 전력소비패턴도 확인해야 한다. 특히 태양광을 이용할 경우에는 낮과 밤의 전력소비패턴을 확인하는 것이 비용절감에도 반드시 필요한 절차이다. 이 밖에도 전략 수립 시 배출권거래제 대상기업인지, 에너지효율설비를 적용했는지의 여부, RE100을 이행하지 않았을 때 비용지출과의 비교 결과 등을 반영하는 것이 필요하다. 이를 통해 가장 빠르게, 비용을 절감하면서도 기업의 특성에 맞도록 RE100을 달성할 수 있을 것이다.

에너지전환을 위한 주요 기술

2019년 정부는 산업통상자원부의 주도하에 에너지전환을 선도하는 16대 에너지기술 분야를 도출하기 위한 공청회를 개최했으며, 에너지전환과 신산업 선도를 위한 '에너지기술 강국 도약'을 비전으로 설정하고 16대 에너지 중점 기술 분야를 제시하였다.

먼저 수소에너지 기술은 물, 유기물, 화석연료 등의 화합물 형태로 존재하는 수소를 분리·생산해서 이용하는 기술이다. 보통 물의 전기분해로 가장 쉽게 제조할 수 있으나 전기에너지에 비해 수소에너지의 경제성이 너무 낮으므로 대체전원 또는 촉매를 이용한 제조기술 연구가 진행 중이다. 최근에는 하폐수 처리 분야에서도 수소에너지를 제조할 수 있는 기술을 연구하고 있으며, 대표적으로 미생물연료셀 및 혐기성 소화과정에서 발생하는 바이오가스로부터 수소를 생산하는 방법이 있다. 캐나다에 있는 한 하수처리장의 폐수를 분석한 결과, 폐수의 에너지 함량이 폐수 처리에 요구되는 에너지량의 9.3배로 검출된 바가 있다. 이는 폐수 속에 잠재된 에너지가 굉장히 많다는 것으로, 이의 활용을 통해 폐수처리시설의 운용뿐만 아니라 추가적인 전력 생산도 가능할 것으로 보고 있다.

미생물 전기분해셀(MEC, Microbial Electrolysis Cell)은 축산 폐수, 음식물 쓰레기, 슬러지(하수처리 과정에서 생기는 침전물) 등 에너지 함량이 높은 유기성 폐수를 원료로 사용한다. 바이오수소를 생산하는 미생물 전기분해셀에서는 전기화학적인 미생물 군집과 전극과의 상호작용을 통해 수소가 생성된다. 미생물 연료셀의 수소 생성과정은 다음과 같다. 우선 유기성 폐수에 존재하는 유기물을 전기분해(Electrolysis)한다. 산화전극(Anode)에서는 전자를 체외로 방출하는 미생물이 유기물을 산화하여 전자를 전극 표면으로 배출하고, 환원전극(Cathode)에서는 양이온과 전자가 반응하여 수소가 생산되는데, 이때 외부의 추가적인 전력 공급이 필요하다. 생산된 수소를 이용하여 연료전지를 통해 전기를 생산하고, 이 전력을 다시 미생물 연료셀에 공급한다면 완벽한 재생에너지 시스템이 되는 것이다.

미생물 연료셀의 장점은, 폐수는 늘 발생하므로 생산에 비용이 들지 않고, 폐수를 처리하면서 에너지를 생산할 수 있고, 마지막으로 이산화탄소를 생성하지 않기 때문에 1석 3조의 친환경 기술이라는 점이다. 하지만 아직은 연구개발 단계로서 실제 폐수 처리장에 적용하기에는 기술력이 부족하고, 전력 효율이 낮다. 소형 모델 개발에는 성공했지만, 대형화에는 아직 많은 연구가 필요한 실정이다.

하수·음식쓰레기·분뇨, 잉여슬러지 등과 같은 고농도 유기성 폐수 및 폐기물을 혐기성 소화조 안에 두면, 부패·분해 과정에서 바이오가스인 메탄가스가 발생한다. 바이오가스 성분의 60~65%가 메탄으로, 고질화 과정을 거치면 바이오가스에서 순도 높은 메탄만을 뽑아낼 수 있다. 하수처리장에서 메탄가스가 생산되고, 고질화를 통해 수소를 분리하는 것과 같은 방식으로 메탄에서 수소를 분리하면 된다. 즉 소화조를 갖춘 하수처리장에 바이오가스 고질화 설비, 메탄가스에서 수소를 분리하는 설비 등을 갖추면 하수처리장에서 수소를 생산할 수 있다. 바이오가스는 하수·음식쓰레기·분뇨, 잉여슬러지 등을 처리하는 과정에서 발생하는 부산물인 만큼, 별도 구입·생산 비용이 들지 않아 경제적이며, 그린수소를 생산하는 공정을 적용한다면 폐기물 처리는 물론이고 탄소 배출 없이 수소를 가스를 얻을 수 있다.

에너지전환을 달성하는데 가장 큰 리스크는 신재생에너지의 불확실성과 변동성이다. 신재생에너지로의 전환은 반드시 필요하지만, 아직 신재생에너지는 기존 화석연료 에너지만큼 확실하고 변동성이 적은 에너지원은 아니다. 이 문제는 신재생에너지 비중을 확대하고 있는 모든 국가가 동시에 직면한 문제이며, 해결해야 할 과제이다. 인접국과의 에너지협력, 에너지 스마트그리드의 개발 및 정착 등 변동성을 줄이기 위한 다각도의 검토는 물론, 불확실성을 감소하기 위해 관련 기술의 실증화 및 대형화 추진이 필요하며 동시에 에너지저장장치(ESS), 양수발전 확대 및 점진적인 기술개발 등도 필요하다.

ESG형 미래 신성장동력으로의 친환경 수처리 기술

ESG 경영의 주요 분야인 물 산업

전 세계적으로 급격한 경제발전, 생활수준 향상 및 인구증가로 물 수요는 해마다 늘고 있지만, 기후변화로 인한 자연재해로 인류가 사용할 물은 부족해지고 있다. 이러한 물 부족 현상은 물의 가치를 훼손시키는 수질오염에 의해 더욱 더 심화될 것으로 보이며, 이를 해결하기 위한 신기술, 신설비, 신소재, 시스템 등의 개발이 절실히 필요한 상황이다. 또한 글로벌 경영 트렌드인 ESG에 대한 세계적인 관심 속에서, 물 관련 이슈로 인해 기후변화와 탄소중립에 포커스가 맞추어져 있던 친환경 기술이 이제는 ESG 경영의 주요 분야로 관심받고 있다.

물 산업은 물의 취수, 정수, 하폐수 처리, 재이용 등 물의 순환과정 전반에 걸친 포괄적인 수처리 산업으로 정의할 수 있다. 특히 하폐수 처리와 재이용 분야는 국내외 기업들이 미래의 신성장 동력사업으로 정하고 관련 기술개발과 투자, 기업 인수를 통해 시장을 선점하기 위한 치열한 경쟁을 벌이고 있다. 하폐수 처리 분야는 과거 봉사와 기부 등 기업의 사회적 책임활동과 달리, 기업의 ESG 경영성과 및 재무적 이익을 동시에 달성할 수 있는 분야이다. 따라서 기업의 생존을 위한 필수 요건이면서 미래 먹거리 사업으로써 기업들의 발 빠른 행보가 이어지고 있다.

롯데건설, 물과 함께하는 ESG

롯데건설은 하수처리, 하수 재이용 및 정수처리 기술뿐만 아니라 수열에너지를 활용한 냉난방 시스템까지 물을 이용한 다각적인 기술을 확보하고 수생태 및 생물 다양성 보호, 수질오염과 에너지효율 등의 ESG 환경 분야에 해당하는 물 산업 시장을 개척하고 있다. 특히 제2롯데월드는 롯데건설의 친환경 물 활용 에너지기술이 집약되어 있는 대표적인 곳으로, 친환경 기술을 활용하여 ESG 경영을 실천한 대표적인 사례이다.

한강의 온도는 여름에 대기보다 5℃ 정도 차갑고, 겨울에는 10℃ 정도 따뜻한데, 제2 롯데월드에는 이 온도의 차이를 냉난방에 활용한 국내 최대 규모의 수열에너지 냉난방 시스템이 적용되어 있다. 지하 6층 에너지 센터로 유입되는 원수는 지름 80㎝의 수로관을 통해 유입되고 열교환기·히트펌프 등의 설비를 거쳐 약 3000RT(냉동톤, 10.5MW)의 냉난방 용량이 생성된다. 이는 물 전체 냉·난방 부하의 약10~20%에 해당하는 것으로, 수열에너지만으로 제2롯데월드 전체를 약 2시간 냉난방할 수 있다. 또한 미국, 일본 등 선진국에서 사용되고 있는 친환경 에너지 절약 시스템인 수축열 시스템을 적용했다. 이 시스템은 심야 전력으로 히트펌프를 가동시켜 얻은 냉온열을 일종의 물 저장탱크인 축열조(9,300㎥)에 저장했다가 주간 냉난방에 사용하여 연간 에너지 사용량을 73%, 이산화탄소 배출량을 38% 절감하고 약 7억 원의 냉난방비를 절약할 수 있다.

한화건설, 그린 인프라 디벨로퍼로 도약

한화건설은 1991년부터 30년 동안 친환경 사업에서 지속적인 성장을 해왔으며, 특히 친환경 신사업 분야로 수처리, 풍력, 수소 분야의 기술을 통해 그린 인프라 디벨로퍼로서 ESG 경영을 실천하고 있다. 특히 1991년부터 수처리 분야에 진출하여, 독보적인 기술과 경험을 가지고 있다. 환경부 국책과제로 충북대학교 이상일 교수 연구팀과 한화 유로변경형 질소, 인 고도처리공법인 HDF(Hanhwa Dynamic Flow) 공법을 개발하였고, 1999년 하수 분야 최초로 환경부 환경신기술 인증을 획득했다.

HDF 프로세스는 하수의 오염물질인 유기물과 질소·인 등을 동시에 처리할 수 있고, 특히 유량 변동과 오염농도 변화에 안정적이며, 자동제어 기술로 경제성까지 갖춘 하수 고도처리 기술이다. 현재 국내외의 중대형 하수처리장에 적용되어 있으며, 특히 한국 건설회사가 수주한 단일 프로젝트로는 해외 건설 역사상 최대 규모(총 계약 금액 101억 달러)인 이라크 비스야마 신도시 건설 프로젝트의 하수처리장에도 적용하고 있다. 이 밖에도 끊임없는 연구개발을 통해 분리막을 활용한 고도처리공법 등을 개발하였으며, 2020년 발표된 종합건설사 시공능력평가에서는 하수종말처리장과 하수도 분야 공사실적 1위를 차지하였다.

부강테크, 친환경 기술과 서비스 제공

대전에 본사를 두고 있는 종합 수처리 기업인 부강테크는 ESG 열풍이 불기 전부터 중소기업에서 높은 수준의 ESG 경영을 실천해온 좋은 사례로 꼽을 수 있다. UN 경제사회이사회 특별협의지위기구 UN SDGs 협회가 발표한 '2021 UN SDGBI(지속가능개발목표경영지수)'에서 국내 환경기업 중 유일하게 3년 연속 글로벌지수 최우수 그룹에 선정되었다. SDGBI는 글로벌 산업계의 대표적인 ESG 경영평가 지표로 알려져 있다. 또한 탄소중립, 자원 선순환, 작업자의 근무환경 개선 등 부강테크의 친환경 기술은 이를 적용한 기업이 ESG 경영성과를 달성할 수 있도록 하여, 많은 관심을 받고 있다.

부강테크의 기술 중 근래에 가장 주목할 만한 것은 바로 TWP(Tomorrow Water Project)이다. 이는 하수처리장에 신재생에너지를 생산하는 바이오가스 플랜트와 데이터 센터를 통합 건설하고 AI 기반의 설계, 시공, 운영관리를 통합하는 것이다. 특히 이 3가지 시설이 연계된 통합 공정은 열교환과 AI 기반의 운전으로 하수처리장 및 데이터 센터의 에너지 소비를 대폭 절감하는 동시에, 폐슬러지와 음식물을 비롯한 각종 유기성 폐기물로부터 신재생에너지를 생산하여 온실가스 발생을 감소시킬 수 있다. 이 밖에도 4차 산업혁명의 가속화로 데이터 센터의 수요가 급증하고 있는데, 이를 하수처리장에 건설하는 기술도 보유하고 있다. 기존 하수처리장은 중력침전을 이용한 침전조를 통해 유입수의 부유물질 등을 1차 제거하는데, 이를 지하화하고 그 위에 데이터 센터를 건설하는 Co-Flow는 데이터 센터에서 발생하는 열을 하수처리에 이용하고 처리수를 데이터 센터의 냉각수로 활용하는 기술이다. 에너지 저감 및 방류수를 적게 배출하는 장점을 가지고 있어, 국내외 기업들의 관심을 끌고 있다.

세계 최대 투자은행 모건 스탠리(Mogan Stanely)가 "ESG를 고려하지 않는 기업에는 투자하지 않겠다"라고 선언할 만큼, 이제는 ESG 경영을 외면할 수 없는 시점이 됐다. 하지만 ESG 경영이 과연 기업의 재무적 이익에도 도움이 되는 것일까? 투자자 입장에서는 어느 정도 의문을 가질 수 있을 것이다. 그러나 ESG 투자 수익률이 악화되고 기업의 ESG 경영 및 혁신이 잘 이루어지지 않는다면 ESG 경영의 지속가능성도 위협을 받게 될 것이다.

결국 기업과 투자자가 모두 재무적 이익을 얻는 동시에 ESG 경영을 실천할 수 있는 방법이 필요한데, 바로 환경 분야에서 그 답을 찾을 수 있다. 특히 수처리 분야는 기업이 경제활동으로 성장하는 동시에 환경보호도 할 수 있기 때문에, 환경과 경제가 양립할 수 있는 조건을 만들 수 있다. 이에 앞으로 개발될 수처리 기술은 그린에너지 생산(수소, 바이오가스 등), 자원회수 및 순환경제, 비스포크(Bespoke, 맞춤 생산), 분산형, 지능형, 온실가스 배출 최소, 친환경 소재 등과 같은 키워드가 중심이 될 것이라고 예상할 수 있다.

그린 인프라 전환이 물 부족 문제를 해결할 수 있다

기후변화로 인한 물 부족

최근 호주와 미국 과학자들은 지난 1950년에서 2000년 사이에 관측된 해양의 염도 변화와 기후모델에 나타난 염도 – 강수 – 증발 사이의 상관관계를 분석해, 이 기간 동안 물의 순환 속도가 4%나 빨라졌다는 결론을 얻었으며, 지구 표면 온도가 1도씩 상승할 때마다 물 순환 속도가 8% 빨라진다고 주장했다. 물의 순환 속도가 빨라지면 그만큼 우리가 사용하고자 하는 물의 담수 확보에 큰 영향을 미치게 되고, 그 밖에도 다양한 위협을 가져올 수 있다.

물 순환 속도의 증가 현상은 전 세계적으로 일정한 패턴으로 나타나는 것이 아니다. 물의 부익부, 빈익빈 현상으로 건조지역의 강수량은 더 적어지고, 다습한 지역의 강수량은 더 증가되는 변화가 관찰되기 때문이다. 특히 사회적으로 도움이 필요한 빈곤층과 취약한 지역사회의 불균형에 더욱 영향을 미쳤다. 제3세계 식수·위생시설 지원단체인 워터에이드(WaterAid)의 2016년 연구에 따르면 전 세계 인구의 2분의 1을 넘는 40억 명이 물 부족 사태에 직면했고, 10명 중 1명은 집 근처에 깨끗한 물이 없으며, 4명 중 1명꼴인 20억 명이 집에서 안전하게 관리되는 수도 서비스를 받지 못하고 있다. 세계보건기구(WHO)는 16명 중 1명꼴인 4억 8,900만 명은 더러운 물을 마실 수밖에 없다고 발표했다.

시리아 북동부의 물 부족 현상은 해당 지역 거주민들의 건강을 위협하고 있다. 안전한 물의 부족과 불결한 환경으로 인한 감염 때문에 1분마다 신생아의 목숨이 위협받고 있으며, 더러운 물과 열악한 화장실로 인한 질병은 2분마다 5세 미만 아동의 목숨을 앗아간다고 미 워싱턴대 의과대학 보건계량분석연구소(IHME)는 밝혔다. 특히 하사카 지역에서는 오염된 물로 1,359명이 질병으로 고통받았으며, 건강이 매우 취약한 상태에 놓인 환자의 절반 이상이 노인과 어린이들이었다.

반면 중국, 독일, 방글라데시, 인도네시아, 말레이시아 등 세계 곳곳에서는 집중호우, 태풍에 따른 제방 붕괴로 하천이 범람하는 등 많은 재해가 발생하고 있다. 특히 도심지의 내수 침수, 도시하천의 범람은 해당지역에 사회·경제적인 피해를 동반할 뿐 아니라, 식수 부족 등으로 인한 질병으로 막대한 인명피해를 가져왔다.

경제활동과 연결되는 물 부족 문제

기후변화로 인한 물 부족 현상은 빈곤층에서만 일어나는 것이 아니다. 경제적으로 안정적인 부를 취한 곳에서도 경제의 근간을 흔들 정도로 큰 위협으로 다가온다. 대만에서는 56년 만에 최악의 가뭄이 닥치면서 곳곳에서 물 부족 사태가 빚어지고 있다고 언론은 대서특필했다.

대만의 물 부족 현상은 기후변화로 인해 강수량이 크게 줄면서 시작되었고, 급기야 대만 최대 담수호인 일월담의 물이 모두 말라버리고 말았다. 대만 정부는 일부 지역에 5일은 물을 공급하고 2일은 공급을 중지하는 특단의 조치를 실시했고, 해당지역 약 100만 명의 주민들이 물 부족으로 고충을 겪었다.

물 부족 문제는 대만의 엔진 산업인 반도체 업계에도 큰 타격을 주었다. 대만 반도체 업체 중 가장 큰 공장인 TSMC가 하루에 필요한 물의 양은 약 16만 톤에 이른다. 대만 정부는 6년 만에 '물 부족 적색경보'를 발령하고 반도체 업계가 위치하는 산업단지의 물 공급을 15% 줄였다. 이는 대만의 반도체를 수급하는 애플과 테슬라의 제품 생산에도 차질을 줄 것으로 우려되었다. 대만 정부는 물 환경 프로젝트에 약 10조 원의 예산을 투입하고도 물 부족 사태를 해결하지 못했다고 큰 비난을 받았으며, 급기야 기우제를 지내는 해프닝까지 일어났다.

2020년 12월에는 미국 시카고상품거래소(CME)가 물 선물거래를 처음으로 개시했다. CME 측은 이를 통해 물 사용자들이 위험을 관리하고 수요와 공급을 조정하는 데 도움을 받을 것이라고 발표했다. CME의 글로벌 주식 지수 및 대체 투자 상품 책임자는 현재 20억 명이 물 문제로 고통받는 나라에 살고 있으며, 4년 이내에 전 세계의 3분의 2가 물 부족 문제에 직면할 수 있다면서 "물과 관련된 위험을 관리한다는 생각의 중요성은 확실히 높아졌다"라고 말했다.

전 세계적으로 기후변화로 인한 물 부족 문제는 향후 수년 내에 물 가격을 상승시키는 요인이 될 것으로 모두가 예측하고 있으며, 물 관리의 중요성은 이제 경제활동에서도 나타나기 시작했다.

고도화된 물관리 '스마트워터그리드'

그렇다면 우리는 기후변화로 인한 물 부족 문제를 어떻게 해결해야 할 것인가? 지금까지는 물을 활용하고 이를 처리하여 자연적으로 보전하는 것으로 관리해왔다. 하지만 앞으로는 기존의 처리 개념과 더불어 고도화된 물관리 및 생산 시스템이 중요한 자리를 차지하게 될 것이다.

고도화된 물관리 시스템인 '스마트워터그리드'는 첨단 정보통신기술을 뜻하는 'Smart'에 기존 물관리 인프라를 뜻하는 'Water Grid'가 합해진 용어로서, 기존의 수자원 공급 관리망에 첨단 정보통신기술(ICT)을 융합한 지능형 스마트 물관리 체계를 말한다. 물 부족 지역에 있는 한정된 수자원(지하수, 해수, 빗물 등)을 이용해 가장 경제적인 수처리(수자원 간 조합, 수질 개선 등)를 함으로써 활용목적에 맞는 수자원을 확보하고, 정보통신기술을 활용해 실시간으로 물 수요를 분석·예측해 효율적으로 관리하는 그린 인프라 시스템이다.

예컨대 강수량이 여름에 집중해 있는 우리나라의 경우, 장마철 비가 왔을 때 집수 후 재이용시스템을 거쳐 실시간 네트워킹 시스템을 통해 필요한 곳으로 보내는 등 물 낭비를 최소화하는 기술이다. 기존 물관리 인프라의 경우 생산 및 공급자 중심의 개별 처리·공급으로 잉여 물과 에너지가 과다하게 발생했다. 그러나 정보통신기술이 접목되면서 생산 및 공급자와 수요자 간의 실시간 정보 교환 및 쌍방향 소통이 가능해져, 수요와 공급을 조절할 수 있게 되었다. 또 이를 통해 수요자 중심의 연계 처리 및 통합 운영으로 대체 수자원의 활용 또는 맞춤형 용수 공급이 가능해졌다.

인천광역시 옹진군에 속한 대청도는 인천항에서 약 210㎞ 떨어진 서해 5도 가운데 하나로, 제한급수(18hr/일)를 실시할 정도로 가뭄에는 육지에서 먹는 물을 공급받는 만성적인 물 부족 지역이었다. 지난 2016년 대청도에는 하루 100㎥ 생산 규모의 식수와 생활용수를 생산하는 스마트워터그리드 데모 플랜트 시설이 설치됐다. 이 사업은 물 낭비를 줄이고 수자원의 생물학·화학적 정보를 수집할 수 있어 수질관리에도 이바지한다. 최근 대청도에는 해수담수화 시설이 설치되어 하루 600톤의 상수도를 공급할 수 있게 되었고, 물 부족 문제가 크게 개선될 것으로 예상된다.

부산 에코델타시티는 기후변화와 탄소중립에 대응하기 위한 세계적인 수준의 에너지 자립도시 기반을 조성하는 것이 목표이다. 취수원부터 각 세대까지 물을 공급하는 도시 물 순환 전 과정에서 첨단 정보통신기술과 인공지능, 빅데이터, 스마트워터그리드 등 최신 기술을 도입하여 물의 공급량과 수질을 관리한다. 생산자 및 공급자로부터 물을 운송받고 사용한 물을 처리하는 기존의 공급 중심 물관리 방식이 아니라, 다양한 센서와 컨트롤러를 적용한 데이터 기반의 쌍방향 도시 물관리 체계를 구축하여 도입할 예정이다.

새로운 대체 수자원 기술 '해수담수화'

지구온난화 및 기후변화로 인한 이상기후 현상은 인류가 0.5%의 물조차도 이용할 수 없는 상황에 직면하게 했으며, 이러한 위기를 해결하기 위한 방안으로 여러 가지 대체 수자원 기술이 개발되고 있다. 처리기술이 발달함에 따라 지하수, 빗물, 강변여과수 등 여러 대체 자원 중 특히 바닷물이 미래의 새로운 대체 수자원으로 각광받고 있다.

무한한 수자원인 바닷물을 담수로 만드는 해수담수화 기술은 크게 증발법과 막여과법으로 분류할 수 있다. 우선 증발법은 상변화를 이용하는 방식으로서, 가장 많은 적용 실적을 보유하고 있다. 열에너지를 이용하여 바닷물을 증발시켜 용매인 물은 증발하고, 용질인 소금은 잔류하는 성질을 이용하여 해수에서 담수를 분리하는데, 유체의 흐름에 따라 다단증발법(MSF, Multi-StageFlash)과 다중효용법(MED, Multi-Effect Distillation)으로 구분된다.

막여과법은 삼투현상을 역으로 이용하여 바닷물을 물 분자만 통과할 수 있는 수준의 미세공극을 가진 분리막에 통과시켜 담수를 생산하는 방법으로, 사용하는 막은 공극 사이즈가 작은 나노여과(NF), 역삼투(RO) 등이 있다. 막여과법에서 가장 중요한 것은 주처리 공정인 막의 오염을 최소화하는 것이다. 따라서 전처리공정이 매우 중요하며, 최근에는 전처리공정에 막여과 공정을 도입하여 불순물의 제거효율을 향상시켜 막의 오염을 최소화하는 방법이 적용되고 있다. 또한 대규모 플랜트를 완성하여 바다로 이동하는 증류법보다 필요 부지면적이 적고 이동과 설치가 용이하여, 현재는 막여과법이 해수담수화 시장을 주도하고 있다.

막여과법의 에너지 소모량은 3㎾h/㎥ 수준으로 증발법의 약 1/2이며, 막여과법으로 실현 가능한 최소 에너지량은 2.0㎾h/㎥ 정도로 예상된다. 그럼에도 기존 수자원보다 생산단가가 높기 때문에 적용에는 어려움이 많았다. 하지만 기후변화로 인한 홍수, 가뭄 등의 자연재해와 인구증가에 따른 용수 수요의 확대와 함께 생산단가를 낮출 수 있는 에너지 절약형 담수화 기술이 개발되고, 기후변화 대응을 위한 에너지믹스 전환 흐름에 따른 새로운 접근방법도 나타났다.

그중 하나는 유입수인 바닷물을 희석하는 방법인데, 일본의 신에너지산업종합개발기구(NEDO)는 한외여과(UF)+역삼투(RO)를 이용한 하수 재이용공법을 통해 식수를 얻고, RO 농축수를 바닷물과 희석하여 유입수의 염의 농도를 낮게 하여 삼투압을 저하한다. 이러한 방법으로 RO 운영 시 운전 압력이 저하되면서 고압펌프의 사용량을 줄여 총 에너지 소비량을 절감할 수 있다. 또 신재생에너지를 융합하는 방법으로 해수담수화 공정에 태양광, 태양열 등 신재생에너지 발전을 사용함으로써 에너지 사용량뿐만 아니라 탄소배출량을 감소시킬 수 있는 미래형 기술이다.

수자원 부족은 인류에게 닥쳐올 미래가 아니라 지금 실제로 벌어지고 있는 위기이다. 이러한 위기를 극복하기 위해 바닷물을 포함한 대체 수자원을 확보할 수 있는 저에너지·저탄소 수자원 확보기술을 개발하려는 국제사회의 노력이 지속되어야 할 것이다.

선택이 아닌 필수, 물 재이용의 현재와 미래

UN의 수자원 개발 보고서는 기후변화의 영향으로 식량 증대를 위한 농업용수의 확보가 곤란하고 인구 1인당 담수 공급량이 1/3가량 감소할 것으로 예상되어 수자원 확보가 중요한 과제라고 언급했다. 이에 물의 재이용을 촉진하여 수자원을 효과적으로 활용하며 수질에 미치는 해로운 영향을 줄이고, 지속가능한 사용을 돕는 하수 재이용 기술의 개발이 활발하게 이루어지고 있다. 그렇다면 국내외의 재이용수 관련 기술과 사례에는 어떤 것들이 있을까?

우선 국내 사례를 살펴보면 포항시 남구 하수종말처리장의 처리수 재이용시설은 매일 생활하수 23만 톤 중 10만 톤을 약 50% 정도 다시 사용할 수 있는 정수로 바꾸고 있다. 이는 포항시민의 절반인 22만 명이 하루 쓸 수 있는 양으로, 가뭄 등 물 부족 시 유용하게 물을 공급할 수 있다. 분리막과 역삼투 설비를 사용해 재이용수를 생산하고 있으며, 예전부터 취수원 확보에 어려움을 겪고 있던 포항시와 포항시의 철강공단들은 재이용시설에서 정수된 용수를 공업용수로 사용하고 있다. 특히 8만 톤은 포항제철소로, 나머지 2만 톤은 포항 철강공단 정수장에 공급해, 공단 내 철강업체들의 용수 문제를 해결하는 데 도움을 주고 있다.

반드시 해결해야 하는 문제도 있다. 분리막을 사용하여 하수를 재이용 처리할 때 발생하는 농축수의 처리 문제이다. 역삼투설비는 회수율이 높지 않아 농축수가 많이 발생하는데, 이 농축수를 처리할 수 있는 시스템이나 역삼투설비의 회수율을 증가시킬 대책이 필요하다. 해외 사례로는 미국 캘리포니아 남부 오렌지카운티의 Water Factory 21(WF21)가 있다. 이곳은 연평균 강수량이 300㎜로 지표수를 통한 수자원 공급이 매우 어려운 지역이다. WF21은 하수 재이용을 위해 석회 정화, 모래 필터, 역삼투압 또는 GAC, 염소 소독 및 심층지하수 희석 등을 사용했고, 발암물질인 N-니트로소디메틸아민 관리를 위해 자외선 처리를 추가했다.

각종 하수가 식수로 전환되는 지하수 보충 시스템(GWR)이 가동됨에 따라, 오렌지카운티 주민들은 화장실 오수 등을 정화해 만든 식수를 공급받고 있다. 이 시스템을 통해 이후 가뭄에 대비하고 해역으로 하수 배출을 늦추며 유역의 수질 개선, 물 부족 지역의 용수원 다각화, 지하수역의 효과 최대화, 해수 침투 저지 방벽 확대, 바다로의 하수 배출 지연, 가치 있는 자원의 재이용, 에너지 절약, 유역의 수질 개선 등 효과를 거두었다. 또 나아가 다가오는 세계 물 부족 위기를 극복하는 한 가지 방향을 제시할 수 있었다. 그러나 아직까지 하수 재이용수를 직접적으로 음용수로 사용하는 곳은 거의 전무하다. 이는 음용수질을 준수하느냐의 문제가 아니라 인식의 문제로, 버렸던 물을 다시 재처리해서 먹는다는 것에 사람들이 거부감을 가지기 때문이다. 하지만 수자원의 고갈 문제가 다가오는 현 시점에서, 하수처리수를 직접적으로 음용수로 활용할 수 있는 기술의 개발은 절실하다.

기후변화로 인한 기상이변으로 세계는 물 부족이라는 또 다른 위기에 봉착했다. 이제 우리는 인류의 지속가능한 삶을 위해서라도 수자원을 보호하고 적절히 활용하는 그린 인프라로 전환해야만 한다. 그리고 이는 그야말로 21세기 인류의 최대 업적이 될 것이다.

명광민 기후환경 데이터 분석 전문가

대한민국 기상예보사 1호이자 기후환경 데이터 분석 전문가이다. 연세대학교에서 대기과학을 전공하고 공군 기상장교로 작전 기상 예보를 했으며, 기상환경 전문기업 및 IT·통신 대기업에서 기상 기후 및 환경 플랫폼 사업을 수행하였다. 현재는 창업하여 기후환경 분야의 도메인 전문성과 인공지능 기술 및 데이터분석 노하우를 바탕으로 기후위기 대응과 ESG 경영을 위한 데이터지능 플랫폼 서비스를 개발하고 있다.

이메일 km.myung@dilab.kr

5장

기후변화, 그 위기와 대응

기후변화로 인한 국가와 산업의 위기

인류가 직면한 기후변화의 위험

2022년 2월 28일, 기후변화협약 정부 간 협의체(IPCC) 제2실무그룹이 공개한 〈기후변화 영향, 적응, 취약성〉 보고서는 현재 전 세계적으로 나타나고 있는 기후변화의 영향과 그 위험이 얼마나 심각한지 보여준다. 그리고 이제는 기후변화의 부정적 영향을 피할 수 없음을 인정하고 복원력 회복 방안을 얘기할 때임을 강조하며, 세계 170개국의 기후변화 정책 분석을 통해 탄소중립을 통한 온실가스 감축 노력뿐 아니라 기후변화로 인한 위험을 최소화하고 새로운 발전 방안을 찾는 '적응' 정책의 필요성을 강조했다.

보고서에 제시된 자료에 따르면 아시아는 대부분의 지역에 폭염 위험이 증가하고, 동아시아부터 동남아, 남아시아에 이르는 몬순 지역에서는 해수면 상승과 홍수 위험이 증가할 것으로 예상된다. 실제로 2019년 동남아시아와 동아시아에서 발생한 태풍, 사이클론, 홍수의 영향으로 전 세계 이재민의 30%에 해당하는 960만 명의 이재민이 발생했다. 유럽의 경우 탄소중립 이행 실패로 지구 기온 상승 1.5도 한계선을 지키지 못하고 3도까지 상승할 경우, 1.5도 이내로 지켰을 때보다 더위 스트레스로 인한 사망자 수가 2~3배 증가할 것으로 전망된다. 또 화재 발생 위험 지역도 확대되어, 탄소 흡수원과 생물다양성에도 위협을 받게 된다. 이는 북미나 아프리카도 마찬가지이다. 가뭄 심화에 따른 농업 생산량 저하와 산불 확산, 대기오염과 수질오염 심화로 생태계뿐 아니라 인간의 건강, 재산, 기반시설, 경제 활동에 이르기까지 심각한 영향을 받게 된다.

물 부족과 국가 간 분쟁

세계기상기구(WMO)는 2050년도에 전 세계 인구의 절반에 해당하는 50억 명이 물 부족을 겪을 것이라고 경고했다. 이런 상황이다 보니 지금 세계 곳곳에서 물 사용 주도권을 놓고 국가 간 갈등이 심화되고 있다. 대표적인 사례가 에티오피아와 이집트의 나일강과 중국과 동남아 국가들의 메콩강이다.

나일강의 양대 본류 중 하나인 청나일 상류에 자리 잡은 에티오피아는 2011년부터 높이 155m, 길이 1.8㎞, 담수량 740억 톤의 거대 댐을 짓기 시작했다. 국민의 65%인 7,000만 명이 전력 부족에 시달리고 있는 에티오피아는 이 댐에 아프리카 대륙에서는 최대이고 전 세계에서 7번째로 큰 6,000㎿급 수력발전소를 지을 계획이다. 이 댐을 통해 전력 부족을 해결하고 이웃 국가에도 수출하겠다는 에너지 부흥정책의 일환이다.

에티오피아는 2020년 1차 담수에 이어 2021년 우기에 두 번째로 댐에 물을 담기 시작했다. 워낙 거대한 댐이다 보니 물을 채우는 데에만 3년 이상이 걸릴 것으로 예상된다. 하지만 나일강 중류의 수단과 하류의 이집트는 이 르네상스 댐 건설이 자국의 수자원 이용에 중대한 위협이 될 수 있다며 반대하고 있다. 특히 강 하류의 이집트는 강하게 반발하고 있다. 에티오피아가 상류에서 물을 독점해 강의 수위가 낮아지면 이 강에서 식수와 농업·공업용수 등 90%의 물을 얻는 이집트 국민들의 삶이 어려워질 것이기 때문이다. 이러한 가운데 이집트와 수단은 2021년 5월 '나일의 수호자'라는 이름 아래 양국 해군과 공군이 참여하는 합동 군사훈련을 했고, 이집트의 압둘팟타흐 시시 대통령은 영상 메시지를 통해 무력 사용 가능성까지 내비치며 에티오피아를 압박하기에 이르렀다.

상황이 악화되기까지 합의 노력이 없었던 것은 아니다. 세 국가는 2015년 수단의 수도 하르툼에 모여 수자원 활용 등에 서로 협력하기로 합의했으나, 이후 구체적인 논의 과정에서 틀어져 최종 합의에 이르지 못했다. 댐의 초기 담수에 소요되는 기간과 가뭄 때 얼마만큼의 물을 방류해야 하는지 등에 대한 합의가 이뤄지지 않은 것이다. 상류와 하류 국가 간 이해관계가 첨예하게 갈리고, 해결책에 강제력을 부여하기도 쉽지 않은 상황이다. 미국의 개입도 실패했고 유엔 안보리도 뒷짐을 진 상황에서 이 문제는 당사자인 3국을 비롯한 아프리카 국가들에 중대한 과제로 남아 있다.

한편 중국과 동남아 국가들은 메콩강을 놓고 갈등하고 있다. 메콩강은 중국 티베트에서 발원해 미얀마·라오스·태국·캄보디아·베트남

등 5개국을 거쳐 남중국해로 빠지는 4,350㎞의 긴 강이다. 동남아 지역 3억 명에게 물을 공급해주며, 특히 물 흐름이 완만해지는 메콩강 하류의 캄보디아와 베트남에서는 메콩강의 물을 생활용수와 농업용수, 공업용수로 쓰고 있다. 그런데 중국은 1995년부터 메콩강 상류에 11개의 댐을 쌓아 전력을 생산하고 있다. 비교적 상류에 위치한 라오스도 중국 자본을 도입해 댐을 짓고 있고, 캄보디아와 미얀마는 중국 자본이 투입된 댐 건설을 놓고 내부 갈등으로 댐 건설이 중단되기도 했다. 강 하류의 베트남은 2016년 최악의 가뭄을 겪으면서 중국에 댐 방류를 요청했다. 당시 베트남이 겪은 90년 만의 가뭄은 기후변화가 주 원인이지만 상류에 들어선 댐들도 영향을 미쳤다는 주장이 제기됐다.

중국은 메콩강이 제2의 남중국해가 되는 것이 부담스러워 댐 정보를 각국에 제공하는 등 협조 관계를 유지하려 했지만 미국의 개입으로 갈등의 양상이 변하고 있다. 2020년 4월 미국은 이 지역에서 2019년 발생한 최악의 가뭄은 중국이 강 상류에 건설한 11개의 댐이 원인이라는 보고서를 냈다. 또 메콩강 관측 시스템 '메콩 댐 모니터' 사이트를 개설하여 그해 12월부터 중국이 메콩강에 건설한 11개 댐의 수위를 매주 공개하고 있다. 중국도 미국에 맞서 그해 7월 메콩강 댐들이 오히려 가뭄을 해결하는 데 도움이 됐다는 반박 보고서를 내고, 11월에는 메콩강 수자원 정보를 공유하는 플랫폼을 열었다. 남중국해 영유권 다툼이 메콩강 수자원 확보를 놓고 또다시 펼쳐지고 있는 것이다.

기상이변과 국가 및 산업 피해

많은 사람들이 기후변화를 미래의 문제로 생각하지만, 실제는 그렇지 않다. 이미 세계 곳곳에서 이상기후로 인한 경제적 피해가 커지고 있어, 생산적인 곳에 투자되어야 할 예산이 기상이변으로 인한 피해 복구에 투입되는 등 비정상적인 경제 흐름이 확대되고 있는 상황이다. 또 기후변화의 피해는 후진국이 많이 입는 것으로 생각하지만, 선진국에서도 이상기후로 인한 피해가 급격히 증가하고 있어, 경제적인 면에서는 선진국의 피해규모가 훨씬 크다. 최근 몇 년간 선진국에서 나타난 이상기후와 그에 따른 경제적 피해 규모를 살펴보자.

호주의 퀸즐랜드는 소를 키우는 목장이 많은 지역이다. 그런데 이곳에 '100년 만의 홍수'가 2009년부터 2011년까지 3년 연속 발생하면서 퀸즐랜드 역사상 가장 큰 규모의 재산 피해를 입었다. 주민 20만 명이 사는 70개 마을을 포함하여 퀸즐랜드주 면적의 75% 이상이 특별재난지역으로 선포되었다. 피해액은 23.8억 달러(약 2조 2,300억 원)에 달하고, 석탄 광산을 포함한 산업시설도 마비되면서 간접적인 GDP 손실은 300억 달러(약 28조 원)로 잠정 집계되었다.

반복적인 홍수 피해로 인한 복구비용 지출로 엄청난 손실이 누적되자 호주 정부는 급히 예산을 편성하고 타지역 사회간접자본(SOC) 예산 조정에 더해 홍수세까지 신설했다. 홍수세는 한시적으로 부과되는 세금으로, 피해지역을 제외한 지역에 거주하는 연소득 5만 달러 이상 가구에 부과되었으며 총 18억 달러가 걷혔다. 이렇게 확보한 예산으로 2013년까지 퀸즐랜드에 총 56억 달러(약 5조 2천억 원)을 지원해 피해 복구를 완료했지만 안타깝게도 2013년에 다시 100년 만의 폭우가 발생해 2011년 홍수 때보다 더 큰 약 25억 달러(USD)의 피해를 입었다.

미국 서부지역에서는 대공황 극복과 서부 개척사의 상징으로 통하는 후버댐이 사상 최악의 가뭄으로, 준공된 이후 가장 낮은 수위를 기록했다. 2021년 8월 16일, 콜로라도강 미드호의 저수량이 전체 용적의 40% 밑으로 떨어지자 결국 미국 연방정부는 국가 최대 상수원인 미드호의 '1단계 물 부족'을 선언했다. 1935년 후버댐이 완성된 이래 처음 있는 물 부족 선언이다. 이는 전년 같은 기간(49%)보다 낮은 수치로, 2022년 저수량은 이보다도 더 떨어진 34%가 될 것으로 전망된다.

이곳의 물 부족 사태는 기후변화로 인해 이 지역에 20년 넘게 가뭄이 지속되는 가운데 서부 지역의 인구와 농업용수 사용량이 늘면서 발생한 것이다. 1단계 물 부족 선언으로 가장 큰 타격을 받는 것은 애리조나 지역의 농부이다. 2022년부터 애리조나 지역으로 흐르는 수돗물의 연간 할당량이 18% 감소하게 되기 때문이다. 이는 애리조나주 연간 물 사용량의 8%에 해당하는 양이며, 네바다와 국경 너머 멕시코도 연간 할당량이 각각 7%, 5% 줄어든다. 장기적으로는 콜로라도강에서 수돗물을 공급받는 캘리포니아, 유타, 콜로라도, 와이오밍 등 서부 7개 주 4,000만 명의 인구가 수돗물 공급량 삭감의 영향을 받게 될 것으로 전망된다.

한편 기후변화는 우리가 일상 속에서 자주 마시는 커피 가격에도 영향을 미치고 있다. 2021년 6월, NASA에서 발간한 〈가뭄에 시달리는 브라질〉이라는 보고서에 따르면 세계 최대 커피 생산국인 브라질에도 기후변화로 100년 만의 대가뭄이 찾아오면서 파라나강 인근 14개 주요 저수지 중 7개 저수지가 1999년 이후 최저 수위를 기록했다. 브라질은 11월부터 3월까지가 우기로, 이 시기에 비가 많이 내리는데 라니냐의 영향으로 2019년 10월 이후 비가 적게 내렸다. 이 영향으로 브라질의 주요 수력발전소가 있는 남동부와 중서부 지역의 강수량은 평년의 57%에 불과하고, 가뭄이 심각한 여러 분지 지역은 지난 10년간의 누적 강수량이 겨우 평년의 1년 치 강수량밖에 되지 않는다. 이로 인해 커피나무의 생육에 문제가 발생하고, 여기에 추위에 약한 커피나무의 특성상 서리로 인한 냉해까지 겹치면서 커피 공급에 문제가 생긴 것이다. 냉해는 전혀 예상하지 못했던 피해로, 이를 계기로 이 지역에서도 기후변화에 대한 우려가 확대되었다.

브라질은 가뭄으로 수력발전이 중단돼 전기요금이 전년 대비 30%나 상승하고 물가도 2021년 9월 기준 10% 이상 상승하여 17년 만에 최고 수준을 보이면서 대통령 탄핵 시위까지 일어나고 있다. 그리고 기후변화의 영향에 코로나19와 공급망 이슈가 더해지면서 2021년 한 해 동안 커피 선물가격(KCH2 Comdty 기준)이 76% 이상 상승했고 2022년 2월 초에도 7%나 상승했다. 결국 스타벅스도 7년 6개월 만인 2022년 1월에 아메리카노 가격을 4,100원에서 4,500원으로 인상하였다.

기후난민의 현 상황과 증가율

최근 미국과 호주, 멕시코 등의 과학자 17명이 국제학술지 《프런티어 인 컨서베이션 사이언스(Frontiers in Conservation Science)》에 게재된 논문 150편을 종합 분석한 결과를 보면, 기후변화를 진정시키기 위해 적극적으로 나서지 않을 경우 2050년에는 기후난민이 10억 명에 달할 것이라고 한다. 지구온난화로 인한 기온 상승은 일부 지역에 전례 없던 폭염과 긴 장마, 가뭄을 초래하고 있으며, 이러한 긴 장마와 가뭄은 치명적인 식량위기를 가져오는데, 전문가들은 이러한 식량위기가 앞으로 더욱 가속화될 것이라고 경고한다.

전 세계적 식량위기 앞에서 우리나라도 예외일 수 없다. 우리나라의 식량 자급률은 매년 낮아지고 있으며 2019년에는 45.8%로 역대 최저치를 기록했다. 특히 가공식품에 많이 쓰이는 품목을 보면 밀 0.7%, 옥수수 3.5%로 매우 심각하다. 2013년, 미국의 가뭄으로 인한 옥수수 흉작과 가격 상승이 국내 달걀 가격을 50% 급등하게 했던 것이 그 사례이다. 식량 안보 연구로 주목받는 워싱턴대 교수 데이비드 바티스트는 "지구의 평균 기온이 1℃ 상승할 때마다 쌀, 밀, 옥수수 등 주요 작물의 생산량이 최대 16%까지 감소할 수 있다"라고 경고한다. 만일 기후변화로 곡물 생산에 차질이 생겨 식량 전쟁이 일어난다면 우리나라는 매우 취약할 수밖에 없다.

유럽 난민 사태와 그 중심에 있는 시리아 내전도 기후변화로 인한 식량문제에서 시작됐다. 2010년 러시아에서 큰 가뭄으로 흉작이 발생해 밀 수출을 못하게 되자 전 세계 밀가루 가격이 폭등했다. 이런 상황 가운데 주요 쌀 수출국인 베트남과 캄보디아도 곡물 수출 제한에 동참하여 시리아는 극심한 식량난에 시달렸다. 정치적 혼란까지 겹쳐서 대규모 난민이 발생하는 초유의 사태가 발생했지만, 유럽 국가들은 시리아 난민을 받지 않겠다고 봉쇄령을 내렸다. 기후변화로 인한 가뭄이 한 국가의 생존권마저 위협한 대표적 사례이다. 미래학자들이 가장 염려하는 것도 태풍이나 집중호우, 쓰나미가 아니고 천천히 보이지 않게 다가오는 가뭄이다.

인류 역사를 보면 가뭄은 대기근을 가져오면서 메소포타미아 문명, 인더스 문명, 마야 문명, 앙코르와트 문명 등 찬란했던 고대문명을 멸망시켰다. 《조선왕조실록》을 보면 우리나라도 경신대기근(1670~1671년) 때 조선팔도 흉작이라는 초유의 사태가 발생해 당시 조선 인구 5분의 1에 해당하는 100만 명이 굶어 죽었으며, 20여 년 뒤 발생한 을병대기근(1695~1696년) 때도 100만 명이 사망했다고 전해진다. 2020년 《사이언스(Science)》지에 게재된 논문을 보면 최근의 가뭄은 기후변화의 영향으로 '메가 가뭄(Mega Drought)'으로 악화되고 있다고 한다. 이는 수천만 명이 넘는 인류가 기근으로 내몰릴 수 있는 심각한 위기상황인데, 더 큰 문제는 앞으로가 더욱 비관적이라는 것이다.

데이터 지능으로
기후위기에 대응하자

기후변화 대응, 왜 필요한가?

기후변화에 대한 대응은 크게 완화(Mitigation)와 적응(Adaptation)의 2가지 접근법으로 나뉜다. 완화는 인간의 영향으로 진행되고 있는 지구 온난화를 줄이기 위해 온실가스 배출을 줄이거나 산림을 추가로 조성하고 탄소 포집기술 등을 통해 배출된 온실가스를 제거하는 것 등이다. 그리고 적응은 해수면 상승, 심해지는 폭염, 생태계 변화 등 온실가스 배출로 변화된 기후 시스템에 적응하기 위해 생태계 또는 사회 경제 시스템이 취하는 모든 행동을 의미한다.

최근 사단법인 넥스트에서 발표한 국내 기업의 기후 리스크 분석 보고서에서는 한국 산업의 미래를 주도하는 업종 중 에너지 집약도가 높은 철강, 반도체, 정유, 석유화학, 자동차 제조업의 대표 기업 5개 사를 선정하여 각 기업이 현재의 미흡한 기후변화 대응 전략으로 인해 대면하게 될 기후 리스크를 분석하고, 이에 따른 기업별 손익 영향도를 평가하고 있다. 재무제표에 영향을 미치는 기후 리스크는 크게 전환 리스크와 물리적 리스크로 구분한다. 전환 리스크에는 정책 및 법률, 시장, 기술, 평판이 있고 물리적 리스크에는 기온 상승, 강수량 증가 등 환경변화와 홍수, 태풍 등 자연재해가 있다. 보고서에서는 전환 리스크 중에서도 정량적으로 재무 영향도 파악이 가능한 정책 및 법률과 시장 리스크에 국한하여 분석했는데, 기후 리스크가 기업의 영업이익에 최대 24%p의 악영향을 미칠 것으로 보고 있다. 예를 들어 삼성전자의 경우 기후변화에 대응하지 않을 경우 비용이 순현재가치(NPV) 기준으로 2022년부터 2030년까지 누적 105조가 넘을 것으로 예상했다.

더 클라이밋 그룹(The Climate Group)에 따르면 RE100에 참여하는 글로벌 기업 346개 사 중 한국 기업은 14개(2021년 기준)이며, 한국 주요 수출 기업들이 재생에너지로의 전환에 실패할 경우 2040년까지 산업 규모가 최대 40% 줄어들 것으로 추산하고 있다. 삼성전자를 비롯한 국내 기업의 RE100 이니셔티브 동참에 대한 압박이 점차 커질 수밖에 없는 이유이다.

글로벌 기업의 대응 사례

기후변화 대응을 위한 탄소제로 움직임은 메타(페이스북), 애플, 아마존, 구글, 마이크로소프트 등 글로벌 빅테크 기업을 중심으로 빠르게 진행되고 있다. 이들은 제품의 생산, 수송, 데이터센터 운영 등 에너지 집약적 기업 활동에 재생에너지를 통해 전력을 공급함으로써 탄소배출을 최소화하고, 산림 조성 및 탄소포집기술 등을 통해 탄소를 저감하고 있다.

메타는 80억 달러의 자금을 투입해 미국 18개 주와 5개국에서 6GW 상당의 풍력과 태양광 사업 계약을 맺고 있다. 이를 통해 2020년 데이터센터 전력망 등 회사 운영에 필요한 에너지를 100% 재생에너지로 공급하여 탄소제로 목표를 달성했다. 2030년까지 자사의 운영뿐 아니라 공급사들의 모든 밸류체인, 비즈니스 여행, 근로자들의 출퇴근 시 발생하는 탄소까지 모두 제로로 만들겠다는 목표를 세우고 신규 풍력과 태양광 사업 계약을 확대해나갈 계획이다. 최근에는 인도 뭄바이의 청정에너지 기업과 32MW급 풍력사업 추진 협약을 맺었으며 싱가포르 태양광 회사와 아시아지역 데이터센터에 사용할 재생에너지 구매 계약을 맺었다.

애플은 협력사 중 90%인 175개 공급업체가 '탄소제로' 선언에 동참하면서 애플 제품의 부품을 만드는 데 쓰이는 에너지를 재생에너지로 사용하기로 했다. 또 2030년까지 제품의 생산과 이용을 통해 발생하는 이산화탄소 배출량과 기후기술을 통해 제거한 양을 더해 제로로 만드는 '넷제로(Net Zero)'를 달성하겠다고 선언했다. 세부적으로는 각 제품에 들어가는 부품 재활용을 확대하고 제조업체들이 재생에너지를 사용하도록 하여 탄소배출량을 75% 감축하고, 나머지 25%는 케냐 대초원 일대 재식림 프로젝트에 대해 자금을 지원하고 혁신적 탄소 제거 솔루션을 개발하여 줄이기로 했다.

다만 공급업체들이 애플과 거래를 위해 무리하게 재생에너지전환에 참여해서 ESG 경영의 사회적 책임(Social)에 위배되는 문제가 발생하지 않게 '탄소제로'라는 비전을 공유하며 참여하도록 독려하고 있다. 2015년 10월에는 '협력업체 청정에너지 프로그램(Supplier Clean Energy

Program)'을 만들어 재생에너지전환을 위한 노하우 공유 및 국가별 정책 개발 촉진 등 다양한 지원을 하고 있다.

구글은 2007년, 1998년 회사 창립 이후 배출한 탄소를 모두 제거해 '넷제로'를 달성했다. 그리고 2017년부터는 소비하는 전기를 100% 재생에너지로 구매해 사용하고 있다. 앞으로의 목표는 2030년까지 전기 외의 다른 모든 에너지도 탄소를 배출하지 않는 에너지로 대체하는 것이다. 이를 위해 전 세계 50여 개 재생에너지 개발 프로젝트에 70억 달러(약 8조 2,574억 원)를 투자하고, 인공지능 기술로 전력 수요를 예측해 탄소배출을 줄일 계획이다. 그 외에 구글맵이나 구글트래블 등 자사 서비스에 탄소배출 정보를 제공해 사용자가 탄소배출을 줄이는 선택을 할 수 있도록 돕는다.

아마존은 파리기후협정을 10년 앞당겨 2040년까지 탄소중립을 이루자는 '기후서약(The Climate Pledge)'을 글로벌 옵티미즘(Global Optimism)과 공동 설립하고 첫 서명자로 참여하며 다른 기업들의 참여를 독려하고 있다. 그리고 기후서약을 지키기 위해 전 세계적으로 274건의 재생에너지 프로젝트를 수행하고 있으며, 기존 목표인 2030년보다 5년 이른 2025년까지 자사 오피스와 풀필먼트 센터뿐만 아니라 전 세계 수백만 고객을 지원하는 아마존 웹서비스(Amazon Web Services)의 데이터 센터 운영 전력을 100% 재생에너지로 공급할 예정이다. 한편, 전 세계 탄소 배출량의 2.9%를 차지하는 해운산업 탄소배출량 저감을 위해 이케아 등 9개 다국적기업과 함께 2040년까지 해상운송 시 탄소배출량이 제로인 선박만 이용하겠다고 선언했다.

마이크로소프트는 2020년 1월 '탄소 네거티브(Carbon Negative)' 전략을 공개했다. 2050년까지 회사가 설립된 1975년 이후 지금까지 배출한 탄소 전체를 제거하고 그 이상의 탄소까지도 제거하겠다는 계획이다. 이를 위해 탄소처리기술 개발에 10억 달러(약 1조 1,500억 원) 규모의 '기후혁신기금(Climate Innovation Fund)'도 설립했다. 그리고 2021년 2월 발표한 결과에 따르면, 2020년 탄소배출량을 전년 대비 6%인 73만 톤 줄였고, 26개의 탄소 제거 프로젝트에 투자해 약 130만 톤의 탄소를 제거했다. 또 이러한 과정을 통해 얻은 인사이트를 〈탄소 제거 백서〉를 통해 투명하게 공개해 타 기업들이 참고할 수 있도록 했다.

한편 스타벅스는 빅테크 기업과는 조금 다른 접근으로 기후변화에 대응하고 있다. 스타벅스는 2030년까지 탄소배출량, 물 사용량, 매립지 폐기물을 50%로 줄이는 '플래닛 포지티브(Planet Positive)' 목표를 현실화하기 위해 2018년 세계자연기금(WWF)과 공동으로 그리너 스토어 프레임워크(Greener Stores Framework)를 개발했다. 이 계획에 따르면 2025년까지 전 세계에 1만 개의 그리너 스토어를 건설하게 된다. 스타벅스는 2021년 9월 기준으로 전 세계에 3만 3,000개 이상의 매장을 운영 중이며, 미국과 캐나다에 있는 9,860개의 매장 중 2,317개를 그리너 스토어 매장으로 운영 중이다. 스타벅스는 매장을 넘어서 공급망 녹색화에도 힘쓴다. 이미 커피 재배 농가에 토양 관리 모바일 앱을 보급하고 조림사업을 시행하여 탄소배출량을 줄인 '탄소중립 커피'를 생산하고 있으며, 미국 카슨밸리 로스팅 공장과 유통센터에서 사용되는 에너지의 3분의 1을 재생에너지로 충당하고, 전기차를 도입하는 등 에너지 관련 정책도 실행하고 있다.

디지털 전환과 데이터 지능

기후변화 아젠다를 논의하기 시작한 초기에는 주로 온실가스 감축에 노력이 집중되었다. 하지만 중국과 유럽의 홍수, 텍사스 한파, 호주와 캘리포니아 산불 등 최근 세계 곳곳에서 발생하는 기상이변과 전 세계를 강타한 코로나19의 발생 등 기후위기로 인한 피해가 심각해지면서 '완화'와 함께 '적응'도 중요하게 고려하는 방향으로 전환되고 있다.

다양한 기후위기에 효과적으로 대응하기 위해서는 데이터(Data), 네트워크(Network), 인공지능(AI), 즉 D.N.A. 기술을 활용한 디지털 전환도 중요하다. 이는 기업이 기후변화의 영향을 받는 요소들을 측정하여 데이터화하고, 네트웍을 통해 수집/모니터링하며, AI 기술을 통해 분석하고 사전에 예측하여 탄소배출을 줄이고 기상이변으로 인한 위험요소를 줄이는 것이다. 예를 들어, IoT 센서가 데이터를 수집하여 빅데이터를 형성하고, 이를 활용한 최적 조절로 에너지 사용 효율을 높여 에너지 소모를 줄이는 것이다. 이는 온실가스 배출 감축과 이에 따르는 기후변화 완화와 연결된다. 또한 기후변화 적응 측면에서는 기후변화에 따른 문제가 발생했을 때 사후관리를 하는 것보다 사전에 예방할 수 있는 시스템을 고도화하는 방향으로 개발될 것이며, 이를 통해 폭염, 한파 등 위험기상의 예측 가능성을 높이고 체계적 대응을 통해 피해를 줄일 수 있다.

D.N.A. 기술의 특징적 요소로 들 수 있는 것 중의 또 다른 하나는 크라우드소싱(Crowd Sourcing)을 통한 사용자 참여형 정보 수집이다. 과거에는 풍향이나 풍속, 미세먼지 등을 기상청이나 환경부에서만 측정하는 데이터로 알고 있었으나, 지금은 저가형 IoT 기반 기상환경 센서

가 확산되면서 일반 가정이나 직장에서도 쉽게 측정할 수 있다. 이러한 데이터를 연결하면 전국을 커버하는 촘촘한 기상환경 관측망이 만들어질 것이다. 사람들이 활동하는 바로 그 장소에서 측정되는 체감형 도시 데이터를 확보하여 폭염이나 미세먼지 건강 영향 평가 및 대응에 활용할 수 있는 것이다. 또한 기존에 활용하고 있는 기후예측 모델과 전문가의 판단은 여러 가지 기후변화의 요인이 복합적으로 작용할 때 예측의 한계에 부딪힐 수 있다. 이처럼 불확실한 조건에 따른 기후변화 영향은 대체 데이터 활용과 인공지능을 결합한 하이브리드 예측을 통해 보다 신속하고 정확하게 예측할 수 있다.

다만 기상 기후 및 환경 빅데이터를 실패 없이 제대로 활용하고 의미 있는 인사이트를 확보하기 위해서는 일반 데이터와 달리 기후환경 데이터가 가지고 있는 특성에 대한 이해를 바탕으로 데이터 노이즈를 제거하는 품질관리 및 분석이 진행되어야 한다. 일례로 저가형 IoT 센서를 통해 수집된 체감형 도시 데이터는 다양한 오류가 일어날 가능성이 있어 일반 데이터와는 다른 이상 감지 알고리즘의 적용이 필요하며, 데이터 활용 시에도 기후현상의 복잡성 및 변수의 특성이 함께 검토되어야 한다. 기존의 스마트시티 사업이나 기후환경 데이터분석 사업에서 실패한 사례는 이러한 기후환경 데이터의 특성에 대한 이해가 부족한 상태로 진행됐기 때문이다. 타 분야의 전문가가 기후환경 데이터를 활용하는 것이 어려운 이유이다. 따라서 기후환경 데이터가 가지는 특성을 이해하고 전문가와의 협업을 통해 어떤 방향으로 접근하고 풀어갈 것인지에 대한 전략을 찾아야 한다.

기후 기술에 돈이 몰린다

기후 기술의 부상

기후 기술은 ESG 경영에서 환경 부문의 주요 기술로서 온실가스 배출량을 줄이는 탄소저감과 지구 온난화 영향을 줄이는 기후적응을 목표로 한다. 기후 기술 적용은 크게 '직접적으로 배출량을 감축하거나 제거하는 기술', '기후 변화 영향 적응 기술', '기후에 대한 이해도 향상'의 3가지로 구분된다. 피치북(Pitchbook)에 따르면 전 세계적으로 기후 기술과 관련이 있는 벤처 기업으로 유입된 투자금은 2012년 10억 달러에서 2020년에는 160억 달러로 무려 16배 증가했고, 2021년 상반기에만 142억 달러를 투자받아 점차 투자 규모가 증가하는 것으로 나타났다.

실리콘밸리가 기후 기술에 주목하는 이유는 무엇일까? 근본적인 배경은 캘리포니아 산불, 텍사스 한파 등 최근 몇 년 사이 미국에 발생한 기상이변과 코로나19가 산업은 물론 국민의 삶에도 큰 영향을 미치고 있기 때문이다. 또 다른 측면으로는 기술의 발전으로 태양광, 풍력, 에너지저장장치 등의 기술이 화석연료와 비교해 가격경쟁력이 생겼으며 인공지능, 클라우드, 첨단 제조 등과 같은 4차 산업혁명 기반 기술들도 무르익으면서 기후 기술을 보유한 기업이 보다 혁신적이고 파괴적인 신기술을 선보일 수 있게 됐기 때문이다. 이러한 환경 가운데 기후 기술이 지향하는 방향이 예전보다 명확해지면서 테슬라, 비욘드 미트, 네스트와 같은 기후 기술 1세대 유니콘 기업이 등장한 것도 큰 요인이다. 이런 배경 속에서 기후 기술 분야는 인공지능과 함께 벤처캐피탈(VC, Venture Capital)이 주목해야 할 투자 분야로 부상하고 있다.

기후 기술로 몰리는 VC 투자자금

기후 기술은 교통·물류, 농업·식량·토지이용, 에너지·전력 등 다양한 분야에서 온실가스 배출원을 줄이거나 이산화탄소를 포집하고 감축하거나 기상 기후 및 환경 데이터를 생성 및 분석하는 것은 물론, 기업에서 적절한 회계처리와 공시를 통하여 투명성을 높이는 등 탄소배출량 관리를 위한 다양하고 광범위한 활동들이 수반된다.

최근 실리콘밸리은행(Silicon Valley Bank)에서 발표한 보고서 〈기후 기술의 미래(The Future of Climate Tech)〉에 따르면 미국에서 기후 기술과 관련한 투자의 대부분은 교통과 물류(39%), 농업과 식량(16%), 에너지와 전력(11%)의 세 분야에 집중되고 있으며, 인공지능, 라이다(LiDAR) 등과 같은 기반 기술(Enabling Tech) 분야에도 24%가 투자되고 있다. 또한 인공지능을 활용한 자율주행기술 등 기반 기술도 향후 사람들이 내연기관 자동차보다 전기자동차를 더 많이 선택하는 데 영향을 주고, 결과적으로 온실가스 배출을 줄일 수 있는 잠재력이 있으므로 기후 기술에 속

| 미국 주요 기후 기술 부문 VC 투자 동향 |

(단위: $)

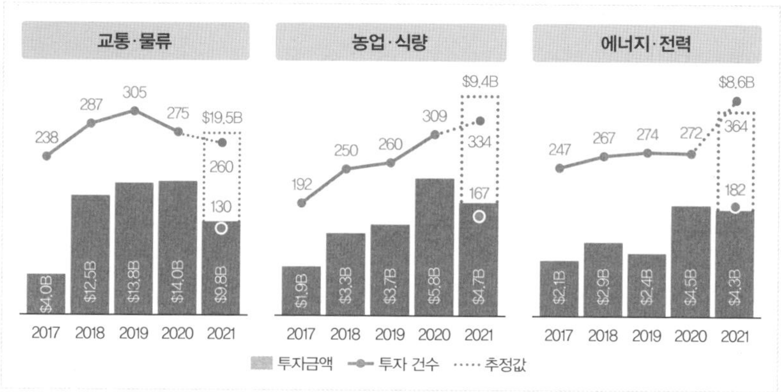

출처: 실리콘밸리은행

하는 것으로 간주하고 투자동향을 분석하고 있다.

먼저 교통·물류 부문에서는 테슬라의 성공으로 인해 전기차 업체들을 위한 대규모 투자가 이뤄졌다. 2020년 투자금액 140억 달러 중 전기차 분야는 65억 달러, 자율주행 분야는 38억 달러, 플릿 운영 및 물류 분야는 19억 달러가 투자됐다. 농업·식량 부문은 2020년 투자금액 58억 달러 중 대체 단백질 분야가 23억 달러로 가장 높은 투자를 받았다. 세계 인구가 증가하고 육류의 탄소배출량과 물 사용량, 그리고 생산비용이 높아짐에 따라 앞으로 대체 단백질 개발 기업은 더 많이 등장할 것이다. 그 외에는 정밀농업 분야에 13억 달러, 실내 농업 분야에 3억 6,900만 달러가 투자됐다. 에너지·전력 부문에서는 에너지 저장 솔루션이 투자의 대부분을 차지했다. 2020년 투자금액 45억 달러 중 에너지 저장 솔루션 분야는 19억 달러, 에너지 효율 기술 분야는 9억 7,000만 달러, 스마트그리드 분야는 4억 9,800만 달러가 투자되었다. 전문가들은 재생에너지 보급률이 증가하면서 발생하는 전력 계통의 안정성 문제를 해결하기 위해 장기 에너지 저장 솔루션과 신규 배터리 재료·화학 부문에 대한 투자가 증가할 것으로 전망하고 있다.

기후 기술 스타트업

기후 기술 분야에 투자금이 몰리면서 기후 기술을 기반으로 한 신생 스타트업들도 부상하고 있다. 기후 기술 스타트업들은 주로 인공지능, 클라우드, 드론, 자율주행, 로봇 등의 신기술과 기후 예측, 탄소 상쇄, 탄소배출량 관리, 정밀 농업, 재생에너지와 스마트그리드 등의 도메인 전문 기술의 융합을 통해 탄소 저감과 기후적응 과제를 해결하고 있다.

기후 기술 분야는 빠르고 과감한 기술 혁신이 요구되므로 의사결정 구조가 무겁고 느린 대기업보다 스타트업이 강점을 가지고 있다. 스타트업·벤처 생태계는 기술적 우위를 바탕으로 빠른 성장과 높은 확장성이 가능한 스타트업들에게 최적화된 환경을 제공하고 있으며, 이러한 생태계가 바로 기후 기술에 필요한 것이다. 여기에 인적자원과 새로운 기술, 그리고 과감한 도전으로 지금의 정체를 뛰어넘는 비즈니스 모델이 얻어지게 된다. 예를 들어 애플, 아마존, 구글, 제넨텍(Genentech), 우버, 테슬라와 같은 회사들은 창업 후 10년도 안 되어 새로운 산업과 시장, 그리고 소비자 행동을 만들어내고 변화시켰다. 업계 전문가들은 앞으로 수년 동안 기후위기가 글로벌 스타트업 세계를 재편할 것으로 전망하며, 이러한 급격한 변화로 인해 데이터 중심의 인공지능 기반 예비 창업가들이 시장점유율을 확보할 엄청난 기회를 잡을 수 있을 것으로 예측한다.

| 최근 부상하고 있는 미국의 기후 기술 스타트업 |

(단위: 100만 달러)

영역	구분	투자금	비즈니스 내용
기후 예측	원 컨선	152	인공지능을 사용해 기후를 예측하고 치명적인 위험에 대한 회복력을 수치화함으로써 고객 기업의 리스크를 완화하는 솔루션 제공
	주피터 인텔리전스	43	클라우드 컴퓨팅을 사용해 다양한 지상 기반 및 위성 센서에서 데이터를 수집하고 여러 예측 모델을 실행 및 연결함으로써 고객 기업이 기후변화 및 기상 재해로 인한 예측할 수 없는 미래 상황에 대비할 수 있도록 하는 데이터 분석 플랫폼 제공
	클리마비전	100	저고도 독점 데이터를 최첨단 인공지능 기술과 결합하고 기존 레이더 네트워크가 남긴 커버리지 격차를 해결함으로써 일기예보의 타이밍과 정확성을 개선해 고객 기업의 리스크를 완화하는 기상 서비스 및 인텔리전스 솔루션 제공
	그로 인텔리전스	112	AI를 활용해서 농업 데이터를 수집하고 융합하여 사용자가 농산물에 영향을 미치는 요소에 대해 명확하고 시기적절한 정보를 얻을 수 있도록 하는 농업 데이터 분석 플랫폼 제공
탄소 상쇄	파차마	24	머신러닝, 위성 이미징, 드론 및 라이더 기술을 결합해 산림 보호 및 복원에 기여하며, 복원된 산림에 의해 포집된 탄소를 확인하고 모니터링하기 위한 AI 및 원격 감지 플랫폼 제공
	내추럴 캐피탈 익스체인지 (NCX)	22	산림 조성에 중점을 둔 AI 기반 탄소 상쇄 시장을 구축하며, 이를 위해 컴퓨터 비전을 항공 이미지 및 기타 센서 데이터에 적용함으로써 산림 나무에 저장된 탄소를 자동으로 추적하고 탄소 상쇄 프로젝트를 지속적으로 모니터링할 수 있는 플랫폼 제공
탄소 배출량 관리	워터쉐드	14	고객 기업이 탄소배출량을 줄일 수 있도록 설계된 기후변화 정보 및 관리 플랫폼 제공
	시나이 테크놀로지스	4	탄소배출량 측정, 모니터링, 가격 책정, 위험 분석 및 거래 서비스 제공
	페르세포니	17	기업의 탄소배출량을 측정, 분석, 계획, 예측 및 보고하도록 설계된 SaaS 플랫폼 제공
정밀 농업	세레스 이미징	35	AI를 사용해 작물 생산을 최적화하도록 설계된 항공 스펙트럼 이미지 및 분석 플랫폼 제공
	팜와이즈 랩스	24	머신러닝과 AI를 활용하여 자율적으로 제초, 심기, 파종 및 토양 경작을 포함한 각종 작업을 수행할 수 있는 농업용 로봇 제공
	베어플래그 로보틱스	13	자동화를 통해 비용을 낮추도록 설계된 농업용 트랙터 자율주행기술 개발
재생 에너지 및 스마트 그리드	그리드웨어	5	기후변화로 인한 산불을 피하기 위해 실시간으로 결함을 감지하고 예측하도록 설계된 그리드 모니터링 시스템
	랩터맵스	8	드론 또는 유인 항공기를 이용해 태양열 현장에서 생성된 열 및 컬러 이미지를 처리함으로써 포트폴리오 전체에서 성능을 높이고 비용을 절감하며 태양광 발전 자산을 표준화하도록 설계된 수명주기 관리 플랫폼 제공

출처: KOTRA, 〈美 실리콘밸리의 다음 혁신은 기후위기에서 시작된다〉, 2021.8.2.

기후 기술에 투자하자

기후변화 재무정보공개 전담협의체(TCFD, Task Force on Climate-related Financial Disclosures)는 G20 국가의 재무장관 및 중앙은행 총재 협의체인 금융안정이사회(FSB, Financial Stability Board)가 2015년에 만든 협의체로, 기후변화가 기업에 미치는 영향을 이해하고 금융 및 투자 의사결정에 기후변화 관련 리스크를 반영하기 위해 설립되었다. 이를 위해 TCFD는 기업·은행·운용사들이 이해관계자에게 일관성 있고 신뢰할 만한 기후 관련 재무위험 공시를 제공할 수 있도록 정보공개 기준 및 권고안을 제정하고 확산하기 위해 노력하고 있다. 그 결과 2021년 7월 기준 국내 50여 개 기관, 세계 86개 국가에서 2,300개 이상의 기관이 TCFD 지지 선언을 했다. 영국 금융감독청(FCA)은 2022년 1월 1일부터 자산운용사 등을 대상으로 TCFD에 연계한 기후 공시를 의무화했고, 미국에서는 기후위기를 포함한 7가지 항목에 대해 지체 없이 공시해야 하는 내용을 담은 'ESG 공시 및 단순화법'이 2021년 6월에 하원을 통과했다.

이것이 기업에 의미하는 것은 저탄소 경제 체제로 전환하는 과정에서 기후변화가 기업에 미치는 위험을 체계적으로 나타낼 수 있고, 이에 대한 시나리오 분석을 통해 위험을 재무적으로 정량화해야 한다는 것이다. 즉, 기후 기술의 투자와 함께 수요가 늘어난다는 것이다. 여기에는 미국의 빅테크 기업이 선도적으로 움직이고 있다. 아마존의 창업자 제프 베이조스는 '기후서약'의 일환으로 기후기술 및 서비스 개발을 지원하기 위해 20억 달러를 투자할 계획이며, 그 시작으로 인공지능을 활용한 탄소포집기술 개발 스타트업 파차마(Pachama), 재생에너지 스타트업 턴타이드(Turntide), 탄소포집기술 개발 기업 카본큐어 테크놀로지

(CarbonCure Technologies)와 같이 저탄소 경제에 힘을 실어줄 수 있는 기후 기술 기업에 자금을 지원하고 있다. 마이크로소프트도 탄소 네거티브의 일환으로 대기 중 이산화탄소를 제거하는 솔루션을 보유한 클라임웍스(Climeworks)에 투자하는 것은 물론, 이들의 기술을 사용해 자사에서 배출되는 탄소를 제거할 예정이다. 그리고 자사의 기후 혁신 기금을 통해 대기오염·온실가스 측정 및 분석 플랫폼을 보유한 아클리마(Aclima)의 시리즈B 펀딩 라운드에 참여했으며, 탄소포집기술을 보유한 카본큐어 테크놀로지에도 투자했다.

이런 배경 가운데 우리나라도 2021년 9월, 100% 민간자금으로 조성된 667억 원 규모의 기후 기술 펀드가 처음으로 결성됐다. 펀드 참여자로는 옐로우독, 무신사, 한화솔루션, GS, 아이에스동서, 에스코홀딩스, 한국카본, 인선이엔티 등 ESG 내재화와 기후변화 대응, 기후 기술 개발에 관심을 둔 국내 주요 기업·개인·기관 등이 출자자로 참여했다. 특히 옐로우독은 2021년 3월 임팩트 리포트를 통해 기후 솔루션을 가장 중요한 투자영역으로 선언한 벤처캐피탈로서 국내 기후 기술 스타트업 육성에 앞장서고 있으며, 이번 펀드의 운용사인 인비저닝도 옐로우독 출신 인력과 자산을 이관받아 출범한 임팩트 벤처캐피탈이다.

2021년 기준으로 기후 기술 스타트업은 전 세계에 3천 개 이상이고, 이 중 유니콘 기업이 78개나 될 정도로 성장성도 크고 유망한 분야이다. 기후 기술에 관심을 갖고 투자한다면 기업은 기후 리스크를 줄일 수 있고, 우리 아이들은 좀 더 나은 환경에서 살 수 있으며, 투자수익을 통해 미래 보장까지 되는 일석삼조의 효과를 얻을 수 있을 것이다. 기후 기술에 더 많은 관심이 필요하다.

정훈 U2Bio BT 연구실장

서울대학교 농생명공학부에서 식물미생물학 전공으로 농학박사 학위를 취득하였고, 미국 Auburn University의 곤충학 및 식물병리학과(Entomology & Plant Pathology)에서 박사과정 후 연구원을 거쳤으며, GS칼텍스 기술연구소에서 책임연구원을 역임하였다. 이후 국내 민간신용평가기관에서 기업의 ESG 평가를 위한 진단실사 및 평가보고서 작성, 바이오 분야의 기술상장특례평가 등을 수행하였고, 현재는 의료진단 및 헬스케어 전문회사인 U2Bio BT에서 연구개발에 참여하고 있다.

이메일 hcheong75@gmail.com

6장

ESG를 위한 친환경 산업으로의 전환

화학제품과 환경오염,
기후변화 대응을 위한 바이오산업

두 얼굴의 화학제품

20세기 화학의 발전은 우리 사회를 더욱 편리하게 만들었고, 질병으로부터 안전한 환경을 가져왔으며, 많은 국가를 배고픔에서 풍요로운 삶으로 이끄는 원동력이었다. 그 덕분에 인류는 수명 100세 시대를 바라볼 수 있게 되었고, 일회용 화학제품이 넘쳐나는 편리하고 부족함이 없는 시대로 도약할 수 있었다. 그러나 역설적으로 화학물질에 의한 생태계 교란과 파괴, 잔인한 전쟁 수단과 무기의 발전, 수백 년 이상 분해되지 않는 플라스틱 등 화학제품에 의한 토양 및 수생 환경파괴, 동물과 식물의 돌연변이 출현, 인간의 호르몬 변화와 아토피, 알러지, 암 등 새로운 질병 발생, 온실가스 증가와 기후온난화의 가속화 등 숨겨져 있던 부정적인 이면이 드러났다. 또한 지구는 극단적인 기후변화와 수많은 생물의 멸종 등 생태계 변화로 점점 더 병들어가고 있다.

이런 문제점들로 피해를 보는 것은 결국 인간일 수밖에 없다. 화학물질의 무분별한 사용으로 생기는 환경오염과 지구를 파괴하는 행동을 멈추어야 하는 것 역시 더는 미룰 수 없는 과제이다. 화학물질을 대체할 수 있는 친환경적인 물질로의 전환이 시급한 시점이 되었다. 기존 화학물질로 만들어진 것보다 비록 효과가 조금 떨어지고 시간이 더 걸리는 불편함을 감수하더라도 자연으로 분해되어 환경에 큰 해를 입히지 않는 친환경적인 물질을 찾고 사용해야 한다.

최근 전 세계 기업들은 ESG 경영에 관심을 두고 적극적인 활동을 하고 있다. ESG 경영을 실천하지 않는 기업에 대해서는 더 이상 투자하지 않겠다는 커다란 움직임이 물결처럼 일고 있기도 하다. 특히 환경 분야에 대한 평가는 기존의 화학 관련 기업들에게, 온실가스를 줄이고 환경을 보호할 수 있는 새로운 사업 방향, 즉 친환경적으로 변화하지 않으면 살아남을 수 없다는 메시지를 주고 있다.

이 장에서는 기존의 정밀화학제품보다는 ESG 경영 측면에서 환경 분야를 잘 보존해나갈 수 있는 친환경적이고 안전한 바이오 관련 산업에 대해 이야기할 것이다. 물론 바이오 유래 제품이 모두 완벽하지는 않지만, 지구의 환경을 지속할 수 있게 유지하고 환경오염에 의한 기후 변화를 더디게 하는 것은 분명하기 때문이다. 듀폰 및 BASF 등 화학을 토대로 하는 많은 기업이 바이오 분야를 새로운 포트폴리오의 한 부분으로 삼아 사업의 영역을 넓히고 있고, 친환경 기업임을 나타내기 위한 노력을 게을리하지 않고 있다. ESG 경영에 있어 친환경 사업으로 환경 분야에서 좋은 평가를 받는 것은 투자자의 직접적인 선택뿐만 아니라 기업의 가치와도 연결되며, 더 많은 고객으로부터 사랑받을 수 있는 방법이기 때문이다.

친환경 바이오산업, 생명공학의 발전

2000년대 들어 생명공학의 기술은 더욱 발전하여 마침내 인간의 전체 유전체가 해독되면서 신의 영역이라고 생각되었던 생명현상의 수수께끼가 풀리는 듯했다. 비밀의 상자는 열렸지만 인류는 인간 세포 내 수만 개 유전자의 조절과 발현, 유전자가 만들어내는 단백질의 상호작용에 의한 복잡한 생명현상을 풀어내야 하는 더 많은 숙제가 생겼다. 그리고 그것을 하나하나 풀기 위해 지금도 전 세계 많은 과학자가 연구에 매진하고 있다. 이후 인간뿐만 아니라 동물, 식물, 미생물에서도 각 개체의 전체 유전체 정보들이 분석되어 공개되고 있고, 유전자의 기능과 역할을 규명하기 위한 노력이 지금도 계속되고 있다.

이러한 생명공학의 발전은 정밀화학산업에서 친환경적인 바이오산업으로 전환할 수 있도록 바이오 물질을 만드는 데에도 많은 영향을 주고 있다. 유전자를 자유롭게 교정하거나 편집할 수 있는 기술은 생명공학의 분야 중 합성생물학의 핵심으로 자리 잡았다. 마치 우리가 어릴 때 레고 블록을 가지고 조립하여 생각하는 대로 무언가를 만드는 것과 같은 일이 생명체를 대상으로 가능하게 된 것이다. 합성생물학 기술을 사용하여 미생물이 가지고 있는 기존의 화학물질 생산 능력을 엄청나게 증가시킬 수도 있고, 특히 바이오 물질의 원료가 되거나 친환경 화학물질을 생산하는 미생물의 먹이가 되는 옥수수, 밀 등 작물의 유전자를 조작하여 수확량이 많고 병충해에 강하거나 제초제에 내성을 가지는 작물을 만들 수 있어 생산성 향상에 도움을 주고 있다.

생명공학기술은 ESG의 환경 분야에서 온실가스 감축이라는 기후변화 대응과 환경오염 방지를 위해서도 꼭 필요한 기술이며, 생명공학기술로 만들어지는 바이오 물질의 생산 전망은 미래에도 긍정적이다. 글로벌 시장조사기관에 따라 조금씩 차이가 있지만 바이오화학 분야 시장의 연평균 예상 성장률은 대부분 약 10~15%로 유망하다. 지속가능한 지구의 미래를 위해서는 바이오 기반 물질의 생산을 확대하고, 안전하게 사용하는 친환경적인 사업이 자리 잡아야 한다. 또 친환경 물질의 생산을 장려하고 소비자들이 더 많이 선택할 수 있도록 국가의 제도적인 뒷받침도 있어야 할 것이다.

친환경 바이오 물질 '바이오플라스틱'

2018년 기준으로 국내 총 산업의 온실가스 총배출량은 727.6백만 톤CO_2eq(이산화탄소 환산량)이며, 이는 1990년도 대비 149.0%, 2017년 대비 2.5% 증가한 수치이다. 높은 석탄발전 비중과 에너지 중심적인 산업구조가 유럽 등 선진국과 비교하여 차이가 나는 원인일 것이다. 2018년 기준, 석유를 바탕으로 하는 국내 화학산업은 플라스틱의 원료 및 유독물질인 에틸렌, 프로필렌, 벤젠, 자일렌, 톨루엔, 부타디엔 등의 생산량이 계속 증가하고 있으며, 온실가스 배출량은 1990년 대비 273.9%, 2017년 대비 13.1% 증가한 4.6백만 톤CO_2eq로 철강산업에 이어 두 번째로 온실가스를 많이 배출하는 산업에 속한다.

기존의 플라스틱은 석유나 화석연료가 머지않은 미래에 소진되어 더이상 만들기 어려울 것으로 예상되며, 오랜 기간 분해되지 않는 심각한 문제점이 있다. 폐기된 플라스틱이 토양에 들어가면 흙이나 다른 성분과 섞이지도 않고, 생물에 필요한 공기나 수분을 차단하여 생태계를 파괴하며, 유독물질이 용출되어 심각한 환경오염을 일으킬 수 있다. 이에 따라 현재 기후위기, 환경오염 등과 맞물려 친환경 플라스틱인 바이오플라스틱(Bioplastic)에 많은 관심이 집중되고 있다. 전 세계 바이오플라스틱의 생산은 2017년 2,054천 톤에서 2020년 2,111천 톤으로 증가하였고, 전체 플라스틱 생산의 약 1%를 차지하고 있다. 2025년경에는 생산량이 2,871천 톤으로 증가할 것으로 예상된다.

바이오플라스틱은 식물체 바이오매스(Biomass) 또는 바이오매스의 당분을 먹이로 이용하여 미생물이 만드는 바이오 산물이기 때문에 탄소중립적이고, 대부분 생분해가 가능하여 다양한 산업용 포장재, 바이오 섬유와 자동차용 내외장재, 건축자재, 농업 원예용 비닐 필름 등으로 제품화되어 석유계 플라스틱의 일부를 대체할 수 있다. 기본이 되는 원료 물질을 일반적으로 생물자원에서 얻으므로 바이오 기반 플라스틱(Bio-based Plastics)이라고도 하는데, 원료의 종류에 따라 크게 3가지로 분류할 수 있다[European bioplastics, 〈What are bioplastics?〉(2016) 참조].

생물성 기반 또는 부분 생물성 기반 비생분해성 바이오플라스틱

예를 들어 옥수수, 밀 등을 원료로 하여 미생물발효로 생산된 바이오에탄올로부터 일반 플라스틱인 폴리에틸렌(PE, Polyethylene), 폴리프로필렌(PP, Polypropylene), 폴리염화비닐(PVC, Polyvinyl Chloride) 등을 만들 수 있는데, 재생가능한 원료인 바이오에탄올로 만든 제품을 Bio-PE, Bio-PP, Bio-PVC 등으로 부른다. 부분 생물성 기반의 플라스틱으로는 잘 알려진 코카콜라의 'Plant Bottle'이 있는데, 이 병의 원료 일부는 석유계와는 다른 생물성 기반이지만, 물성은 같은 플라스틱을 섞어 만든 폴리에틸렌 테레프타레이트(PET, Polyethylene Terephthalate)로 음료수병으로 사용되고 있다. 뿐만 아니라 자동차 제조에도 많이 사용되는 폴리아미드, 폴리에스터, 폴리우레탄과 같은 플라스틱도 현재 생물성 기반이지만 분해가 되지 않는 비생분해성 플라스틱의 대표적인 것들이다.

생물성 기반 생분해성 바이오플라스틱

일반적으로 세균, 곰팡이 조류 등과 같은 미생물이나 미생물 분해효소 등에 의해 완전히 분해될 수 있는 플라스틱인데 사용 후에는 농업 분야의 퇴비로 만들어 비료로 사용할 수 있는 것이 장점이다. 부득이 태워서 폐기할지라도 흔히 알려진 다이옥신 등 환경호르몬이 나오지 않아 환경을 오염시키지 않는 장점이 있다. 대표적으로 PLA(Polylatic Acid), PHB(Poly-β-hydroxybutyrate), PHV(Polyhydroxyvalerate) 등이 있는데 옥수수, 밀 등 바이오매스의 당을 추출해 미생물이 이용하는 발효공정을 통해서 만들어진다. 또한 바이오매스 자체를 원료로 한 고분자인 셀룰로스(Cellulose), 헤미셀룰로스(Hemicellulose), 펙틴(Pectin), 리그닌(Lignin) 등도 좋은 생분해성 플라스틱의 재료로 이용될 수 있다.

화석연료 기반 생분해성 플라스틱

이 플라스틱은 기능적으로 우수한 특성을 갖도록 기존의 석유계 유래 플라스틱에 바이오 기반 생물성 원료를 섞어 만든다. 대표적으로 PBAT(Polybutylene Adipate-co-terephthalate), PCL(Polycaprolactone) 등이 있는데 이 물질들은 정확히는 미생물 등에 의한 생분해가 아니라 산소와 빛, 온도에 의해 산화되는 분해로 진행된다. 이 플라스틱들은 산화가 되는 조건에서 분해할 수 있지만, 환경에 대한 영향 면에서는 다소 부정

| 바이오플라스틱의 특성별 재료좌표계 |

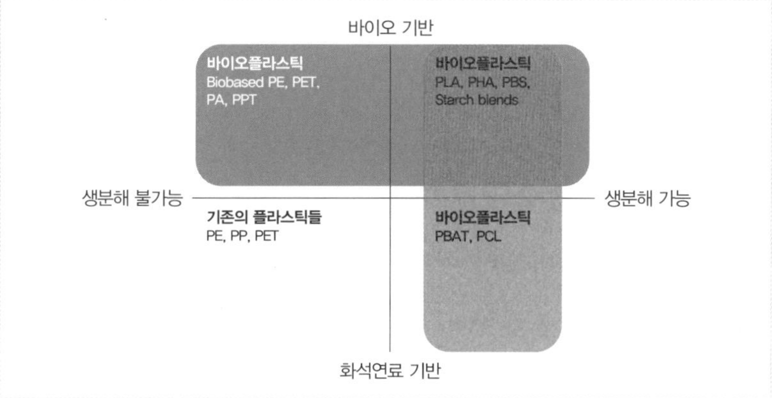

출처: European bioplastics, 〈What are bioplastics?〉, Fact Sheet, 2016.

적이다. 온도가 낮은 바닷물이나 토양 속에 매립되면 쉽게 분해되지 않고, 썩는다고 하더라도 완전히 분해되지는 않기 때문이다.

바이오플라스틱 사용의 장단점

바이오플라스틱은 미래의 기후변화를 더디게 하고 환경오염에 대응할 수 있는 새로운 재료임에 틀림없다. 그러나 단기간에 기존의 플라스틱을 완전히 대체할 수 없고, 아직 완벽하게 상용화된 기술은 아니며, 일부 글로벌 대기업들이 기술을 독점하고 있는 것도 활성화를 저해하는 요인으로 작용한다. 그렇지만 미래 세대를 위한 친환경 기술로 생각해본다면 석유계 기반 플라스틱을 대체함으로써 한정된 화석연료를 절감할 수 있고, 석유계 플라스틱 생산에서 발생하는 온실가스도 줄일 수 있는 장점이 있다.

물론 바이오플라스틱을 대규모로 생산하여 사용하는 것만으로 문제가 완벽하게 해결되지는 않는다. 첫째로, 생분해성 바이오플라스틱을 매립할 때 분해되면서 발생하는 대량의 메탄가스가 지구온난화를 더 빠르게 할 수 있다는 일부 의견도 중요하게 생각해보아야 한다.

둘째로, 바이오 기반의 원료를 사용하기 때문에 원료 생산에 대해서도 깊이 생각해야 한다. 옥수수 같은 작물을 재배하기 위해 더 많은 농업경작지가 필요하고, 일부 국가가 바이오플라스틱의 원료가 되는 작물 생산을 독점함으로써 국가 간 경제적 마찰도 발생할 수 있으며, 식량 부족 시에 식량으로 사용해야 할 원료들이 플라스틱을 위해 사용된다는 비윤리적인 비난을 피할 수 없다. 원료 작물을 잘 키우기 위해 작물보호제나 비료 등 화학물질을 과다 사용하는 것도 문제가 될 것이고, 생산성을 높이기 위한 유전자 조작 등으로 발생하는 환경 문제도 깊이 생각해보아야 한다. 이러한 복합적인 문제들이 하나하나씩 전 세계적으로 합리적인 방안으로 합의되거나 해결되는 가운데 바이오플라스틱의 생산을 늘려나가야 할 것이다.

위에서 언급한 어려운 문제들이 있지만, 지속가능한 지구를 위해서는 결론적으로는 바이오플라스틱의 사용이 늘어야 한다. 현재 미국과 EU는 일회용 플라스틱 사용 금지 정책을 시행하고 있고, 중국 또한 발포 플라스틱 음식 용기 등을 사용 금지하고 폐플라스틱 수입 금지 정책을 시행하고 있다. 우리나라는 〈2030 국가 온실가스감축목표(NDC) 상향안〉에 따라 생활 및 사업장에 쓰이는 플라스틱 중 15~20%를 바이오플라스틱으로 대체하는 것을 목표로 하고 있다.

전 세계적으로 플라스틱을 사용 후 폐기하지 않고 다시 재활용하는 순환경제 정책을 시행 중인데, 생분해가 가능한 바이오플라스틱을 사용한다면 더욱 원활히 수행될 것이다. 물론 앞서 언급한 장단점을 합리적으로 따져보고, 더 좋은 방안이 있는지 지속적으로 고민하며 발전시켜나가야 할 것이다.

기후와 환경을 위한
글로벌 바이오화학기업의 움직임

친환경 중심의 사업 전환 흐름

최근에 바이오 기반의 화학물질이나 제품을 만드는 기업 대부분은 오래전부터 정밀화학 분야에서 명성을 가지고 큰 성공을 거두었으며, 아직도 그에 토대를 두고 운영되고 있는 기업들이다. 이러한 기업들이 바이오산업으로 사업을 전환하고 확대하게 된 것은 온실가스 감축과 기후변화에 대한 대응 고민, 환경오염을 줄이고자 하는 노력과 소비자에게 인정받을 수 있는 안전한 사업이 무엇인지 관심을 가지면서부터 시작된 것이다. ESG 경영이라는 새로운 물결과 맞물려 이제는 고객에게 외면받지 않으려면 친환경 중심의 사업을 수행할 수밖에 없는데, 많은 화학제품을 바이오 제품으로 대체하는 것은 대부분의 주요 기업이 시도하고 있는 중요한 사업 분야이다. 최근 ESG 경영을 위한 친환경 사업을 훌륭히 수행하고 있는 대표적인 기업 듀폰(Dupont)과 BASF를 소개해본다.

듀폰, 적극적인 신성장 동력 확보와 사업구조 재편

글로벌 화학기업 듀폰은 프랑스혁명 때 미국으로 이민한 엘 테일이 1802년 최초 설립한 화약 공장으로 시작한 기업이다. 고품질의 화약 무기로 미국 내에서 신뢰를 얻어 20세기 초반에는 다이너마이트와 무연 화약 등을 제조하였고 1, 2차 세계대전을 거치면서 더 크게 성장했다. 전쟁 무기의 원료가 되는 물질뿐만 아니라 1920년대 이후 화학 분야에 더욱 매진하여 합성고무, 나일론 등의 폴리머를 발명했고 1930년대부터는 복합적인 화학산업에 뛰어들어 합성섬유, 합성수지, 농약, 도료 등도 개발하였다. 듀폰이 만들어낸 화학물질 중 가장 대중적으로 알려진 물질은 프레온가스이다.

1990년대부터 기존 사업 영역의 지속가능성 문제가 크게 대두되기 시작했고, 지구의 환경변화에 어떻게 대처할 것인가 하는 주제가 미래 사업의 핵심 문제로 자리 잡았다. 유럽을 중심으로 한 선진국들에서는 지속가능한 환경과 생태계 보호를 위해 정부의 규제와 대중의 감시가 구체적으로 제시되기 시작했고, 1980년대 일어난 화학 공장들의 환경안전사고는 정밀화학산업에 대한 사람들의 인식을 부정적으로 변화시켰다. 그리하여 지구온난화의 주범으로 오존층 파괴에 대표적인 물질인 프레온가스의 점차적인 사용 제한, 플라스틱으로부터 나오는 환경호르몬 문제, 분해되지 않는 미세플라스틱으로 인한 해양·수생태계 교란 및 동물 기형 문제, 발포 폴리스티렌(EPS, Expanded Polystyrene) 포장재에 의한 오염 문제, 썩지 않는 화학물질에 의한 토양생태계 파괴 등 다양한 환경 문제에 대한 목소리들이 나타나기 시작했다. 인류에게 편리함과 성장의 대표성을 가진 화학산업이 지구의 생태계 파괴와 인류의 건강 및 안전을 위협하는 산업으로 인식되기 시작한 것이다. 그리고 이러한 상황들로 인해 화학기업들은 자신들의 주요 제품이 앞으로 시장에서 사라질 수도 있다는 것을 인식하게 되었다.

20세기 화학산업을 주도하던 듀폰도 환경적인 측면에서 기업의 시장가치를 경영의 중요한 요인으로 여겨, 신성장 동력 확보와 사업구조 재편을 적극적으로 시도했다. 회사 전체의 중심축을 '친환경 산업'으로 이동하여 주요 사업 영역을 친환경적인 바이오 영역으로 확대, 추진할 것을 결정하고 바이오 신사업 중 사업 전망과 경쟁우위를 가져올 수 있는 분야를 찾아 제약, 작물 보호 분야 등에서 사업화를 위한 방안을 제시한 것이다. 대표적인 예로 소로나(SORONA®)라는 바이오 섬유 생산을 들 수 있다. 이는 미생물 배양을 이용하여 섬유의 재료가 되는 물질을 생산하는 방식으로, 옥수수 등의 바이오매+스에서 당분을 추출하여 미생물(주로 세균)의 먹이로 삼고, 미생물로부터 바이오 섬유의 원료가 되는 물질을 생산하여 섬유를 제작하는 것이다. 바이오 섬유인 소로나로 만든 옷이나 각종 섬유 제품은 커피 등을 쏟아도 거의 얼룩이 생기지 않아, 방수 등이 필수인 의류의 주요 원료로 사용되었다.

바이오로 만든 물질의 활용 분야는 섬유·에너지뿐 아니라 식품·화장품·의약품·농약·비료 등으로 다양하게 확대되고 있다. 듀폰에 따르면 탄소 저감 측면에서도 유리하여 소로나는 기존 석유화학 제품보다 제조 과정에서 에너지를 약 30% 적게 쓰며, 온실가스도 63% 정도 감축하는 효과가 있다고 한다. 아직은 석유화학 제품보다 생산단가가 2배에서 많게는 5배 정도로 가격경쟁력이 좋지는 않지만, 과학기술 발전에 따라 바이오 물질의 생산 효율성이 급속히 상승하고 있으므로 미래에는 석유화학 제품보다 훨씬 더 많이 생산될 것이라고 예상하고 있다.

최근 듀폰은 사회와 지구가 함께 번영할 수 있도록 하는 것이 가장 가치 있고 지속적인 사업 성과이며 회사가 존재하는 동안 이를 반복적으로 증명해왔다고 홈페이지를 통해 알렸다. 환경 분야에서 지속가능성 목표(2030 Sustainability Goals)를 통해 친환경 녹색화학 원칙을 적용하여 제품 및 생산과정에 100% 적용하는 사업 모델을 추구하고 있다. 또 회사 사용 전력의 60%를 재생 가능 에너지로 이용하는 등 온실가스 배출량을 30% 감축하고 2050년까지 탄소중립을 달성할 수 있도록 회사를 운영하겠다고 밝혔다. 듀폰은 200여 년이 넘은 역사 속에서 여전히 기본적으로 안전과 환경, 윤리경영, 인간 존중의 창업 이념을 지키기 위해 환경과 관련된 ESG 경영을 성실히 수행할 것으로 보인다.

BASF, 다양한 투자와 연구개발 및 생산

독일의 대표적인 종합화학기업인 BASF는 1865년 프리드리히 엥겔호른이 세운 회사로, 처음에 가스 생산과정에서 생긴 타르를 다시 분리하여 나오는 아닐린과 염료를 생산하는 회사로 출발하였다. 이후 소다, 암모니아 등으로 생산하는 화학물질을 확대했고 1913년 세계 최초로 암모니아 합성 공장을 운영해 질소 비료를 생산하기 시작했다. 2차 세계대전 당시 독가스인 치클론 B를 생산하여 나치 포로수용소의 많은 생명을 희생시켰고, 1935년에는 나치의 선전에 이용된 테이프 레코더인 마그네토폰을 개발하기도 하였다. 종전 이후 프랑스에 의해 점령되어 해체 수순을 밟기도 했으나, 1951년 개발한 발포 폴리스티렌 제품 '스티로폴(Styropor)'이 세계적으로 큰 성공을 거두면서 명성을 쌓았다.

현재 BASF는 'We Create Chemistry For A Sustainable Future'라는 슬로건을 가지고 종합화학기업의 선두를 달리고 있으며, 전 세계 약 80여 개국에 자회사 또는 합작회사를 두고 정밀화학제품, 기능성 화학제품, 농화학 작물보호 제품, 다양한 플라스틱 제품, 자동차와 산업용 코팅 염료와 착색제 등을 약 200여 개국에 판매하고 있다.

이렇게 세계 최대의 화학회사인 BASF도 1990년대 중후반부터 지속가능한 사회와 온실가스 감축을 목표로 친환경 사업에 눈을 돌려 많은 투자와 연구개발 및 생산을 하고 있다. 특히 바이오산업을 성장동력으로 채택하여 앞으로 나아가는 중이다. BASF는 2014년 기준 바이오 분야 중 농업과 식품 분야에서 99억 달러의 매출을 올렸는데 이 금액은 BASF의 전체 매출(약 906억 달러) 중 11%에 해당하는 금액이고, 경영성과 측면에서도 바이오산업이 안정적이고 양호한 수익성을 가져다주는 것으로 확인되었다.

현재 BASF는 지속가능한 ESG 경영을 위해 바이오 분야 사업을 포함하는 전반적인 환경 분야에서 2050년 탄소중립 목표 달성을 위해 2019년 10억 유로(약 1조 3,500억 원)를 환경 관련 운영 비용으로 투자했고, 순환경제(Circular Economy)를 위해 폐플라스틱을 재활용하는 등 자원순환을 추진하고 있다. 또 전 세계 80여 개의 기업 및 단체들과 '플라스틱 폐기물 근절을 위한 동맹(Alliance To End Plastic Waste)'에 참여하여 삼림 및 해양과 같은 생태계를 플라스틱으로부터 보호하는 데 약 12억 유로의 예산을 배정하여 지원하고 있다. 또한 BASF의 원료 공급업체들을 탄소관리 프로그램(Supplier CO_2 Management Program)에 참여시켜 지속가능성 성과를 평가하여 개선하고, 물 부족 지역에 있는 생산 공장에 지속가능한 물관리 제도를 도입하여 세계적인 물 부족 현상에 대응하는 노력도 계속하고 있다. BASF는 이러한 ESG 경영 노력을 공개적으로 〈BASF Online Report 2020〉에 자세히 수록했는데, 이 보고서는 거대 글로벌 화학기업이 ESG 경영 차원에서 살아남기 위해 얼마나 절실하게 노력하고 있는지 보여준다.

국내 기업들의 친환경을 위한 노력

우리나라의 대표적인 화학기업들도 환경오염 방지와 탄소중립, 온실가스 감축 문제에서 자유로울 수 없다. LG화학은 국내 화학기업 중 최초로 2050 탄소중립 성장을 선언하고 지속가능한 성장을 이루기 위해 2050년까지 탄소배출량을 2019년 수준인 1,000만 톤으로 유지한다는 목표를 설정했다.

LG화학은 현재 플라스틱 생산 등 석유화학 사업의 비중이 높은데도 불구하고 온실가스 감축을 위한 노력을 시도하고 있으며 플라스틱 생산, 사용 후 수거, 재활용을 포함하는 플라스틱 에코 플랫폼(Plastic Eco-Platform) 구축을 발표하였다. 또한 친환경 PCR(Post-Consumer Recycled) 플라스틱과 생분해성 플라스틱 소재 등 자원 선순환을 위한 제품 개발에 지속적으로 나서고 있다. 특히 생분해성 플라스틱 개발은 전 세계적으로 환경오염으로 문제가 되는 미세플라스틱 문제 해결에 적극적으로 나서겠다는 의지로 보인다. 포도당과 폐글리세롤을 활용한 바이오 기반 생분해성 플라스틱 소재는 기존의 폴리프로필렌 등과 같은 합성수지와 동등한 기계적 물성을 구현할 수 있는 소재로 알려져 있다. 또한 자연에서 산소, 열, 빛과 효소 반응에 의해 생분해되는 고분자인 PBA와 PLA를 빠른 기간에 상업적으로 생산하여, 기업 차원에서 플라스틱으로 인한 환경오염을 해결하려는 노력을 기울이고 있다.

금호석유화학도 친환경 사업을 위한 움직임이 예사롭지 않다. 친환경 ESG 경영의 속도를 높이기 위해 말레이시아에 에폭시 수지의 친환경 바이오 원료가 되는 바이오 에피클로로히드린(ECH, Epichlorohydrin) 공장을 합작설립하여 앞으로 페인트, 코팅제, 건축 소재로 많이 이용되는 에폭시 수지를 친환경 바이오 물질로 가져가겠다는 계획이다. 이와 더불어 바이오매스인 쌀겨에서 추출한 바이오실리카를 이용하여 친환경 고기능성 고무 복합체를 만드는 연구도 강화하고 있다. 실리카는 합성고무의 내마모성을 강화하는 장점이 있는데, 바이오실리카로 원료 물질을 대체할 경우 기존 대비 약 70%의 이산화탄소 배출량을 줄일 수 있을 것으로 전망한다. 또한 폐플라스틱을 다시 재활용하는 친환경 원료 제조사업을 추진하는데 일회용 플라스틱 용기, 뚜껑, 스티로폼 등으로 주위에 흔한 폴리스티렌을 수거해 열분해 등 화학적 재활용 방식으로 자원을 선순환하고 탄소 저감을 실현해가기 위해 노력을 기울이고 있다.

GS칼텍스 역시 자원 절약과 재활용을 바탕으로 하는 순환경제 시스템을 통한 친환경 사업으로 지속가능한 미래를 준비하고 있다. 생산시설의 가동원료를 액화천연가스(LNG)를 사용하여 이산화탄소 배출량을 줄이고, 에너지 절감 및 오염물질 감소를 위해 질소산화물 제거 장치, 전기 집진기 등을 설치하는 등 에너지를 절약할 수 있는 기술에 지속적으로 투자하고 있다. 또한, 일부 제품에 친환경 인증 등을 획득하였으며 친환경 관련 사업목적으로만 제한되는 특수 채권인 녹색채권

(Green Bond)을 발행하여 친환경 투자를 유치하도록 하고, 친환경물질인 2, 3-부탄다이올을 미생물 발효공정으로 생산하여 화장품의 원료로 공급하는 등 친환경 사업에 앞서나가고 있다.

롯데케미칼은 'Project LOOP'라는 이름으로 폐플라스틱 소재의 수거부터 재생산까지 플라스틱 자원 선순환 체계 구축을 위해 노력하고 있다. 특히 재사용이 가능한 플라스틱 리사이클 원료로서 미국 식품의약처(FDA) 인증을 마친 PCR 폴리프로필렌 소재를 국내 최초로 개발했으며, 화장품 용기 등 이것으로 만든 제품을 50% 이상으로 확대하는 정책을 추진 중이다.

SK종합화학은 애경산업과 업무협약을 맺어 생활용품·화장품 패키징 단일 소재화, 백색·투명 패키징 개발, 플라스틱 용기 회수 및 재활용 캠페인 등의 분야에서 협력하기로 하고 친환경 플라스틱 순환 체계를 구축하기 위해 노력하고 있다. 또한 국내 최고 수준의 나일론과 폴리에스테르계 제품을 생산하는 코오롱인더스트리와 협력하여 생분해 플라스틱인 PBAT 제품을 만들기로 하는 등 플라스틱 선순환 사업과 친환경 소재 개발에 적극적으로 투자하고 있다.

국내 기업들의 이와 같은 친환경적인 행보는 기업의 흥망성쇠와도 연관된 중요한 이슈임에 틀림없다. 많은 글로벌 기업들과 마찬가지로 지속가능한 지구를 위한 노력 없이는 더 이상 소비자에게 선택받기가 힘들다는 사실을 깨달은 것이다. 탄소중립 시대에 있어 화학기업들의 이처럼 환골탈태에 가까운 ESG 경영과 친환경에 대한 노력은 후대에 중요한 흔적으로 남을 것이다.

화학 농약에서
바이오 작물보호제로

식물과 토양에도 있는 마이크로바이옴

전 세계가 마이크로바이옴(Microbiome) 열풍에 휩싸이고 있다. 마이크로바이옴이란 특정 환경에 존재하는 미생물 군집을 의미하는 마이크로바이오타(Microbiota)와 단일 생명체의 모든 유전 정보를 의미하는 유전체(Genome)의 합성어이다. 미생물(Microbe)과 전체 생태계(Biome)의 합성어로도 볼 수 있는데, 특정 환경에 서식하는 미생물들과 미생물들의 유전 정보 전체의 총합을 의미한다.

사실 현재 대다수가 이야기하고 있는 마이크로바이옴은 한정된 의미의, 인간에 제한된 인체 마이크로바이옴이다. 사람 몸의 안과 밖에도 미생물이 서식하는 장소에 따라 수많은 종류와 개체수가 있고 병원균, 유익균, 공생균 등으로 다양하게 존재한다. 마찬가지로 우리는 모든 자연환경에 미생물이 존재한다는 것을 알고 있다. 주변 환경에 어떤 미생물들이 살고 우위를 차지하느냐에 따라 다양한 생물학적 생태계 변화가 나타난다. 지구의 농업 생태계는 화학농약 및 비료의 과다 사용으로 인한 파괴와 오염을 겪고 있고, 이는 기후변화 요인으로도 작용한다. 그러므로 인류의 먹거리인 작물 주변, 즉 식물과 그 주변 환경의 미생물상을 주목하여 관찰해야 한다.

농업 생태계에서 식물과 그 주변의 환경인 토양, 공기, 물, 기후 등을 포함하여 식물과 연관된 모든 생물 군집(미생물, 동물, 기생식물)의 총합을 식물 마이크로바이옴 또는 파이토바이옴(Phytobiome)이라고 정의한다. 식물 마이크로바이옴은 작물의 품종 및 토양별 미생물 군집에 초점을 맞춰 연구를 수행하고 있고, 연구 결과 토양에 사는 미생물 군집이 식물의 생육, 발달, 개화, 면역, 스트레스 방어 등 다양한 형질 변화에 영향을 끼치는 것으로 확인되었다. 마치 마이크로바이옴이 인체 면역 반응과 대사·생리조절에 깊숙이 관여하고 있는 것과 같은 원리로, 식물에서도 미생물 군집의 변화가 생장 및 병원체 침입 시 작동하는 방어 메커니즘에 상당한 영향을 준다고 알려져 있다.

식물 마이크로바이옴을 이용하여 미국의 인디고 애그리컬처(Indigo Agriculture) 사는 식물의 수분 이용을 증가시킨 면화 종자 개발에 성공했다. 가뭄이 심하고 기후변화로 인한 열악한 농업 환경에서도 재배할 수 있는 식물의 스트레스 내성을 개선한 신품종을 개발한 것이다. 이 외에도 식물 마이크로바이옴은 식물이 흡수할 수 없는 양분을 분해하여 흡수할 수 있도록 돕고, 미생물이 직접 분비하는 2차 대사산물을 통해 식물의 초기 생육을 촉진하며, 식물 병원체가 침입하여 생기는 병을 이길 수 있도록 식물 면역체계를 활발히 가동하는 것으로 알려져 있다.

바이오 작물보호제와 비료

식물 마이크로바이옴에 관한 많은 연구는 식물과 그 주변 환경의 유익한 미생물들이 병해충을 억제하고 식물이 건강하게 잘 자라는 환경을 제공한다는 과학적 근거들을 제시하고 있다. 기존의 화학농약과 비료에 의한 환경오염, 토양생태계 파괴 등 많은 문제점을 미생물을 이용하여 지속가능하고 건전한 생태계로 회복할 수 있다는 것이다.

환경보호 및 안전한 농업 생태계를 위해 화학농약을 대체하려는 노력은 수십 년 전부터 생물학적 방제(Biological Control) 또는 생물농약이라는 이름으로 연구되어왔다. 해충의 방제에 천적을 도입하거나 유익한 미생물이 식물을 가해하는 병원미생물을 억제하여 병 발생을 줄이도록 한 것이다. 21세기 들어 기후변화와 지속가능한 사회를 위한 ESG 경영이라는 측면에서 거대 농화학회사들도 화학농약의 사용을 줄이고 생물농약의 사용을 넓히기 위한 개발에 점차 투자를 늘리고 있다. 한편 국내에서는 농약이라는 단어가 주는 부정적인 의미가 너무 강하다고 하여 지금은 '작물보호제'로 이름을 바꾸어 사용하고 있다. 생물농약 역시 친환경적임에도 '농약'이라는 단어가 주는 부정적인 어감 때문에 '바이오 작물보호제'라고 변경하여 사용한다.

2010년대부터 글로벌 화학회사들은 식물 마이크로바이옴을 기반으로 한 바이오 작물보호제 개발회사들을 합병하거나 기술협력을 강화하기 시작했다. 글로벌 화학회사가 바이오 작물보호제로 시장 진출을 가속하게 된 이유 중 가장 큰 것은 화학농약이 인체에 미치는 독성 문제 및 발암물질 판정으로 인한 사용 금지 등이다. 제초제로 가장 잘 알려진 글리포세이트(Glyphosate)와 2, 4-D에 대해서 국제암연구기관

(International Agency for Research on Cancer)은 발암성 의심물질로 분류하였고, 다른 제초제인 파라콰트(Paraquat)는 높은 인축독성 문제로 대다수 국가에서 사용이 금지되었다. 이뿐만 아니라 많은 화학살충제와 살균제의 사용은 해충과 병원체의 내성 및 저항성 문제를 가져왔고, 더 많은 양을 사용하게 되는 결과를 초래하였다. 이는 농업생태계를 파괴할 뿐 아니라, 화학물질이 축적되어 먹이사슬의 최상위에 있는 인간에게 해로움으로 돌아오게 된다. 따라서 글로벌 화학기업 역시 ESG 경영과 친환경적 사업으로의 전환을 꾀하고 있는 것이다.

아스피린 제조회사로 잘 알려진 바이엘(Bayer) 사는 친환경적인 바이오 작물보호제의 개발과 생산을 위해서 세레나데(SERENADE)라는 제품으로 유명한 바이오 작물보호제 회사인 아그라퀘스트(AgraQuest)를 2012년에 인수했다. 같은 해에 BASF도 베커언더우드(Becker Underwood)라는 회사를 인수하였으며, 다우-듀폰(Dow-Dupont)도 2015년에 택손 바이오사이언스(Taxon Biosciences)를 인수하며 바이오 작물보호제 분야로 시장 진출을 본격화하였다. 그 외에 알려진 대부분의 농업 관련 화학회사들도 다른 회사들을 합병하거나 기술적으로 협력하여 이 분야로의 진출을 가속화하고 있다.

그러나 아직은 바이오 작물보호제의 효과와 효능이 기존의 화학 작물보호제만큼 좋지는 않은 상황이다. 대부분 특정 미생물을 이용하기 때문에 사용되는 곳의 환경, 제품의 보관상태, 온도, 빛 등의 외부 환경에 매우 민감하게 반응하여 사용 효과가 일정하지 않기 때문이다. 그래서 화학 작물보호제의 사용 횟수를 줄이면서 바이오 작물보호제의 사용량을 늘려 화학 작물보호제와 바이오 작물보호제를 같이 사용하는 방식으로 농업 현장에 적용하고 있다. 다만 앞으로는 식물 마이크로바이옴의 지속적인 연구와 생명공학의 발전에 따라 각 미생물 군집의 특성과 어떤 환경에서 최대 효능을 발휘할 수 있을지 등도 밝혀질 것이므로 바이오 작물보호제의 효능은 더욱 개선될 것이다.

현재 화학성분이 대부분인 비료 분야도 마찬가지이다. 화학비료로 인해 많은 토양이 산성화 또는 알칼리화되어 점점 토양은 황폐해지고, 생물의 다양성도 사라지고 있다. 식물 마이크로바이옴을 이용하여 미생물을 원료로 만든 바이오 비료는 작물의 생장 촉진 및 토양 속의 유익한 영양분 흡수, 토양 내 적절한 수분 유지 및 최적의 작물 재배환경 제공 등을 기대할 수 있어, 미래에는 화학비료를 대체할 훌륭한 방법이 될 것이다.

온실가스 감축을 위한
새로운 바이오산업의 활성화

에너지 자립형 스마트팜과 기후변화 대응 스마트농업

온실, 과수원, 축산시설 등에 첨단 디지털 기술인 빅데이터, 인공지능 무인자동화 기술을 적용하여 자동으로 제어할 수 있는 시설 농장을 스마트팜이라고 한다. 경험적인 방법에 의존하는 기존의 작물 재배나 가축 사육이 아니라, 온실 및 축산시설의 온도, 습도, 일조량, 공기질 등의 환경정보와 작물과 가축의 생체 데이터를 분석해 재배 작물과 가축의 생육 환경을 종합적으로 관리할 수 있는 시스템이다. 스마트팜 시스템은 최소 인력과 효율적인 에너지, 자원의 투입으로 생산성을 높이고 고품질 생산이 가능하며 온실가스 배출량도 줄일 수 있다.

세계 스마트팜 관련 시장은 2012년 약 1,200억 달러에서 2016년 약 1,970억 달러로 연평균 13.3%씩 성장해왔다. 또 2022년까지 4,090억 달러까지 성장이 예상되어 미래가 상당히 밝은 산업이다. 우리나라에서도 2012년 2조 4,300억 원 수준에서 2016년 약 4조 1700억 원 수준으로 연평균 14.5% 정도 관련 시장이 성장했다.

그러나 현재 우리나라에서 사용하고 있는 대부분의 스마트팜은 상황에 따라 조금씩 다르긴 하지만 전체 생산비 중 유류 난방비가 차지하는 비율이 약 26%에서 약 65%까지도 차지하므로, 비용 측면에서 난방비 절감을 위한 노력과 연구들이 진행되어야 한다. 등유 보일러를 사용하는 1ha(약 3,000평)의 스마트팜에서 연간 사용되는 기름은 약 26만 리터 정도이고 이는 약 700톤의 온실가스를 배출하므로, 지구온난화 및 기후변화 대응 측면에 있어 심각한 문제가 될 수 있다. 최첨단된 기술로 만들어지는 스마트팜으로 효율적이고 안정적인 생산을 얻으면서, 에너지를 절감하고 온실가스 배출을 줄일 수 있는 시스템으로 개선해야 한다.

스마트팜 분야에서도 에너지 감축을 위한 다양한 연구들이 진행되고 있다. 아직 많은 부분이 초기 또는 실증 단계이지만, 경제성을 담보하면서도 온실가스를 현실적으로 줄이는 기술을 개발하고 있다. 그중 대표적인 것이 신재생에너지를 이용한 냉난방 기술 적용으로 태양광 발전 에너지를 사용하는 것이다. 스마트팜의 구조물 위나 옆에 태양광 패널을 설치하여 에너지를 공급할 수 있는 에너지 자립형 시설을 만드는 것인데, 과채류 등을 재배할 때 시설환경 제어와 운전방법, 환기율 개선을 통해 에너지 자립률을 연평균 약 58%까지 높일 수 있다는 연구 결과도 있다. 그밖에 발전소의 온배수 및 폐열을 이용하여 스마트팜을 가동하는 연구와 지열, 태양광 복합열원을 이용하는 스마트팜 모델 등도 지속적으로 연구되고 있다.

신재생에너지뿐만 아니라 친환경 에너지원인 수소연료전지를 사용하는 스마트팜 모델도 연구 개발 중이다. 천연가스를 사용하는 연료전지 시스템은 발전 과정에서 전기와 열뿐만 아니라 이산화탄소가 발생함으로 이것을 포집하여 시설원예 작물에 비료로 공급하고, 발생한 열은 스마트팜 난방에 적용하며, 남는 생산에너지는 전력회사에 판매하는 방식인데, 두 마리 토끼를 동시에 잡을 수 있는 좋은 아이디어인 것 같다. 특히 연료전지를 이용한 스마트팜 모델은 규모가 큰 시설원예단지를 스마트팜으로 조성하고 그 주변에 연료전지 소형발전소를 건립하는 방식이다. 100kW급 발전을 하기 위해서 태양광 발전시설을 설치하려면 약 1,320㎡(약 400평)가 필요하지만, 연료전지는 약 50㎡ 정도만 필요하므로 작은 설치 면적으로 건설할 수 있어 훨씬 효율적이다. 또 만약 발전소와 가까운 곳에 지을 수 있다면 대규모 송전 시설과 선로가 필요하지 않아, 연료전지 스마트팜 모델은 더욱 좋은 모델이 될 수 있을 것이라 한다.

위의 이처럼 에너지 사용을 줄이기 위한 스마트팜뿐만 아니라 농산물을 재배하는 과정에서 발생하는 다양한 온실가스를 줄이기 위한 노력이 미래 농업의 정책 방향으로 제시되고 있다. 시설원예가 아닌 일반 농업경작지에도 데이터 기술을 적용하여 작물에 따른 토양 및 생육조건, 기상정보, 재배관리 등 최적화된 정보를 분석하여 높은 생산성을 얻을 수 있다. 작물보호제 및 비료 등을 드론으로 살포하고 무인카메라와 센서를 설치하여 야생동물 등에 의한 피해를 미리 방지하며, 잡초제거 및 농작물 수확 등을 로봇 등 자동화장비를 이용하는 첨단화된 방식을 사용한다면 환경오염을 방지하는 것은 물론 효율적인 에너지 사용으로 온실가스 감축을 가져올 수 있을 것이다. 또 기상 빅데이터 정보를 활용한 농업으로 홍수 및 가뭄을 예측하여 수확물의 생산성을 높이고, 벼농사와 같이 메탄가스가 많이 발생하는 담수 재배에도 적절한 물관리와 함께 질소비료의 사용을 줄인다면 농업 부문의 온실가스 감축은 더욱 탄력을 받을 것이다.

동물 줄기세포를 활용한 배양육과 식물성 대체육

고대 선사시대부터 이어온 사냥은 인류에게 에너지원인 단백질을 공급하는 중요한 수단이었다. 인류가 정착생활을 시작하고 나서부터 좀 더 편리하게 단백질원을 얻기 위해 가축을 사육하기 시작했지만, 현재는 사육에 투입되는 경제적 비용, 온실가스 및 환경오염을 일으키는 분뇨처리 문제, 도축과정에서 발생하는 동물복지 문제 등 복합적인 요소들이 사회적인 이슈로 등장하기 시작했다. 생명공학기술의 발전과 더불어 가축을 직접 죽이지 않고 고기를 생산하거나 동물성 단백질을 대신하는 식물성 단백질을 통해 에너지원을 얻을 수 있는 기술들이 미래의 중요한 산업 기술로 등장하고 있다. 미래에는 전 세계 인구의 고기 소비량이 현재 도축으로 소비되는 고기의 양보다 많을 것으로 전망하는 가운데, 축산업의 부정적인 부분을 감소시키고 환경오염 및 온실가스로 인한 기후변화를 늦출 수 있는 좋은 대체 기술인 것이다.

가축을 도살하지 않고 동물의 근육 줄기세포 또는 배아 줄기세포를 인공적으로 배양하여 이를 육류 제품과 비슷하게 만든 것이 배양육이다. 동물의 특정 부위에서 세포를 분리하여 줄기세포를 추출한 뒤 세포 배양의 영양분이 되는 혈청을 먹이로 공급하면 몇 주가 지나 국수 가닥 형태의 단백질 조직이 형성된다. 형성된 조직을 3D 프린팅 기술을 이용해 다양한 형태의 고기 모양으로 만들 수 있는데, 배양육 생산은 기존 축산과 비교하여 이용되는 에너지를 약 55% 정도 낮출 수 있다. 또한 배양육 생산 시 사용하는 배지 및 배양 조건을 달리하면 사람의 건강에 도움이 되는 육류를 선별하여 생산할 수 있고, 살아 있는 가축 자원을 아끼고 보호할 수 있다. 그러나 현재까지는 배양육 관련 연구가 일부 선진국 중심으로 진행되고 있으며, 제조비용도 상당히 높아 대량 생산 및 실용화가 되기에는 많은 장벽이 있다. 또한 동물의 혈청을 먹이로 사용하기 때문에 생물학적 안정성 문제도 해결해야 하며, 인공육이 인체에 미칠 수 있는 부정적인 영향에 대해서도 체계적인 연구와 검토가 필요하다.

이와는 달리 식물성 단백질 성분을 바탕으로 한 대체육은 식감을 고기와 유사하게 만든 것이다. 대부분 콩 단백질이나 밀가루 글루텐 등을 사용하여 만들기 때문에 식물육이라고도 한다. 우리나라에서는 '콩고기'라고도 부르기도 했는데, 초창기에는 맛 등 여러 가지 면에서 실제 육류와는 차이가 있었으나 기술의 발전으로 현재는 거의 실제 육류와 비슷한 맛과 향을 가지고 있다. 밀과 콩, 버섯 등으로부터 추출한 식물성 단백질과 물을 혼합한 후 압출기 내에서 가열하여 높은 압력으로 압출하면 압력, 열, 기계적 전단력 등의 복합적인 작용으로 가소성과 신축성을 가지게 되고, 최종 뭉쳐진 단백질 분자들을 실제 육류와 비슷한 조직으로 만들 수 있다.

식물성 대체육은 최근 육류 소비로 인한 온실가스 문제, 환경, 건강, 윤리 문제를 해결할 수 있는 대안으로 빠르게 성장하고 있다. 현재 세계 대체육 시장은 2019년 기준 약 47억 달러 규모이지만 2023년에는

60억 달러 규모로 지속적으로 성장할 것으로 예상되며, 채식주의와 맞물려 새로운 소비 트렌드로 나타나고 있다.

대체육을 생산하는 주요 기업으로는 비욘드 미트(Beyond Meat), 인그리디언(Ingredion), 타이슨 푸드(Tyson Foods, Inc.), 켈로그(Kellogg's) 등이 있다. 비욘드 미트는 2019년 5월 미국 나스닥에 상장된 대체육 가공 산업의 선두주자로 65개국 이상에 식물성 대체육을 유통하고 있다. 맥도날드 등 대형 패스트푸드 체인과도 제휴를 맺어 제품을 공급한다. 인그리디언은 미국에 위치한 기업으로 곡물, 과일, 야채 등 식물 기반의 원료로 비건 친화적인 제품을 생산하고 있으며, 콩 단백질을 이용하여 중국 시장에 진출하고자 한다. 미국 최대의 육류회사인 타이슨 푸드는 동물성 제품뿐만 아니라 다양한 식물성 제품도 생산하는데, 특히 두 제품을 혼합한 고기패티 제품을 생산한다. 시리얼로 유명한 켈로그는 모닝스타 팜스(Morningstar Farms)라는 브랜드를 런칭하여 비건 푸드와 채식주의자들을 위한 식품을 판매하고 있다.

최근 국내에서도 환경 문제와 식량 문제 등이 소비자들의 관심을 받는 주요 이슈로 커지면서 식물성 대체육에 대한 수요가 늘어나는 추세이다. 2017년 이후 국내의 롯데푸드, 동원F&B, CJ제일제당, 지놈앤컴퍼니 등의 업체가 대체육 시장에 진출하고 있는데, 롯데푸드는 통밀에서 추출한 단백질로 닭고기를 대체하는 제품을 개발하였고, 동원F&B는 미국 비욘드 미트 사와 독점 공급계약을 맺어 제품을 출시하고 있다. CJ제일제당은 농축 대두단백업체인 셀렉타를 인수하여 사료용 대체육을 생산하는 데 착수했고, 우리나라 대표 푸드테크 스타트업 기업인 지놈앤컴퍼니는 견과류를 활용한 대체육을 생산하기 시작했다.

채식 위주의 흐름, 건강과 동물 복지를 생각하는 윤리적 소비를 중시하는 문화가 확산하고 있기에 식물성 대체육의 전망은 밝다. 현재 세계의 육류시장에서 인공육과 식물성 대체육의 비중은 1~2% 정도이지만 2030년에는 약 28% 정도를 차지할 것이며, 2040년에는 전체 육류시장의 과반 이상(약 60%)을 차지할 것으로 전문가들은 전망한다. 특히 배양육의 경우 현재는 생산비용이 매우 높아 대체육이 더 많이 생산되지만, 미래에는 배양육의 기술 발전에 따른 가격경쟁력 확보와 실제 고기를 선호하는 시장의 흐름 그리고 소시지 등 가공육 분야까지 규모가 확대되어 판세가 달라지면 충분한 경쟁력을 가질 것으로 생각된다.

배양육과 식물성 대체육은 무엇보다 지구의 환경을 지킬 수 있는 아주 좋은 대안이다. 축산 산업으로 인한 온실가스 및 분뇨 등으로 생기는 환경 문제를 해결할 수 있고, 동물복지 문제에도 훌륭한 대안으로 자리 잡을 수 있다. 지속가능한 지구의 환경을 생각하고 인류의 건강한 발전을 위해서도 축산 산업을 줄이면서 영양원을 섭취할 수 있는 미래의 식품 산업에 더 많은 관심과 투자가 필요할 것이다.

강지수 (주)넵스 컨설팅 디렉터

고려대학교에서 국제개발협력을 전공하고, 수년간 UN과 코이카(KOICA), 대한상공회의소에서 국제개발협력 전문가로 활동했다. 특히 그라민뱅크, 유네스코, 카타르, 에티오피아, 라오스 등 해외에서 교육정책, 직업훈련 ODA 사업, 산업 및 창업증진 프로젝트를 진행했다. 현재는 한국에서 SDG를 넘어 ESG 중심으로 지속가능경영, 조직문화, 사회 혁신, 스타트업 창업, 스타트업 투자, 글로벌 투자에 전문성을 쌓고 있다.

이메일 jsjs23929@gmail.com

박민희 SKPSNM 교육사업 컨설턴트

고려대학교에서 산업심리교육 석사, 성인계속교육학 박사를 수료했다. 삼성, GE, SKT와 같은 기업에서 리더십, 조직문화, 변화관리 등의 영역에서 HRD 업무를 수행해왔으며, 현재는 SKPSNM의 교육사업 컨설턴트로 일하고 있다. 지속가능한 인적자원 관리와 다양성에 관심을 가지고 꾸준히 강연과 집필 활동을 하고 있다.

이메일 minipinkkr@icloud.com

7장

ESG의 완성은 사회(S)로부터

기업의 사회적 공헌과 기여의 영역

기업이 고려해야 할 사회적 요소

환경, 사회, 지배구조라는 ESG의 세 요소가 똑같이 중요하게 인식되지는 않는다. 예를 들어 지구온난화, 신재생에너지 같은 환경에 대한 인식은 생존과 얽혀 있는 부분이기에 더 관심이 집중되며, 상대적으로 사회적 요소와 지배구조 부분은 덜 주목받는 것이 사실이다. 왜 그럴까?

먼저 사회적 요소의 정의부터 보자. ESG 의제 내의 '사회'는 인권, 기업 윤리, 공급망 관리, 다양성 및 포용, 기업 운영으로 사회적 영향을 미치는 요소들로 구성되어 있으며 조직정책, 문화적 관행이 기업 외부와 내부에 걸쳐 있는 요소들이다. 이러한 요소들은 기업의 경영과 지속가능성에 영향을 주지만 정의나 측정이 어렵기 때문에 중점적으로 다루어지지 않고, 평가가 쉽지 않아 접근하기 어려웠다. 그러나 앞으로 우리가 살아가는 사회에서는 신뢰, 확신, 포용 및 효과적인 이해관계자 참여의 중요성이 더욱 커지는 만큼, 보다 관심을 가지고 접근해야 하는 요소임에 틀림없다. 또한 정량적 평가가 어렵다 할지라도 ESG의 사회적 요소 개념이 하루아침에 생긴 것은 아니다. 우리는 다양한 경영전략과 기업의 역할에 대한 정의를 살펴보면서 사회적 요소의 개념을 이해할 수 있다. 예를 들어 기업의 사회적 요소에 대한 역할에 대해서는 기업의 사회적 책임(CSR, Corporate Social Responsibility)과 공유가치 창출(CSV, Creating Shard Value) 개념, 임팩트 투자가 있다.

CSR은 기업 활동에 영향을 받거나 영향을 주는 직간접적 이해관계자에 대한 다양한 책임으로 기업에서는 CSR 활동을 통해 사회와 다양한 이해관계자에게 좋은 영향을 주려고 노력해왔다. 또한 CSV는 기업 활동 자체가 사회적 가치를 창출하면서 동시에 경제적 수익을 추구할 수 있는 방향으로 이루어지도록 투자와 가치 공유에 대한 개념을 포함한 것으로 이해할 수 있다.

또 다른 개념으로는 임팩트 투자가 있다. 소셜 임팩트 투자 회사 레저넌스(Resonance)의 최고 투자 책임자인 사이먼 치스홀름은 '소셜(Social)'에 초점을 맞추는 조직의 전략은 문제와 그에 대한 수요에서 시작된다고 말했다. 그리고 조직의 전략과 당면한 문제에 대한 솔루션과 이 모든 일련의 과정이 결국엔 투자로 이어진다는 것을 말한다. 왜일까? 사회의 발전과 웰빙은 세계 경제성장의 핵심 동인이기 때문이다. 이러한 3가지 개념을 바탕으로 ESG에 접근할 수 있으며, 궁극적인 목표에 대한 접근 방식이나 적용되는 범위가 다양하다는 것을 알 수 있다.

그렇다면 ESG에서 강조하는 사회적 요소는 무엇일까? 이 부분은 인권경영, 윤리경영을 통해 접근할 수 있다. 먼저 투자자 입장에서 사회적인 부분이 중요해진 것은 '사회적 요소'가 기업의 성과와 이미지 및 평판에 미치는 영향이 증가하고 있기 때문이다. 점점 더 세계화되는 사회에서 기업은 다양한 측면에서 직원, 커뮤니티 및 소비자를 관리하고 운영해야 한다. 지속가능한 성장은 환경뿐만 아니라 사회, 지배구조를 포함한 다양한 요소로 이루어지기 때문이다.

경제학자 밀턴 프리드먼의 말처럼 '기업의 가장 큰 사회적 책임은 이윤을 증가시키는 것'이라고 믿었던 때가 있었다. 또 회사에서 가장 중요한것은 제품의 질로서, 경영자의 법률에 대한 인식, 환경오염에 대한 인식, 노동자에 대한 대우가 이윤 창출을 위해 쓰여졌다면 이해를 받았다. 그러나 사회적 환경이 변화하면서 기업을 바라보는 시각과 소비자들의 관점도 달라졌다. 이제 사람들은 기업에게 이윤 창출만을 기대하지 않는다. 경제성장과 세계화와 더불어 본격적으로 대두된 기업의 사회적 책임론은 국제사회에서 확고한 가치로 정착한 것으로 보이며, 기업의 사회적 책임 중 인권 분야에 대한 관심도 현저히 증가하고 있다.

그리고 이는 기업의 외부적 이슈 이외에, 내부에서도 변화가 필요하다는 것을 의미한다. 기업과 관련된 이해관계자들을 중요시하는 '이해관계자 이론'은 중요한 기준점이 된다. 기업의 사회적 책임이라는 개념은 기업과 관련된 이해관계자들의 이익을 증가시키는 활동을 증진시키는 것에 무게를 싣는다. 그리고 기업에 이해관계를 가진 집단은 주주뿐만이 아니라 채권자, 기업의 종업원, 소비자, 그리고 사회와 환경이 모두 이해관계자에 포함된다는 것이다. 따라서 기업의 사회 및 환경에 대한 고려와 비중을 높이는 것은 모든 이해관계자들의 이익을 반영한 바람직한 활동이라고 여긴다.

이러한 개념이 중요해진 이유는 과거와는 다르게 생산과 이윤 창출 사이에 일어나는 모든 일련의 과정을 기업의 생산물로 인식하기 때문이다. 사회적 요소에 대한 전략적, 장기적 초점은 우리가 살고 있는 환경을 구성하는 요소이기에, 지속가능성은 우리가 지속적으로 살기 좋은 사회를 형성하느냐 아니냐에 달려 있다. 이는 비단 우리가 살아가는 데 좋은 시설이나 환경을 구성하는 하드웨어적 측면뿐만 아니라 빈곤, 불평등, 정신 건강 등 사회적 문제를 해결하는 데 집단적으로 도움이 되는 방법, 즉 소프트웨어적 측면도 살펴야 한다는 것을 의미한다.

이러한 변화의 발자취를 국제사회의 노력에서 살펴보자. 1999년 코피 아난 전 UN 사무총장이 기업에서의 인권 증진이 필요하다는 문제를 제기한 이후 반기문 전 UN 사무총장도 이를 적극적으로 추진했다. 2006년 4월 27일에는 전 세계 주요 기관투자자들이 UN에 모였다. 이들은 향후 투자 대상 기업을 선정하는 데 기업의 재무상황뿐만 아니라 환경, 사회, 지배구조, 즉 ESG 측면을 고려한다는 사회책임투자원칙(PRI 원칙)에 서명했다. 2010년 11월 1일에는 기업을 포함한 조직의 사회적 책임에 관한 국제규격인 ISO 26000이 발표되었다. 또한 2011년 6월에는 UN 인권이사회에서도 기업의 인권침해를 예방하고 관리하기 위한 국제기준으로서 '기업과 인권에 관한 기본적인 프레임워크'를 발표하였다.

이 원칙들에는 공통적으로 기업의 인권에 대한 고려, 즉 인권경영이 주요 내용으로 포함되어 있다. 기업에 대해 직접적인 구속력을 갖는 것은 아니지만, 이들 원칙이 국제적 기준으로 역할을 하는 상황에서 인권경영을 하지 않는 기업이 좋은 기업으로 평가될 수 없는 것은 분명하다. 결국 인권경영은 기업에게 더 이상 선택의 문제가 아니라 기업의 존립과 발전을 위해 필수적인 요소인 것이다.

다음 절에서는 주요 ESG 평가기관에서 제시한 '사회(S)' 기준을 검토하면서 이를 7가지 주제로 정리하고, 기업이 고려해야 할 문제를 설명하고자 한다. 이 프레임워크는 기업의 인식에 긍정적인 영향을 미칠 수 있는 요소에 대한 관행 및 공개를 고려하는 기반을 제공한다. 이러한 요소는 회사에 다양한 방식으로 영향을 미치며, 회사에 중요한 것이 무엇인지에 대한 이사회 및 경영진의 근본적인 이해와 상호작용할 수 있다.

ESG의 S,
사회적 측면의 의미

사회적 요소를 측정하는 기준 7가지

경영자나 소비자들이 ESG의 개념을 이해하기는 쉽지 않다. 우리 사회에서 과연 어떠한 것들이 ESG와 연계되어 있으며, 특히 복잡하고 측정이 어려워 보이는 ESG의 사회적 측면은 무엇인지 다음 7가지 영역을 통해 다루고자 한다.

인권

'사회적 요소'가 기업의 성과와 이미지 및 평판에 미치는 영향이 커지고 있다. OECD는 2011년 종전의 다국적기업 가이드라인을 개정하면서 인권에 관한 독립된 장을 추가하였다. 국제노동기구(ILO, International Labour Organization)는 '좋은 일자리(Decent Work)'라는 개념하에 노동인권 증진 활동에 박차를 가하고 있다. 국제표준기구(ISO, International Organization for Standardization)는 2010년 사회적 책임에 관한 국제적 표준을 완성하면서, 인권 분야를 핵심과제의 하나로 포함시키며 상세한 지침을 만들었다. 지속가능성 보고서의 틀을 제공해온 GRI는 2011년 종전의 제3세대 버전(G3)을 3.1세대(G3.1)로 업그레이드했는데, 그 내용은 인권 항목을 개선하는 것이었다. 2010년에는 스코틀랜드에서 기업과 인권을 주제로 세계 국가인권기구대회가 열렸다.

국제사회가 한목소리로 기업인권 문제에 관심을 가지는 데에는 그럴 만한 이유가 있다. 무엇보다 중요한 것은 지구촌 인구의 인권 상황에 대한 기업의 영향력이 전례 없이 커졌다는 점이다. 특히 다국적기업은 웬만한 국가 못지않은 경제력과 인적자원을 가지고, 막강한 정치적 영향력을 행사한다. 이는 국가의 현실적인 힘의 한계를 반영하는 것이기도 하지만, 근본적으로는 통제주의적 접근법으로는 효과적으로 기업인권을 증진할 수 없다는 판단에 따른 것이다. 국제사회는 기업을 인권증진 활동의 주체로 격상시키고 있다.

이러한 구도에서 국가의 역할은 일방적으로 규범을 만들고 이행을 강제하는 것이 아니라, 인권경영을 위한 유인을 제공하거나 제도적 기반을 만드는 것이다. 예컨대 일정 규모 이상의 기업에 인권보고서의 작성을 의무화하는 것, 연금자금의 투자에 인권경영을 고려하게 하는 것, 공공조달이나 형사처벌에서 인권경영의 실적을 반영하는 것 등이다. 그 외에 홍보, 인권침해의 사법적 구제 등도 있다. 이러한 조치들은 인권증진 활동에 대한 평가, 검증 및 인증시장을 활성화시킬 것이다. 한마디로 시장 메커니즘을 이용한 인권경영 확대 정책이며 이런 방법은 이미 다른 여러 선진국에서 이용하고 있는 방법이기도 하다.

인권경영이란 기업의 경영과정에서 인권존중의 책임을 다하고 인권침해를 사전에 예방하려는 일종의 경영기법이라 할 수 있다. 인권침해를 유발하는 기업은 아무리 많은 이윤을 창출해도 더 이상 존립하기 어렵다는 점에서 인권 문제도 일종의 리스크라고 할 수 있으며, 인권경영은 리스크 관리를 위한 새로운 경영기법인 것이다.

물론 인권경영을 도덕적, 윤리적 차원의 문제로 인식하는 경향도 적지 않다. 그러나 최근 국제적인 동향을 보면 그러한 시각은 오히려 제한적인 것임을 알 수 있다. 1996년 미국의 잡지 《라이프》 6월호에는 파키스탄 아동이 나이키 마크가 새겨진 축구공에 바느질을 하고 있는 사진과 아동노동 문제를 지적하는 기사가 실렸다. 이 기사 하나로 전 세계적으로 나이키 사를 비난하는 소비자의 목소리가 커졌으며, 나이키의 매출과 주가는 급격히 하락하기 시작했다.

기업의 인권 문제가 단순히 윤리적 차원을 넘어서 기업 및 주주의 이익과 직접적인 관련을 갖기 시작한 것이다. 비슷한 시기에 인권 문제나 환경 문제 등을 일으킨 많은 기업들이 심각한 경제적 타격을 입는 예가 증가하였고, 이를 지켜본 투자자나 규제당국은 지금까지와는 다른 시각에서 기업을 바라보기 시작했다. 즉, 기업가치를 판단하는 데 이윤 창출뿐만이 아니라 인권존중 등 사회적 책임을 다하고 있는지가 중요한 요소라는 점을 인식하게 된 것이다.

우리나라에서는 어떨까? 한때는 국내 2위 우유업체였던 남양유업은 국내 사모펀드 한앤컴퍼니에 매각되었다. 2013년 5월 4일, 남양유업의 영업사원이 대리점주에게 욕설 섞인 폭언을 한 녹취록이 공개되면서 파문이 시작되었다. 그동안 대리점으로 무리하게 물건을 밀어낸 사례, 자사의 요구르트가 코로나 치료에 효과가 있다는 과대광고 등을 통해 브랜드에 대한 신뢰는 떨어졌고, 많은 소비자들이 남양유업에 등을 돌렸다. 이러한 경향은 주식을 통해서도 알 수 있는데, 30만 원대를 횡보하던 남양유업 주가는 2021년 7월 오너가 회사를 매각하고 경영에서 손을 떼겠다고 발표한 이후 80만 원대로 치솟았지만, 이후 또다시 매각 결정을 번복하고 거래를 철회했다는 소식이 전해지자 40만 원대로 폭락했다.

인권경영의 중요성은 인권적 측면에서도 더욱 강화되고 있다. 특히 인권에 앞장서고 있는 EU는 인권법을 시행할 예정이며 이 중 독일은 기업 스스로 원자재 도입부터 제품 출하에 이르는 전 과정에 걸쳐 인권침해 여부를 실사하는 것을 의무화하고, 문제 발생 시 거액의 제재금을 부과하는 '공급망 실사 의무화법'을 2023년부터 시행한다. 우리나라도 예외는 아니다. 인권정책기본법이 연내에 시행될 예정으로, 기업들은 사업장 내에 인권침해 예방과 피해자 보상 시스템을 구축해야 한다. 외국인, 여성, 아동 등 다양한 취약계층의 인권과 관련 리스크를 관리하는 데 우선적으로 신경을 써야 하게 된 것이다.

이 법이 시행되면 기업들은 국내뿐 아니라 해외의 사업 현장에서 생기는 인권침해 행위에도 책임을 져야 할 것이라는 게 법조계의 시각이다. 원재료 조달에서부터 운송, 가공, 판매에 이르는 공급망 전체가 법의 영향 아래 놓이게 되기 때문이다. 그렇다면 세계화에서 고려해야 하는 사회적 요소는 무엇이 있을까? 2019년 SK이노베이션이 지분 투자한 페루 업체가 아마존 광구에서 가스를 추출해 해안으로 운송하는 과정에서 접촉이 금지된 원시 부족과 접촉하여 현지 비정부기구(NGO)의 인권침해 주장이 제기된 바 있다. 스웨덴 공적연기금 AP7은 이에 관한

| 인권경영 관련 주요국 법안 |

	한국	프랑스	네덜란드	독일	EU
적용 대상	인권 전반	인권 전반	아동 노동	인권 전반	인권·환경 ·지배구조
법적 제재	인권정책법 입법 후 관련법 개정	최대 3000만 유로 과징금	최대 82만 유로 또는 매출의 10% 과징금	최대 800만 유로 또는 매출의 2% 과징금	벌금, 공적 조달 제외
시행시기	2022년	2017년	2022년	2023년	2024년

출처: 김진성·최진석, "하청·해외공장 '인권침해'까지 처벌…'남녀·인종차별 걸면 다 걸려'", 〈한국경제〉, 2022.1.17.

보고서를 근거로 모회사인 SK㈜를 투자 대상에서 제외했다.

근로기준법, 외국인근로자의 고용 등에 관한 법률(외고법), 남녀고용평등법 등 현존하는 인권 관련 법의 처벌 수준이 인권정책기본법을 근거로 한층 강화될 수 있다는 전망도 나온다. 일부 지방 영농법인이 이주근로자들에게 하루 수확량을 할당하고 이를 지키지 못하면 일당을 삭감하는 방식으로 근로계약을 맺은 것은 대표적인 인권침해 사례로 볼 수 있다.

인권경영에 대한 인식의 재편에는 갑자기 밀어닥친 코로나19의 여파도 있다. 산업구조가 급격하게 변화하고 교육이나 문화, 생활습관, 여가생활까지 사람들의 모든 생활 양식이 바뀌었다. '언택트' 시대로 빠르게 전환되면서 디지털 환경에 익숙한 2030세대가 주요 소비자로 떠올랐다. 이들은 이제는 가격이나 질, 선호도 등을 떠나 자신이 추구하는 가치를 지지하는 방향으로 물건을 구입하고 있다. 이를 가치 소비, 또 다른 말로는 '바이 소셜(Buy Social)' 이라고도 한다. 이제는 기업이 환경이나 인권, 복지 등 사회적 책임을 다하는 '착한 기업'인지, 소비자인 자신이 중요하게 생각하는 가치를 추구하기 위해 노력하는지의 여부가 소비에 중요한 영향을 미치기 시작한 것이다.

또한 최근 발간된 연구보고서들은 이사회 구성에서 성별 다양성을 반영한 기업, 성희롱이 발생하지 않는 기업, 성별 임금격차가 적은 기업, 그리고 일·생활 균형을 지원하는 기업들의 ESG 평가가 우수하다고 발표하고 있다. 이것이 의미하는 바는 무엇일까? 성희롱이나 임금차별을 포함한 각종 성차별이 이슈가 된 기업의 사례들은 성평등 경영과 기업가치의 연관성을 짐작케 한다.

우버(Uber)나 구글은 성희롱, 성차별 사건으로 막대한 경제적 비용을 지불하거나 임원이 해임되기도 했으며, 미투운동을 촉발시킨 제작자 와인스타인의 성범죄로 인해 와인스타인 컴퍼니는 회사의 문을 닫아야 했다. 젠더 이슈가 기업의 재무적 리스크를 좌우한 것이다. 따라서 투자자를 비롯한 이해관계자들은 기업의 성평등 정보를 제대로 알고 투자하기를 바라며, 이를 ESG 평가등급으로 파악하려는 것이다.

한편 기업들이 ESG에 주목하는 이유는 한마디로 투자 때문이다. 막대한 자본을 가진 투자자들, 기금 운용사들이 기업의 재무구조만을 중시하는 것이 아니라 ESG와 같은 비재무적 측면과 위험들을 면밀히 따져보고 투자 여부를 결정하기 시작했기 때문이다.

직원 및 교육

직원에 관한 사항은 '사회' 관련 기준에 걸쳐 다양한 형태로 나타난다. 직원들이 노조 대표, 근로자 이사, 직장 평의회 등을 통해 목소리를 내거나 의사를 표현할 수 있는지의 여부가 여러 가지 기준으로 평가된다. 노사관계(MSCI), 직원참여(SASB) 및 단체교섭 협정(Sustainalytics) 등이 존재하는지 등에 대한 평가 및 보고는 프레임워크 전반에 걸쳐 공통 주제가 된다. 과거에는 브랜드에 대한 선호나 제품에 대한 만족도로 소비자들이 회사를 긍정적으로 평가하는지의 여부가 중요했다. 그러나 지금은 회사의 직원, 공급업체, 고객과의 관계 역시 중요하다.

예를 들어, 직원들이 회사에 얼마나 만족하며 이직률 및 퇴사율은 얼마나 되는지, 공급업체와 고객은 회사와 협력하는 것에 대해 어떻게 생각하고 있으며 계속해서 회사의 비즈니스를 지원하는지에 대한 여부 등이 해당되며, 이는 기업의 지속가능성과 관련이 있다. 내부적으로 기업이 직원을 대하는 방식은 직원 유지와 생산성에 영향을 미치며, 수익성 관점에서도 직원의 만족도가 높을수록 생산성이 높아지고, 이직률이 낮을수록 계속 신규 채용을 거듭하는 것보다 비용이 적게 든다. 고객 및 공급업체를 포함하여 더 큰 사회집단과 회사와의 관계는 직접적인 재정적 이익도 가져올 수 있으므로 HR 및 직원 문제를 통합하기 위해 그 역할이 확장될 수 있다.

기존에 우리가 인력을 다루는 방식으로는 앞으로 기업 내의 행복한 일자리, 지속가능한 일자리의 제공은 기대하기가 어렵다. 이러한 측면에서 회사가 내부 인사제도, 직원을 고용하는 제도 등을 관리하기 위해서는 경영 측면, 즉 이사회 수준에서 보다 의미 있게 고려될 수 있도록 이해관계자들의 사회적 요소를 지표화하는 것이 필요하다. 해당 개념이 정성적·정량적 관점에서 표현될 수 있는지도 중요해진 것이다.

2019년 말 로베코샘(RobecoSAM) 사의 ESG 평가 사업을 인수한 글로벌 신용평가기관인 S&P 글로벌은 “위기의 시기에 안전관리 및 커뮤니티 참여의 간접적인 결과가 신용품질에 어떤 영향을 미칠 수 있는지" 모니터링했다. 이는 ESG 등급이 이제 비즈니스에 재정적 '결과'를 초래할 가능성이 있음을 강조하는 것이다. 2019년 ESG 평가기관인 비지오 아이리스(Vigeo Eiris)의 지분을 인수한 또 다른 신용평가기관 무디스(Moody's)는 최근 "발행자 신용품질평가에서 ESG 고려사항이 점점 더 중요해질 것으로 예상한다"라고 말했다.

인력 요소인 '인적자본 개발(Human Capital Development)'(MSCI 및 S&P/로베코샘)은 직원 이직률, 인재 유치 및 유지, 학습 및 교육, 생산성 수준 및 존재와 같은 고용주 – 직원 관계의 다양한 다른 측면을 고려한다. S&P와 로베코샘은 각 요소를 개념화하는 유용한 방법인 '직원 참여 추세'에 대해 기업에 점수를 매긴다. 일부 회사는 이를 통해 교육 및 기술 향상 이니셔티브에서 상당한 진전을 이룰 수 있으며 동시에 회사가 당면한 사회적 문제가 무엇인지 파악할 수 있다. 투자자들이 역량과 생산성에 대한 확신을 추구함에 따라 평생학습 및 직원 개발에 대한 프레임워크를 갖추고 있는 기업에게는 기회가 될 수 있다.

인재가 어디로 몰리는지, 어느 기업에서 일하고 싶은지는 그 시대를 반영하며, 기업이 반영해야 하는 인재개발 전략에 중요한 요소이다. 취업정보 사이트 '사람인'에서 2,265명에게 '입사하고 싶은 대기업 10'을 조사한 결과(2022)에 따르면 전체 응답자들이 해당 기업을 선택한 가장 큰 이유로는 '높은 연봉'(25.7%)이 1위를 차지했다.

그다음으로 '사내 복지·복리후생'(19.6%)과 '회사 비전 및 성장 가능성'(17.8%), '정년 보장 등 안정성'(14.3%), '대외적 평판 등 기업 이미지'(5.4%) 등을 이유로 들었다. 기업별로 선택 이유도 달랐다. 삼성전자,

현대자동차, SK하이닉스를 선택한 응답자들은 '높은 연봉'을, 카카오, 네이버, CJ제일제당, LG전자, 우아한형제들을 선택한 응답자들은 '사내 복지 및 복리후생'을 선택했다. 직장을 선택하는 요소 중 '사내 복지, 복리후생'과 '회사 비전 및 성장 가능성'이 약 37% 정도로 큰 부분을 차지한다. 이 데이터가 의미하는 것은 더 이상 직장이 돈을 벌기 위한 장소라는 개념을 넘어섰다는 것이다. 개인이 인정받고 스스로가 하는 일에 있어서 주도성을 갖는 것이 구직자가 직업에서 찾고 구현해내려는 것이며, 이제는 직장의 모습도 달라져야 하는 변곡점이 다가왔음을 알 수 있다.

지역사회와 사회

기업이 지역사회에 가지고 있는 영향력은 얼마만큼일까? 왜 서울로 젊은 사람들이 몰리는가? 직장의 공급이 많기 때문이다. 수원이라고 하면 삼성, 구미라고 하면 LG를 떠올릴 정도로 지역사회에 유치된 기업은 그 지역을 상징할 정도로 의미가 크다. 회사의 지역사회에 대한 참여 정도는 다양한 사회적 기준으로도 파악된다. MSCI의 '이해관계자 반대' 지표는 기업을 '사회 및 커뮤니티 사건(Sustainalytics)'과 함께 주변 환경과 글로벌 커뮤니티 내에서 평가한다. 비지오 아이리스 사는 '커뮤니티 참여'를 결정 요인으로 사용하여 보다 적극적인 도입 방안을 모색한다. 또 다른 예시로 SASB는 '인권 및 지역사회 관계' 지표를 사용하여 회사의 인권에 대한 중요성을 부각시킨다.

방글라데시는 빈곤에서 벗어나지 못했다. 경제학자 무함마드 유누스가 은행에 찾아가 "왜 가난한 사람들에게 돈을 빌려주지 않는가?"라고 묻자 은행 관계자는 담보가 없기 때문에 빌려줄 수 없다고 답했다. 이에 유누스는 1976년 직접 그라민 은행을 설립하여 150달러 미만의 돈을 담보와 신원보증 없이 하위 25%의 사람들이 대출할 수 있도록 했다. 우리나라의 '계'처럼 낮은 이자로 돈을 빌려준 뒤 조금씩 오랜 기간에 걸쳐 갚아나가도록 하는 소액 장기 저리 신용대출 은행으로 시작한 것이다. 특히 여성이 가정의 가장이며 교육의 제공자라고 인식하여 여성들에게 재봉틀을 살 수 있는 소액을 주고, 자금을 관리하고 가계부를 작성하도록 알려주어 세탁소 봉제공장으로 일할 수 있게 하는 프로그램을 운영했다. 현재 이 은행은 방글라데시 전국에 1,175개의 지점을 두고 1,600억 다카(약 3조 3,600억 원)를 대출하는 대형은행이 되었다. 그리고 이제는 임팩트 투자를 통해 다양한 다국적기업과 CSR의 공장과 친환경을 위한 회사로 성장하고 있다. 미국·영국 등 여러 선진국에서도 이 은행의 성공 사례가 빈곤 퇴치의 대안으로 주목받고 있다.

그라민 은행은 돈을 갚지 않는다고 법적 책임을 묻지 않는다. 하지만 놀랍게도 상환율은 설립 이후 연평균 90% 이상을 보이고 있다. 한 지점 안에서 한 사람이라도 신용이 나쁘면 다른 대출자 역시 대출 한도 등에서 불이익을 받는 시스템으로, 서로가 서로의 신용을 담보해야 하기 때문이다. 이러한 사례는 기업 하나가 지역을 넘어 국가 전체에 얼마나 큰 영향을 미치는지 보여주는 예이다.

안전

안전에 대한 부분은 심리적 안전과 산업재해의 안전으로 나누어서 보기로 한다.

1) 심리적 안전감, 법적인 부분

딜로이트 컨설팅의 ESG 경영진단 프레임(ESG Compass)에 의하면 사회 분야의 인원, 안전/보건 영역이 평가의 필수 요건으로 포함되어 있어, 각 기업의 이 분야에 대한 준비와 대응도 시급한 상황이다. 우리나라의 경우, 산업안전보건법의 근로기준법 제76조의 2에 따라 직장 내 괴롭힘 방지와 예방, 조치를 위한 방안을 마련하였다. ESG 경영이 강화되면서 기업도 내부적으로 안전과 보건을 관리하기 위한 담당자나 부서를 설립하는 추세이다. 고용노동부 자료에 따르면 '직장 내 괴롭힘 금지법'이 시행된 2019년 7월~2021년 6월까지 2년간 신고된 직장 내 괴롭힘 사건은 모두 1만 934건에 달했다. 그러나 이 가운데 검찰에 송치된 건은 102건으로 전체의 0.9%에 불과하며, 고용부가 시정 지시를 한 것은 1,477건으로, 이를 합쳐봐도 실제 조치가 이뤄진 것은 14.4% 수준으로 미미하다. 반면 피해자가 취하한 사건은 4,633건으로 42.4%에 달하고 있어, 법 시행의 실효성은 아직 낮은 것으로 나타난다.

예를 들어 한 중견기업에서 직장 내 괴롭힘으로 근로자가 극단적인 선택을 하는 안타까운 사고가 발생했다. 과거와 달리 최근에는 회사가 진상조사위원회를 꾸려 사실관계를 파악하고자 노력하는 등의 모습이 보이고 있다. 정보사회이자 공유의 사회인 현대사회에서는 고인의 죽음이 직장 내 괴롭힘 때문이라는 증거들을 더 이상 기업이 일방적으로 은폐할 수 없기도 하다. 이제는 직원들의 심리적인 안전과 건강에 대한 부분도 기업의 경영관리에 포함해야 하는 영역임에 틀림없다.

2) 산업 재해 부분의 안전

기업의 사전적이고 자율적인 ESG 활동을 통해 안전사고 위험을 줄일 수 있다는 업계의 방향 제시가 나오고 있다. 산업재해 예방은 최근 ESG 평가등급을 잘 받기 위해서도 필요한 경영활동 중 하나로 자리 잡고 있다. 많은 이들에게 충격을 안겨준 2022년 2월 광주 HDC현대산업개발 아파트 신축공사 붕괴 사고의 가장 큰 원인은 '동바리 무단 해체'와 '역보(수평보) 설치'로 분석된다. 중대재해처벌법(중대법)은 기업 내외부의 통제 기능이 제대로 작동할 수 있도록 촉진하며, 사전에 안전과 관련된 영역에 대한 민감도를 높여 예방할 수 있게 한다.

삼성화재 기업안전연구소는 최근 롯데케미칼 협력사에 대한 안전 컨설팅을 진행했다. 중대재해, 소방시설, 화재 예방, 위험물 등으로 점검 과제의 항목을 분류해 살펴본 후 그에 대한 개선 방안이 제시되었다. 삼성화재 관계자는 "지금까지는 기업들이 사고를 대비하기 위해 보험에 가입했지만 이제는 보험사가 앞장서서 사고를 예방하고 사회에 기여해야 하는 시대가 됐다"라고 말했다. 2022년 한국기업지배구조원의 새로운 ESG 모범 규준이 시행되면 안전활동 관련 내용이 한층 강화된다. ESG 모범 규준 사회부문 2-4조항에 따르면 기업은 자사 및 협력사 근로자에게 안전하고 건강한 근무환경을 제공하며, 일과 생활의 균형 등을 지원해 양질의 삶을 보장해야 한다.

다양성과 포용성

안전과 보건 분야 중 성인지 감수성과 관련된 부분도 여전히 중요한 이슈이다. 직장 내 성희롱, 성폭력 사건이 끊이지 않고 발생하고 있을

뿐 아니라, 이는 기업의 마케팅 정책과 대 고객 이미지에도 타격을 주기 때문이다. 여성이 등장한 서울우유 광고(2021.12.29.)는 여성을 젖소에 비유하여 여성혐오라는 비판을 받은 바 있다.

기업은 구성원의 성인지 감수성뿐 아니라 인종, 장애, 성소수자에 대한 포용력과 이해에 대한 기업 전체의 관점과 역량에도 신경써야 한다. 아직까지 우리나라에서는 일터에서의 다양성 관리에 부족한 점이 많다. 구성원 상호간 일하는 태도와 매너, 언어 등에도 주의와 새로운 관점이 필요하지만 인권이나 인종 등 인적자원의 다양성에 대해 채용 공고에서부터 차별하지 않는 기업임을 명시한다든지, 성별, 결혼 여부, 병역사항 등 직무와 무관한 정보를 면접관이 질문하지 않는다든지, 성적 지향, 성별정체성 등에 대해 포용적 기업정책을 가져가고, 차별하지 않음을 사규에 명시하여 이에 대한 섬세한 관리를 해나가야 할 것이다.

고객, 지속가능한 공급사슬 운영관리

지속가능한 공급사슬 운영관리는 무엇인가? 이 이슈는 1990년에 이르러 대두되기 시작했다. 기업을 운영할 때 수익률을 달성하는 데 있어 내외부 이해관계자들의 적법한 욕구를 희생하지 않으면서 사람과 환경에 미치는 영향[1)]을 고려한 비즈니스 프로세스를 구축하고 관리하는 기술에 대한 것이다. 즉 기업이 지속가능한 경제·사회·환경적 가치를 창출하고 제공하기 위한 연구개발, 디자인, 구매, 생산, 물류 서비스에 이르는 제반 가치사슬 활동을 고객과 연결해주는 공급업체와 고객

---

1) Kleindorfer et al. 2005.

사이의 자재, 제품, 정보의 양방향 흐름과 관련된 공급과 수요의 사슬 활동을 관리하는 것이다.

그렇다면 기업이 창출하고 제공하는 사회적·환경적 가치는 무엇인가? 사회적 가치는 기업이 사회 구성원을 위해 창출하고 제공하는 규범적·생산적 가치로서 좋은 품질, 안전보건, 웰빙, 공정, 형평성, 다양성, 포용 등이 포함된다. 코로나19의 여파로 '배달 전성시대'가 펼쳐진 가운데, 정작 배달을 담당하는 오토바이 운전자 대부분은 무보험이라는 사실이 다시 주목받고 있다.

공급사슬 관리는 기업의 전 생산과정을 관리하는 것이므로 원료 조달도 사회적·환경적 영향을 평가하여 적용되어야 한다. 이전에는 최저가격이나 납기를 우선하여 협력사를 선정하고 그를 통해 조달이 이루어졌다면, 이제는 협력사가 원료를 공급하는 전 과정에서 부정적인 이슈를 초래하지 않는지 사전에 고려해야 한다. ESG와 관련된 각종 환경·노동 관련 법과 규정이 생산과정을 거쳐, 폐기까지 고려한 프로세스까지 포함하기 때문이다. 나아가 운송과정에서의 대기오염을 최소화하는 방안까지 마련되어야 할 것이며, 제품 기획부터 판매에 이르는 이러한 전 과정의 중심에는 기업 의사결정의 투명성이 전제되어야 한다.

가치중심적 고객의 출현

사회적 요소에 포함되는 '고객' 요인도 ESG 경영의 중요한 축이다. '제품 품질 및 안전', '판매 관행 및 제품 라벨링'이 그것이다. 이는 의료 관련 기업에서 더욱 이슈가 될 수 있다. 길리어드 사이언스(Gilead Sciences)는 최근 WHO가 팬데믹 종식을 선언하거나 다른 의약품이나 백신이 승인될 때까지 '로열티 프리(Royalty-Free)' 기반으로 저소득 국가에 서비스를 제공하기 위해 5개 제약사에 코로나 치료제로 알려진 렘데시비르의 사용 허가를 결정했다. 이는 기업이 사회적 요인의 중요성과 사회에서의 더 넓은 역할을 인식하고 있다는 것을 보여준다. 책《센스메이킹》[2]에서는 고객과 시장에 대한 관점에 대해 소위 '과학적'이라고 하는 분석적이고 파편적 데이터에만 의존하지 않을 것을 권한다. 중요한 것은 고객에 대한 깊은 이해를 기반으로 한 해석이며, 경영자는 고객의 세계 속에 들어가는 체험이 반드시 필요하다. 심리적, 문화적 심층에 대한 이해와 공유가 필요한 것이다.

소비자는 자신의 욕망을 충족하기 위해 소비를 한다. 이를 통해 얻어진 만족감은 행복의 중요한 요소가 된다. 기업들은 경영의 성패를 좌우하는 소비자의 욕구를 파악하기 위해 수많은 최신 기법을 동원한다. 전통적으로 소비자 의사결정은 경제적 가치에 초점을 맞추고 있다. 합리적 의사결정을 한다는 기본적 관점에서는 소비자가 당연히 비용 효율성을 추구한다고 가정한다. 그러나 최근의 가치 소비는 단일 개념이라기보다는 복합적 유형을 가지고 있다. 예를 들어 개인주의적 가치 소비는 개인의 심리적 특질에 관계된 가치 성향으로 주관적 만족을 최우선시하는 소비활동이다. 반면 이타적 가치 소비는 제품이나 서비스를 구입하기 위해 비용을 지불하는 개인을 위한 직접적인 혜택 추구보다는 자신을 포함한 가족집단, 타인을 위해 생태계에 직·간접적으로 혜택을 줄 수 있는 소비에 관심을 기울인다.

2) 크리스티안 마두스 베르그, 《센스메이킹》, 위즈덤하우스, 2017.

최근 우리나라의 소비자들은 과거에 비해 기업의 사회적 책임 활동에 대한 관심이 증대되고 있으며, 앞으로도 이에 대한 요구는 더욱 커질 전망이다. 이러한 부분은 ESG 경영과 많은 연관이 있다. 사회 문제에 대한 소비자의 인식수준이 높아지고 있는 가운데 적극적인 사회적 책임 활동을 수행하는 기업들의 제품과 서비스를 이용하려는 소비자들도 늘고 있다.

데이터 IT와 정보공시

한국인터넷진흥원 2020년 국제기구 및 국제협의체의 개인정보 보호 관련 주요 활동 및 논의 보고서에 따르면 기업의 개인정보 이용(Use of Personal Data by Corporations)과 관련하여 2019년 3월 몰타(제1회)와 2019년 9월 브뤼셀(제2회)에서 총 2회에 걸쳐 태스크포스 회의가 개최되었다. 여기에서는 투명성, 인공지능, 아동 개인정보 보호 등과 관련된 주요 과제와 모범사례에 대해 논의되었다. 아시아개발은행(ADB, Asian Development Bank)의 〈Focus on Digital Technology〉 보고서(2022)에 따르면 세계화와 글로벌네트워크로 디지털 트랜스포메이션 시대에 살고 있는 현시점에서 특히 데이터 및 IT 보안 문제의 중요성은 더욱 커지고 있다.

정보통신기술, 시스템, 네트워크에 대한 의존도가 높아짐에 따라 투자자와 ESG 평가기관은 이 문제의 중요성을 확실히 인지하고 있다. 보안의 문제와 신뢰성은 가능한 한 최대한 보장되어야 한다. 그렇지만 IT 역량과 사이버 보안 지식을 갖춘 기업 이사회는 상대적으로 적은 것으로 나타나고 있다. 《하버드 비즈니스 리뷰(Harvard Business Review)》의

2017년 보고서에 따르면 "대부분의 이사회 구성원은 고도로 조직된 사이버 공격자로부터 기업 자산을 보호하는 방법에 대해 전문지식이 부족하다"라는 것이다.

2018년 말 워런 버핏은 사이버 위험이 "미지의 영역이며 더 나빠질 것"이라고 하면서 경영환경과 비즈니스가 계속 변화하기 때문에 더욱 악화되고, 10~15년 전에는 존재하지 않던 형태의 공격과 문제가 시간이 지날수록 더 강력해질 것이라고 예측했다. 현재 환경에서 개인정보 보호 규정(GDPR, General Data Protection Regulation)에 대한 우려도 심화될 가능성이 있다. 기업은 주요 직원이 해고되었거나 원격으로 작업해야 하는 시스템적·기술적인 부분을 해결하지 못할 경우, 이를 간과하지 않도록 해야 한다. 개인정보와 관련하여 '회원정보 노출' 문제는 우리에게도 낯설지 않다. 기업에 회원가입을 할 때 적는 개인정보가 유출되는 사례가 반복되었고, 유출 여부를 제공하는 서비스까지 등장했다. 이렇듯 기업에서 관리하는 개인정보는 세계적으로 보안과 데이터관리의 중심 이슈이기도 하다.

현재 모건스탠리 캐피털 인터내셔널(MSCI)로부터 개인정보 보호 '리더' 등급을 받은 한국 기업은 네이버와 카카오, LG유플러스, 제페토(네이버 손자회사) 등 네 곳뿐이다. 네이버와 야후재팬이 설립한 일본 Z홀딩스도 리더 등급을 획득하면서 데이터 정보에 힘쓰고 있다.

기업의 제품에 대한 데이터 공개 여부에 관해서도 살펴야 할 것이다. 우리는 이러한 정보공시와 데이터 이슈에 더욱 관심을 가질 필요가 있다. 2016년 《한겨레》에는 "다국적기업의 이중 기준, '옥시 비극' 불렀다"라는 기사가 실렸다. 우리가 다들 알고 있는 가습기 살균제 피해에 대한 이야기이다.

옥시는 지난 10여 년 동안 한국에서만 무려 453만 개에 이르는, 인명 살상 수준의 가습기 살균제를 판매하면서 기업의 신뢰를 잃었다. 그러나 '유한회사 RB코리아'(이하 옥시)의 영국 본사 레킷벤키저(Reckitt Benckiser)는 사회책임경영 3관왕을 달성하고 '다우존스 지속가능 발전 지수(DJSI)', '푸치포굿 지수(FTSE4GOOD 인덱스)' 등에 편입되었다. 세계경제포럼이 선정한 '지속가능경영 100대 기업'에서도 생활용품 판매 기업 가운데 가장 높은 순위를 차지한, 겉으로 보기엔 좋은 기업이었다. 여기에는 다국적기업 레킷벤키저가 본사와 한국 지사(옥시)에 적용한 기업 경영기준이 서로 달랐던, 이른바 '이중 기준'이 큰 영향을 끼쳤다.

우선 환경 영역에서 레킷벤키저는 영국 본사에선 1998년 EU가 제정한 '화학물질 관리제도(REACH)'를 준용하며 안전한 제품을 만들었다. 제품에 사용되는 원자재 물질을 공개하는 데 있어서도 본사와 지사 간 기준은 달랐다. 영국 본사는 〈2015 지속가능성 보고서〉를 통해 2020년까지 자사 제품에 사용되는 모든 원자재 물질을 100% 공시하겠다고 밝혔지만 대상 국가는 정해져 있었다. 레킷벤키저가 자사 제품의 원자재 물질을 공개하기 위해 공식적으로 운영 중인 누리집(홈페이지)은 세계 200여 판매국 가운데 유럽, 북미, 오스트레일리아(호주)뿐이다. 한국을 비롯한 다른 개발도상국에는 적용되지 않았다.

그렇다면 이와 같은 이중 기준을 사전에 방지하거나 보완할 방안은 없을까? 국제적 수준의 지침과 협약을 마련하고, 개별 국가들은 이 기준에 부합하는 법제화에 나설 필요가 있다. 또한 이러한 사례에서 볼 때 ESG의 세계 표준화와 공시가 얼마나 우리의 삶과 밀접해 있는지 알 수 있다. 인류 공동의 가치를 지켜갈 국제협약의 실현과 함께 다국적기업 내부의 실행 의지와 의무적 이행이 반드시 필요하다. 그래야만 소비자의 안전권이 보장될 수 있고, 기업의 지속가능성도 실현될 수 있을 것이다.

사회적 가치 지표의 실효성은 넘어야 할 산

지표 개발을 위한 공동의 노력

ESG 중 사회 지표는 가장 정량적으로 표현하기 어렵다는 점에서 접근이 쉽지 않다. 또 여기에 해당하는 것들 중 주관적일 수 있는 요소가 사람들의 심리를 자극하거나 공감대를 얻을 경우, 그 파장은 기업의 경영권에 영향을 주며 가끔 기업의 존폐에까지 영향을 끼친다. 그 정도로 영향력이 크기 때문에 해당 지표를 잘 관리하는 것이 기업의 지속 성장을 위해 중요하다.

과거에는 기업의 사회적 책임(CSR)으로 지표가 개발되었다. ISO에서도 기업의 사회적 책임에 대한 국제적 표준 제정 작업을 서둘러, 2010년 11월 1일 본부가 위치한 스위스 제네바 국제회의센터에서 기업 등의 사회적 책임(Social Responsibility)에 관한 국제표준으로 ISO26000 지침서를 공식 발간했다. 유럽 국가들을 중심으로 한 선진국들은 처음부터 주도적으로 관여하여 이러한 노력을 해왔으며, UN의 글로벌 콤팩트와 ILO는 국제표준화기구와 양해각서를 체결하였고 GRI도 작업과정에 깊이 관여했다.

이러한 노력을 기반으로 ESG의 사회 분야에서는 중요성 평가를 통해 지속가능경영 이슈를 도출하고 있다. 평가는 지속가능경영 보고와 관련한 국제 가이드라인인 〈GRI Standards〉에 의거해 사회적 관심도 및 비즈니스에 영향을 미치는 요인 등을 분석한다. 중대성 평가를 통해 도출된 우선순위 이슈에 대해 사업적 측면(Value Chain)과 이해관계자 측면으로 구분하여 회사의 경영 접근방법을 설명하고, 관련 정보를 보고하고 있다. 또한 다음과 같은 사회독점규제 및 공정거래에 관한 법률, 소비자기본법, 사회적 책임세계표준(ISO 26000), 국가인권위원회법, 남녀 고용평등과 일·가정 양립지원에 관한 법률, 근로기준법, 노동조합 및 노동관계조정법, 산업안전보건법, 중대재해처벌법, 장애인차별금지 및 권리구제법, 제조물책임법, 표시·광고의 공정화 법률, 정보통신망 이용촉진 및 정보보호 법률, 공정거래법, 하도급법, 부정청탁 및 금품 등 수수금지법, 화학물질관리법 등 다양한 법들과 평가의 툴로 표준화하기 힘든 작업을 표준화하기 위해 많은 노력을 하고 있다.

한편 환경적 가치는 기업이 환경생태계를 위해 창출하고 제공하는 가치로 보존, 회복, 복원, 개선 등을 포함한다. 기업의 지속가능 공급사슬 운영관리에서 사회, 환경적 가치를 창출하는 활동들은 국제 표준화기구에서 제정된 ISO 9000(품질경영시스템), ISO 14001(환경경영시스템), ISO 26000(사회적 책임), ISO 30000(기업 리스크 관리) 등이 이에 해당된다. 또한 UN 글로벌 콤팩트(2000)의 4대 주제(환경, 노동, 인권, 반부패)와 UN 총회에서 선정한 17개의 지속가능한 발전목표(2015)와도 연계돼 있다.

자산 2조 원 이상인 유가증권시장 상장사는 2025년부터 친환경·사회적 책임활동을 포함한 '지속가능경영 보고서'를 의무적으로 공시해야 한다. 이러한 공시 의무는 2030년부터 모든 코스피 상장사로 확대 적용되며 특히 '기업 지배구조 보고서'는 2019년부터 자산 2조 원 이상 코

| ESG 평가지표 |

사회	인적자원 관리	근로환경과 인권 및 다양성 관리 수준	급여
			복리후생비
			고용
			조직문화
			근속연수
			인권
			노동관행
	산업안전	작업장 내 안정성 관리 수준	보건안전시스템
			안전보건경영시스템 외부 인증
			산재다발사업장 지정
	하도급 거래	공정하고 합리적인 협력업체 관리 수준	거래대상선정 프로세스
			공정거래 자율준수 프로그램
			협력업체 지원 활동
			하도급법 위반 사례
	제품 안전	제품 안전성 관리 수준	제품안전시스템
			제품안정경영시스템 인증
			제품안전사고 발생
	공정경쟁	공정경쟁 및 사회 발전 노력 수준	내부거래위원회 설치
			공정경쟁 저해 행위
			정보보호시스템
			기부금

출처: 국민연금관리공단

| ESG 평가지표 |

영역	범주	분류번호	진단 항목
사회 (22개 문항)	목표	S-1-1	목표 수립 및 공시
	노동	S-2-1	신규 채용 및 고용 유지
		S-2-2	정규직 비율
		S-2-3	자발적 이직률
		S-2-4	교육훈련비
		S-2-5	복리후생비
		S-2-6	결사의 자유 보장
	다양성 및 양성평등	S-3-1	여성 구성원 비율
		S-3-2	여성 급여 비율(평균 급여액 대비)
		S-3-3	장애인 고용률
	산업안전	S-4-1	안전보건 추진체계
		S-4-2	산업재해율
	인권	S-5-1	인권정책 수립
		S-5-2	인권 리스크 평가
	동반성장	S-6-1	협력사 ESG 경영
		S-6-2	협력사 ESG 지원
		S-6-3	협력사 ESG 협약사항
	지역사회	S-7-1	전략적 사회공헌
		S-7-2	구성원 봉사 참여
	사회 법 / 규제 위반	S-8-1	정보보호 시스템 구축
		S-8-2	개인정보 침해 및 구제
		S-8-3	사회 법/규제 위반

출처: 국민연금관리공단

스피 상장사에 공시 의무가 부과된 데 이어 2026년부터는 모든 코스피 상장사가 이를 공시해야 한다. 비재무적 성과 지표인 ESG(환경·책임·투명경영)가 기업 가치를 평가하는 주요 지표로 자리매김하는 것이다.

이와 관련해 한국거래소는 같은 달 'ESG 정보공개 가이던스'를 제정·발표했는데, 사회 부문의 정보공개 권고대상 지표로 '임직원의 평등 및 다양성(성별·고용형태별 임직원 현황, 차별 관련 제재 건수 및 조치 내용)', '신규 고용 근로자 및 이직 근로자 현황', '육아휴직 사용 임직원 현황'을 포함시켰다.[3)]

사회 지표의 한계

사회적 보호가 필요한 부분은 법의 규제를 통해 복지를 향상시킬 수 있다. 그렇다면 현재 개발되어 있는 사회 지표들의 실효성은 얼마나 될까? 사회적 가치 지표의 설정과 실제 적용 사이의 간극을 살펴보자.

우리나라는 1990년 장애인고용법을 시행하면서 월평균 상시 50명 이상 근로자를 고용하는 사업주는 장애인을 일정 비율 고용하는 것을 의무화했다. 의무고용률은 민간 부문이 3.1%, 정부와 공공부문은 이보다 높은 3.4%이며, 아울러 상시 근로자 100명 이상 사업장은 의무고용률에 미달하면 부담금을 부과하도록 했다. ESG 평가항목도 이러한 기준들에 근거하여 개발되었다. ESG에서 장애인 근로자의 평가 부분도 장애인 고용 현황을 평가하는 항목으로 지표가 설정되어 있다. 장애인 고용률은 전체 직원 중 장애인의 비율로, 전체 직원 수 대비 장애인 수를 비교하여 평가한다. 판단의 기준에는 장애인 고용계획/통합 신고서가 포함되며 상시 근로자 100명 미만인 경우는 장애인 근로자 수로 판

3) 권영환, 〈고용상 성차별 구제신청제도의 시행과 ESG 정보 공시 의무화에 대한 관심의 필요성〉, 《월간 노동법률》, 중앙경제사, 2022.3.

단한다. 그런데 실제 상황은 어떨까?

한국 사회에는 '장애인 특별전형', '장애인 고용할당제' 등 장애인이 사회의 일원으로 활동할 수 있는 법과 제도가 있다. 그러나 장애인을 고용하고 있는 회사에 방문해보았지만 장애인을 볼 수는 없었다. 단지 문서상으로만 존재하고 있었기 때문이다. 실제로 직원이 있는 경우에도 배정된 것은 가끔 자료조사나 문서 정리를 하는 등의 업무에 불과했다. 왜일까? 실제 사회생활에는 정책과 제도와 같은 구조적인 문제보다 동료와의 사이 등 대인관계가 더욱 중요하다. 그런데 '대다수의 사람이 아직도 장애인을 사회구성원으로 인정하지 않는 경우가 많다는 것'이 문제이다. 국민권익위원회는 장애인 의무고용제도의 취지에 맞게 정부와 공공기관이 장애인 고용을 늘리도록 '장애인 고용촉진 제도의 실효성 제고방안'을 마련하여 고용노동부, 교육부 등에 제도개선을 권고했고, 이에 따라 각 기관은 2022년 5월까지 개선하기로 예정되어 있다.

채용지표는 어떨까? 정규직 3년 안에 신입직원을 뽑는 횟수가 주기적인지, 또 계약직의 정규직 전환 여부는 어떤지에 따라 등급을 매기는 평가지표가 있다. 이것이 계약직 직원들의 서러움과 고용율을 높여줄 수는 있겠지만, 평생직장이 없고 이직률이 높아가는 현재의 변화하는 사회에 적합한 지표인지는 고려해볼 문제이다. 이처럼 지표의 평가기준과 실제 현실과는 괴리가 크며, ESG의 사회평가 부분에도 변화하는 사회가 반영되어야 할 것이다.

고용인력 전담률은 일정 기간(약 10년) 동안 직원이 입사하고 퇴사하는 비율을 평가지표로 삼는다. 그 배경은 무엇일까? 1960년대의 섬유 기술자, 1970년대 종합상사맨, 1980년대 증권맨, 1990년대 은행원, 2000년대 컨설턴트. 이렇게 시대별로 각광받는 직업에는 시대상과 산업구조의 변화가 반영돼 있다. 하지만 금융권의 보수적인 문화를 참지 못해 스타트업으로 여의도의 인재가 흘러가는 경우가 많아지고, 실리콘밸리처럼 성수동을 중신으로 3~4인의 인재들이 모여 창업한 케이스도 늘어나고 있다. 미국 MIT, 서울대 등 명문대 출신에 아마존, 삼성전자 등 글로벌기업에서 경력을 쌓은 최고 수준 인재들이 스타트업에 가며, 그 이유를 "성장 기회 때문"이라고 답한다. 스타트업에서 역량을 키우고, 기업이 유니콘 기업으로 성장하면 인생을 바꿀 수 있는 기회가 되기에 인재들이 제 발로 찾아온다는 것이다.

한편 산업재해에 대한 지표에서 보완되어야 하는 점에는 무엇이 있을까? 직장 내 괴롭힘으로 정신질환 발병 시 산재 인정, 검찰, 직장 내 괴롭힘 인과관계 입증 시 중대재해처벌법이 적용된다. 얼마 전 마을버스 기사로 일하던 20대 남성 A씨가 선임들의 괴롭힘과 가혹한 노동환경에 스스로 목숨을 끊는 사건이 발생했다. A씨의 선임들은 평소 일부러 배차간격을 넓혀 A씨의 버스에 손님을 몰리게 하는 등 교묘한 방법으로 A씨를 괴롭혀왔던 것으로 밝혀졌다. 이런 직장 내 괴롭힘은 법적으로는 산업재해 인정이 가능하지만, 입증은 오롯이 피해자 몫이다. 따라서 피해자가 그 혜택을 받기는 거의 어렵다.

ESG는 다음 세대를 준비하기 위한 우리의 경영전략이다. 이러한 지표가 단순히 평가가 아닌, 지속가능한 사회를 구현하는 데 도움이 되기 위해서는 지속적인 실효성 분석과 보완이 반드시 필요함을 알 수 있다.

ESG,
스타트업에서 시작하다

스타트업에게 위기이자 기회가 될 ESG 흐름

지금까지 살펴본 대로 기업의 ESG 중 사회적인 평가 요소는 변화하는 사회를 담아내기엔 역부족이며, 대기업에 초점이 맞춰진 평가 항목이라는 것을 알 수 있다. 이는 한국의 산업이 대기업 중심으로 성장해 왔기 때문이겠지만, 최근에 변화하는 산업과 고용시장 기업의 다양화를 고려한다면 ESG의 사회적 요소에서는 앞으로 어떠한 점을 고려해야 할까?

먼저, 변화하는 사회를 반영해야 한다. 이노소셜랩 연구위원 서진석의 언급에 따르면, 현재 정보공개의 의무 측면에서 본다면 스타트업이 ESG를 적용하기는 어려울지 모른다. 그러나 ESG 경영을 얼마나 잘하는가로만 판단한다면 스타트업이 더 뛰어날 수 있다는 것이다.

비콥(B Corp)은 사회·환경적 성과를 공식적으로 검증받고, 투명성 및 책무성에서 높은 기준을 충족하여 사회적 이익과 재무적 이익을 균형 있게 추구하는 기업에 부여하는 인증제도이다. 이를 획득한 기업은 전 세계에서 4천 개가 넘는데, 파타고니아, 벤앤제리스, 더바디샵처럼 규모가 큰 기업도 있지만 엣시, 올버즈, 부레오, 와비파커와 같은 중소 규모 기업이 95%를 차지한다. 이처럼 비콥 인증을 통해 성장하는 기업들이 늘고 있으며 우리나라에서 인증을 받은 기업들 역시 모두 스타트업이다.

일하는 방식은 어떨까? 스타트업에는 형식적이지 않은 일하는 방식, 자유로운 출퇴근, 핵심성과지표(KPI, Key Performance Indicator)가 아닌 목표와 핵심결과지표(OKR, Objectives and key results)로 평가받는 제도, 워라밸의 존중 타당성과 공정에 기반한 문화가 퍼져 있으며 수직적인 문화보다 수평적으로 일하는 방식으로 운영되고 있다. 이러한 점을 고려하여 장기적 측면에서 스타트업부터 ESG를 도입한다면 경영전략에 따라 맞춤형으로 성장시키는 결과를 기대할 수 있을 것이다. 즉 스타트업에 ESG는 리스크이면서 동시에 기회가 될 수 있다. 기업에 맞는 ESG 정책을 찾고 이를 앞서서 적용해간다면 사회·환경 문제도 해결하면서 비즈니스 경쟁력도 높일 수 있을 것으로 기대한다.

박민희 SKPSNM 교육사업 컨설턴트

고려대학교에서 산업심리교육 석사, 성인계속교육학 박사를 수료했다. 삼성, GE, SKT와 같은 기업에서 리더십, 조직문화, 변화관리 등의 영역에서 HRD 업무를 수행해왔으며, 현재는 SKPSNM의 교육사업 컨설턴트로 일하고 있다. 지속가능한 인적자원 관리와 다양성에 관심을 가지고 꾸준히 강연과 집필 활동을 하고 있다.

이메일 minipinkkr@icloud.com

8장

ESG 시대 '인적자원 관리'와 다양성의 의미

ESG 시대 인적자원의 지속가능성 제고 방안

인적자원 관리의 중요 키워드 '다양성'

K-ESG의 평가모형 중 사회적 요소의 평가 영역에는 임직원 교육과 역량개발이 포함되어 있으며, 기업의 지속가능성을 높이기 위한 '구성원의 다양성 보장'도 명시되어 있다. 어쩌면 ESG 시대의 인적자원 관리에서 가장 중요한 키워드는 '다양성'이라고 할 수 있을 것이다. 시대의 흐름에 따라 조직의 인적자원 속성도 다양화되는 경향을 보이고 있다. 다양성 증가의 주요 원인은 고령화, 여성의 사회 참여, 다양한 인종 및 이민자의 유입, 국제결혼 증가에 따른 다문화 가정의 증가 등이다.

사전적 의미에 따르면 다양성은 '다름'의 동의어로서, 서로 다른 존재들이 많을수록 다양성이 높다고 할 수 있을 것이다. 문화인류학자 에드워드 홀(Edward Hall)은 1959년 저서 《침묵의 언어》에서 처음으로 문화를 맥락적으로 구분하여 소개했다. 이에 따르면 한국은 고맥락 사회(High Context Society)이다. 일반적으로 고맥락 문화는 관계적, 집단적, 직관적이며 대인관계에 높은 가치를 두고, 소속 구성원들끼리 매우 친밀하다. 이러한 우리나라의 문화적 맥락에서 인적자원 관리의 다양성은 앞으로 계속 많은 이슈를 만들어내며 연속적인 해결 과제로 대두될 것이다.

유럽과 미국에서는 ESG의 사회적 요소 이슈를 주로 DEI(Diversity, Equity and Inclusion)로 설명하는데, 이는 직장 내 다양성, 형평성, 포용성의 가치를 말한다. 즉 인종, 성별, 학력, 국적, 문화, 종교, 세대, 성 소수성의 차이에 따라 차별받지 않고, 다름 그 자체가 존중되는 일터 문화를 추구해나가자는 것이다. 콕스와 블레이크(Cox & Blake, 1991)는 다양성을 추구하고 체계적으로 관리하는 조직이 그렇지 않은 조직에 비해 많은 강점을 갖는다고 제시한다. 이러한 방향에 따른 인적자원의 지속가능성 제고를 위해 중·장년층, 여성 인력, MZ세대를 중심으로 살펴보고 ESG 경영에 적합한 조직문화와 설계 방법, 일하는 방법과 함께 리더의 역할에 대해 살펴보기로 한다.

국밥집에서 혼자 울지 않는 중·장년층

2021년 국내 대기업의 한 컨퍼런스의 세션 주제 중 하나는 '국밥집에서 울고 있는 50대'였다. 이는 우리나라 장년층 직장생활의 한 단면을 그대로 읽어주는 콘텐츠가 아니었을까 싶다. 수평 조직으로의 전환이 가속화되면서 젊은 세대에게 밀리고, 리더의 자리도 위협 받는 장년들의 초상 말이다.

우리나라의 고령 인구는 급격하게 늘어나고 있으며 유럽과 일본에 비해 고령화사회(Aging Society)로의 진입 속도가 매우 빠르다는 것이 특징이다. 이미 2007년에 고령화사회로 진입한 상황이며, 가까운 미래에 베이비 붐 세대와 X세대인 지금의 50대가 새로운 고령층으로 큰 비중을 차지하게 될 전망이다. 초고령사회인 2060년에는 65세 이상 비율 43.9%로 10명 중 4명은 노인으로 구성될 것이다. 100세 시대를 살아가는 오늘날 노인에 대한 정의는 이미 변하고 있다. 65세까지를 청년기로, 중년은 66~79세, 노년은 80~99세를 의미하는 시각도 있다.

우리나라의 4대 대표 세대 중 40, 50대는 전체 인구 구성(2018년 기준 5,183만 명, 행정안전부)의 약 30%에 달하며, 연령대별 자산 보유율은 50대가 가장 높다. 지식과 재력을 갖고 있는 이 계층은 사회적 소비나 생활수준 등에서 이전 실버 세대와는 다른 라이프스타일을 보여줄 것이다. 즉 여전히 문화적 소비의 주체이자 고객이 될 것이다.

고령화사회로의 빠른 진입에는 저조한 출산율도 큰 이유이다. 우리나라의 생산가능인구는 지난 2017년 3,764만 명에서 2030년 3,395만 명으로, 30년이 더 지난 뒤인 2067년엔 그 절반 수준인 1,784만 명으로 급격히 감소할 것으로 예상된다. 또 주요한 원인 중 하나는 베이비 붐 세대의 은퇴이다.[1)] 사회의 고령화는 경제활동인구가 감소한다는 것을 의미한다. 이는 경제성장의 저하와 부양에 따른 사회적 부담감을 초래하게 된다. 중장년 개발의 적정기는 은퇴 전 3~5년부터가 아닌 30대부터이며 이 시기부터 천직 찾기, 체계적·지속적 전문성 개발, 경력개발 등의 역량개발 활동이 이루어져야 한다. 즉 은퇴 예정 계층으로 진입하

1) 정홍인, 〈중장년 사무직 근로자의 경력발달과업 성취수준, 성공적 노화 예측요인, 성공적 노화 간의 구조적 관계〉, 고려대학교 대학원, 2017.

기 훨씬 전부터 준비가 필요하다. 따라서 이 분야에 대한 인적자원 관리부서의 개입과 역할 확대가 요구된다.

중장년층 개발에 대한 기업의 인적자원 관리부서의 역할은 역량개발 준비의 분야라기보다는, 은퇴 예정자들을 위한 퇴직 관련 인사제도 마련 및 노사 문제가 발생하지 않도록 관리하는 분야였다. 그러나 ESG 경영에서는 반드시 중요한 영역으로 다뤄져야 한다. 또 은퇴 바로 전에 준비하는 퇴직 프로세스로서 다뤄지기보다는 급변하는 4차 산업혁명 시대에 기업 차원에서 새롭게 변화하는 역량을 사전에 확보해야 한다는 차원에서, 또 국가 생산력 저하 시점에 이에 대한 대안적 관점에서 연계, 확대되어야 한다. 일반적으로 재취업이 가장 어려운 계층은 고연령, 저학력, 여성 집단이며, 50~64세의 경우 고임금과 고용안정이 보장되는 일자리를 찾기 힘들어지기 때문에 취업 지원 정책이 필요하다. 각 기업에서도 중장년층을 위한 안정적인 일자리 확대 노력이 지속되고 있지만, 중장년층의 인적 특성을 고려하여 구인 – 구직자 연계망을 강화하고 단계적으로 정년을 연장하는 제도적 변화도 요구된다.

은퇴기는 중년기에서 노년기로 진입하는 시기이자 역할 전환의 과정으로서 개인적인 변인, 자아 존중감, 사회적 지지와 준비도 요인, 은퇴 후 소득 준비도 및 생활 준비도에 따라 개인별로 다르게 지각된다. 베이비붐 세대 중 은퇴 후 일자리를 희망하는 사람은 63.9%에 이르며, 일하기를 원하는 이유는 소득 58.8% > 건강 16.2% > 자기발전 14.4% > 여가시간 활용 7.5% > 기타 순으로 나타난다. 이들의 심리적 안녕감을 위해 단계적이고 종합적인 준비가 필요하다. 또한 단기적 접근이 아니라 다차원적이고 종합적인 인식과 함께 계획적인 접근이 필요하다. 중장년 구직자의 구직 효능감을 높이고 '괜찮은 일자리'를 제공하기 위해서는 연계된 프로그램의 효과성과 만족도가 높아야 하므로, 인적자원 개발부서의 관련 프로그램 개발과 운영이 더욱 중요해지고 있다.

이제는 새로운 춤을 추게 될, 여성

인적자원 관리 차원에서 본다면 한국은 이미 초고령화사회로 진입해 있기 때문에 베이비붐 세대의 은퇴 후 생산가능인력의 대안으로는 여성인력의 활용만큼 적합한 것도 없을 것으로 보인다. 여성인력에 대한 고용평등과 인력 활용 현황에 대한 적극적 개선의 중요성이 학자와 실무자 사이에 꾸준히 강조되어오고 있지만, 아직까지 많은 기업이 여성 근로자들을 고용한 후 일정 레벨 이상으로 승진시키는 것을 꺼리고 있다. 국내 기업들의 경우 대부분 성 다양성을 경영전략 차원에서 접근하기보다는 고용평등이라는 법적 요건의 충족 조건에 맞추려는 단계에 머물고 있는 것이 현실이며, 한국에서 여성이 자신의 경력 욕구를 실현할 수 있는 조직 환경은 여전히 미흡하다

그렇다면 과연 '일'에 있어 통계로 보는 성평등 지수는 어느 정도일까? 글로벌 투자은행(IB) 크레디트스위스의 〈2019 CS 젠더 3000: 변화하는 기업의 얼굴 보고서〉에 따르면 2019년 우리나라의 기업 내 여성 임원의 비율은 3.1%로, 순위를 매긴 39개국 가운데 최하위였다. 2020년의 한 보고에서는 100대 기업 전체 임원 중 여성 비율이 전년에 비해 3.5%(244명)에서 4.1%(286명)로 상승했지만, 여전히 5%에도 미치지 못하고 있다. 기업평가사이트 'CEO 스코어'가 세계 여성의 날을 맞아 상

위 200대 상장사의 등기임원 1,441명을 조사한 결과, 여성 등기임원은 65명으로 전체의 4.5%, 여성 임원이 단 한 명도 없는 기업은 146곳으로 전체의 73%나 되었다. 다양성의 나라 미국의 경우도 《포브스(Forbes)》 선정 200대 기업의 여성 등기임원 수는 2,435명 가운데 730명으로, 30% 정도의 수준에 그치고 있다. 또한 우리나라는 여성의 경제참가율도 가까운 일본의 72.6%에 한참 못 미치며, OECD 국가 평균인 65.1%보다도 현저하게 낮다. 일단 통계상으로는 요즘 같은 시대에 '여성의 리더십'을 얘기하는 것은 시대에 뒤떨어진다든지, '유리 천장은 없으며, 여성의 개인적인 역량에 달린 것이다'라고 말하기는 어려워 보인다.

함께 일하던 한 여성 후배가 둘째 아이 출산 후 육아휴직을 마치고 결국 퇴직했다. 이유는 그동안 아이를 돌보아주던 친정 어머니가 두 아이 모두를 돌보아줄 수 없게 되었기 때문이다. 이렇게 경력단절이 시작되면 여성이 일터로 복귀하는 데 아마도 10년은 족히 걸릴 것이다. 우리나라의 평균 첫째 아이 출산 연령은 32세이며 둘째 아이 출산 연령은 약 34세이다(KOSIS, 2020). 34세는 여성의 경우 4년제 대학 졸업 후 일반 기업에서 일하기 시작한 지 약 10년이 경과한 시기로, 일에 대해 가장 숙련된 시기인 8~10년차에 해당하는데, 이때 일터를 떠나게 되는 것이다. 실제로 한국 여성의 경력단절 사유는 육아가 42.%로 가장 높다.

최근에는 역차별 이슈가 대두되면서 여성에게 특혜를 제공하는 것이 아니냐는 일각의 목소리도 있는 것이 사실이다. 그러나 일에서의 평등이 이루어지려면 출산 후 육아에 대해 사회도 책임을 공유해야 한다. 안심하고 아이를 맡길 수 있는 전문적 육아기관을 육성하고, 코로나19로 확산되고 있는 재택근무와 유연근무도 확대해야 한다. 그다음에 비로소 전략적, 적극적으로 여성 리더의 포지셔닝을 통해 경영에 여성이 책임자로 참여하는 비율을 높이는 것을 이야기할 수 있을 것이다.

최근 전 세계적으로 성평등 관련 법안이 강화되면서 고용평등 및 기업 내 성평등에 대한 관심이 높아지고 있다. 여성을 일정 비율 이상 고용하도록 하거나 여성 관리자의 비율을 증가시키도록 하는 법안은 기업에 대한 외적 압력이 증가함을 의미하기도 한다. 가족친화 경영은 서구 선진국을 중심으로 사회 인구학적 구조 변화에 따라 여성의 사회진출이 늘어나면서 남녀 근로자들이 직장과 가정생활에 조화를 이룰 수 있도록 지원하는 인적자원 관리의 한 영역으로 자리 잡고 있다. 또한 여성뿐 아니라 남녀 근로자가 직장과 가정의 일을 조화롭게 수행하도록 지원하는 기업경영 전략이라 할 수 있다. 남녀 근로자 모두에게 직장생활의 질을 향상시키고 직장과 가정 사이에 조화를 이룰 수 있도록 지원함으로써 조직의 성과에 긍정적인 영향을 미치는 것으로 나타나고 있다.

가족친화 경영은 출산과 양육을 지원하는 휴가 및 휴직제도, 경제적 지원제도, 유연근무제, 자녀 양육 및 노인 부양 관련 지원 프로그램, 직장과 가정 문제에 대한 교육과 상담 프로그램, 가족친화 문화 조성 등으로 구성된다. 여성친화적인 조직이 되기 위해서는 여성 근로자를 위한 다양한 지원 프로그램이 전제되어야 하며, 기업 내 다양성 관리는 물론 지속가능경영 차원에서 높은 수준의 자질이 있는 여성인력을 확보하기 위한 여성친화적 인적자원 관리 정책이 더욱 확대되어야 한다. 다름은 불편함을 가져온다. 이것을 포용하고 관리해내는 다양성 관리 역량은 앞으로 각 기업에서 가장 필요로 하는 역량이 될 것이다.

MZ세대, 무엇이 그들을 출근하게 하는가?

직장은 직장일 뿐이라는 인식이 커지고 노동에 대한 가치 평가가 절하되는 시기에, 기업은 어떻게 인력을 운영해야 할까? 성과급과 정년 문제가 불거진 또 다른 배경에는 MZ세대의 직장과 일에 대한 인식 변화가 있다. 국내 취업정보 사이트 '사람인'이 2021년 국내 주요 기업 271개사를 대상으로 MZ세대에 대해 설문한 결과 49.1%가 이들의 유입을 위해 노력하고 있다고 답했다. 한편 MZ세대는 워라밸(일과 삶의 균형) 보장을 회사에 요구하며, 조직보다 개인 이익을 우선시하는 성향이 두드러진 것으로 조사됐다. 또 자유롭고 수평적인 문화와 공평한 기회를 중시하는 것도 특징으로 나타났다. 현재의 직장을 평생직장이라고 생각하기보다는 언제든 떠날 수 있는 곳으로 여기고, 현 직장에 있는 동안 타인의 눈치를 보지 않고 불합리한 요소에 대해서는 분명한 목소리를 낸다는 점도 일맥상통한다.

2021년 530개 상장사 중 41.4%가 정기 공채를 폐지하고 수시채용으로 전환하는 등, 수시채용을 택하는 대기업이 늘고 있다. 그 이유로는 '공채보다 더 효율적'(34.8%)이라는 응답이 가장 많았고, '경영환경 변화로 신입보다 경력직을 선호한다'(32.8%), '코로나19 여파로 공채를 진행할 여건이 안 된다'(27.4%)는 순이었다. 대규모 정기 공채로 인재를 선발하던 대기업들이 코로나19를 거치며 채용 방식을 바꾸고 있는 것이다. 2021년 하반기 채용 시장에서도 통신사 등 정보통신기술(ICT) 기업을 필두로 공채 대신 비대면에 기반을 둔 수시·인턴십·공모전으로 직원을 선발하는 곳이 대거 증가하였다. 이 어려움을 뚫고 입사한 신입사원들은 그룹 연수 등에 비대면으로 참가하는 등 예년과는 많은 부분이 달라진 상황에서 회사생활을 시작하고 있다. 또 고용노동부 재택근무 활용실태 설문조사 결과, 조사 대상 기업 중 48.8%가 재택근무를 운영하는 것으로 나타났는데, 대기업은 57.3%, 중소기업은 30.3% 수준이었다. 한편 '사람인'에서 286개 기업을 대상으로 시행한 MZ세대에 대한 유연근무제 실시 현황 조사에서는 '관리에 어려움을 느끼는가?'라는 질문에 '그렇다'라고 답한 비율이 57.2%나 된다. 이들 기업 중 40.6%가 밀레니얼 세대를 위한 워라밸 보장, 인사정책 수정 등의 노력을 하고 있다고 주장했다.

최지현과 서승호의 〈1년 이내 밀레니얼 세대들의 조기 퇴직에 대한 연구〉(2021)는 개인과 환경이 서로 상호작용하며 조화를 이루어가고 개인이 조직에서 역량을 발휘하며 일하는 데 있어 내적·외적 지지를 받으면 만족감으로 재직기간이 길어진다는 이론인 '직업적응론'을 소개하고 있다. 윤소겸(2021)은 국내 기업 구성원들의 직무 열의에 영향을 미치는 요인 476개를 직무요구, 직무자원, 개인자원 등으로 구분하였는데, 이 중 '일의 의미'는 국내 기업 조직 구성원의 직무 열의에 가장 큰 영향을 미치고 있다. 자신의 일이 의미 있다고 생각하는 개인은 더 높은 심리적 적응을 보이며 조직에 대해서도 보다 바람직한 행동을 하게 된다는 것이다.

밀레니얼 세대는 일반적으로 1980~2000년대 초반 출생자를 말한다. 이들이 직장을 선택하는 기준은 자신의 전문성을 높이고 성장하는 것이며, 일의 의미와 성장을 매우 중요한 요소로 꼽는다. 하루라도 빨리 더 전문성을 높일 수 있는 직무를 경험하고 싶어 하기도 한다. 그러나 현재의 직장이 평생직장이라고 생각하지 않으며, 이를 솔직하게 이야기하는 것도 밀레니얼 세대의 특징이다. 한편 워라밸을 중시하지만 업무의 전문성을 향상할 수 있는 일이라면 야간 근무를 불사할 의지도 있으며, 빨리 더 큰 단위의 프로젝트를 수행하고 싶은 욕구도 크다. 이들의 이탈을 막고 장기 근속을 유도하기 위해 각 기업에서는 자유롭고 편안한 근무환경 조성, 개인의 취향을 존중하는 기업문화 형성, 원격근무와 유연근무를 확대하는 제도 수립 등의 다양한 노력을 하고 있다.

기업 내에서 이들 세대가 성장하기 위해서는 일의 의미와 커리어를 키워줄 수 있는 멘토링, 코칭과 같은 HRD 시스템, 소팀장과 같이 조기에 리더 직책을 수행해볼 수 있도록 하는 제도가 뒷받침되어야 한다. 구글과 같은 기업에서는 1대1 미팅(1on1)을 통해 팀장이 구성원과 일주일에 한 번, 30분씩 업무를 리뷰하고 고충 및 지원사항을 파악하기도 한다. 그밖에 국내의 많은 스타트업 기업에서 사내 퍼포먼스 코칭 제도를 통해 구성원들을 육성한다. MZ세대에게 리더로부터 직접 배울 수 있는 기회를 주는 것이다.

최근 기아 자동차의 우수 리더들을 인터뷰한 결과, 구성원들과의 소통에 많은 시간과 에너지를 투자하고 있다는 공통점을 볼 수 있었다. 또한 이들은 시니어 구성원들을 적극 활용, 주니어 구성원들에게 업무 노하우를 전수할 수 있도록 하여 갈등을 예방하고, 각 구성원들의 역할을 분명히 하고 있다. 이런 점은 조직문화 평가에 실제 반영되었다.

ESG 시대의 일하는 방식과 조직문화

개인과 조직의 새로운 존재 방식

코로나19로 인해 재택근무가 널리 시행되고, 일하는 환경이 전반적으로 변화했다. 이전에는 없엇던 방식의 재택근무가 실시된 후, 단기간에 그치지 않고 지속됨으로써 일하는 방식 자체가 바뀌게 된 것이다. 또한 리더 차원에서는 리더십 발휘와 일 관리의 변화가, 구성원 차원에서는 업무성과와 팀 내 소통방식에 변화가 발생하게 됐다. 우리나라도 코로나19가 장기화되고 정부의 사회적 거리두기 조치가 강화됨에 따라 재계 전반에 재택근무가 시행되고 있으며 과거 0.6%에 불과했던 원격근무 비율은 30%대로 급증하게 되었다. 대한상공회의소가 2020년 6월에 발표한 조사결과에 의하면, 재택근무를 경험한 직원들은 83%가 만족한 반면, 70% 이상의 기업들은 기존 업무방식과의 충돌(63%)과 업무 진행속도 저하 우려(17%)를 가장 큰 문제로 보고 있었다.

독일인에게 실시한 재택근무 경험에 대한 설문조사(IDG Research

| 비대면으로 업무 전환 시 차이점 |

	한국 / 프랑스	네덜란드 / 독일
공간 측면	사무실, 물리적 집합공간	집
소통 측면	대면	비대면
리더십 측면	관리, 통계	지원 / 촉진
구성원 측면	팀 중심	개인 중심
일 측면	전체, 통합	단위 업무, 자기 완결

2018.7.)에 따르면 항상 재택근무를 하는 경우는 3.8%, 며칠 혹은 가끔 재택근무를 하는 경우는 47.7%, 재택근무를 하지 않는 경우는 24.7%, 규정상 재택근무를 할 수 없는 경우는 23.8%로 코로나19 이전에는 대체적으로 재택근무를 하지 않거나 며칠만 시행해온 것으로 나타났다. 그러나 코로나19 확산 이후 이는 25%로 증가했고, 재택근무가 근무자의 안전을 담보하는 것으로 보고 기업 고용주는 근로자가 재택근무를 할 수 있도록 제도와 환경을 구축해야 한다는 인식이 확산하고 있다. 이때의 환경 구축에는 일하는 매뉴얼뿐 아니라 IT 시스템의 뒷받침도 포함된다. 실제로 재택근무를 방해하는 요인 중 IT 인프라의 불균형도 큰 원인이 되기 때문이다.

미국은 재택근무가 뉴 노멀이 되고 있으며, 소비에도 큰 영향을 주고 있다. 시장조사기관인 갤럽(Gallup)의 패널자료에 따르면 재택근무 근로자의 비율은 2020년 3월 중순 31%에서 4월 말에는 63%로 상승하였으며, 마이크로소프트 외 다수 기업은 2020년 말까지, 구글과 페이스북은 최소한 2021년 7월까지 재택근무를 시행했다. 트위터와 스퀘어 사는 원하는 직원에게 무기한 재택근무를 허용했으며, 많은 기업이 코로나19 확산세가 진정된 이후에도 재택근무 연장을 고려하고 있다.

많은 국가에서 코로나19로 인해 사회적 거리두기를 강화하는 수단으로 재택·유연근무의 허용을 권고하고 있는 추세이다. 이는 일자리 감소를 줄이고 고용은 유지하며 국민의 안전을 보장할 수 있는 탁월한 전략이다. 또 최근 심해지고 있는 기상이변이나 질병, 혹은 갑작스런 물리적 환경변화로 인한 비상 상태 발생 시 효과적인 근무형태가 될 수 있다. 재택·유연근무는 기업의 복지, 인재의 채용과 관리 측면에서 중요한 정책이며 근로자의 만족 및 조직의 성과를 동시에 충족시킬 수 있는 전략이다. 근로시간과 장소의 유연화는 일과 생활 사이의 갈등을 줄이고 근로자의 삶의 질을 향상시킨다.

이는 조직에 성과 향상을 가져오며 기혼여성의 경력단절도 예방할 수 있는 효과적인 정책이다. 또한 기업 및 조직원의 요구사항을 균형 있게 충족시킬 혁신적인 대안인 동시에 사회·환경적 문제를 일정 부분 해소할 수 전략이기도 하다. 재택·유연근무는 도심의 교통량 문제와 이산화탄소 배출과 같은 환경 문제를 어느 정도 해소하여 사회적 비용을 절감하게 한다. 미국의 경우 재택·유연근무 활성화에서 환경 문제는 빼놓을 수 없는 부분이며, 유럽의 경우 농촌경제 활성화를 위한 정책으로 재택·유연근무를 사용하기도 한다.

우리나라 역시 국가재난사태 또는 미세먼지와 같은 일시적 환경 문제가 발생했을 때 재택·유연근무를 도입하여 피해를 줄일 수 있다. 재택·유연근무는 근로자 개인의 만족과 동기부여에도 지대한 영향을 미친다. 또한 구성원의 업무 스트레스를 낮추고 자율성을 향상시키며 과업 수행능력을 강화시킨다. 그리고 이렇게 재택·유연근무가 근로자에게 미치는 여러 긍정적 효과는 조직의 생산성 및 효율성 향상으로 이어진다. 또한 조직원의 일 – 가정 양립, 직무만족 증대, 이직률 감소를 통해 직원 신규 채용비용을 절감시킨다. 다만 이러한 다양한 긍정적 효과는 제도적 지원 및 네트워킹이 잘 갖추어진 환경에서 더욱 높아지므로 제도적 지원 및 구축이 필요하다.

코로나19로 인해 앞으로의 시대는 BC(Before Corona)와 AC(After Corona)로 나뉘게 될 것이라는 전망 속에서, 전 세계는 지금까지 겪어본 적 없는 언택트 시대로 접어들었다. 우리나라의 경우 2022년 4월 18일부터 사회적 거리두기가 전면 완화되었다. 과연 코로나 19로 인한 비대면의 시대는 전면 전환될 것인가? 그러나 대부분의 전문가들은 비대면은 가상공간으로 확장될 것이라고 전망한다. MZ세대 여성 CEO 취임 이후 인사제도에 파격을 선언하고 있는 네이버는 2022년 7월부터 '커넥티드 워크' 제도를 도입하여 구성원들이 자유롭게 근무 형태를 선택할 수 있도록 한다. 이른바 5일 대면출근 시대에 종지부를 찍는 것이다. 만약 전면 재택을 선택할 경우 원하는 도시에서 살면서 일하는 것이 가능해지며, 해외 원격근무도 시행할 예정이다.

네이버 외에도 SKT와 같은 기업은 거점 오피스를 중심으로 일하는 방식으로의 전환을 검토하고 있다. 소속과 상관없이 집에서 가장 가까운 사무실에서 일하는 방식이다. 이에 따라 리더들, 소위 중간 관리자들의 고민이 커진다. '우리 조직의 구성원들은 어디에 있는가?' 즉 기업 내에서 개인과 팀의 존재 방식은 어떠해야 하는가 하는 질문이 대두된다. 같은 공간에서 위계적으로 일하던 팀의 개념은 더 이상 유효해 보이지 않는다. 우리는 직장, 일, 팀이라는 개념을 새로운 공간과 시간에 배치해야 한다.

결국에는 소통이 가장 중요하다

2020년 최초로 재택근무가 시작되어 수개월간 재택근무 상황에서 일해온 I사의 팀 리더가 가장 중요한 요소로 꼽은 것은 바로 '소통'이다.

"만약 비대면 상황이 계속된다면 팀의 친밀감을 유지하기 위해 다양한 방법이 발굴되어야 할 것입니다. 업무를 체크하기 위한 소통만 강화한다면 그것은 재택근무의 재앙이 시작된 것이겠죠."

언택트 상황이 되면서 기업의 리더와 구성원들은 다양하고 탁월한 협업 툴을 개발하고 업무의 일상에 적용하면서 업무 효율을 높이기 위해 끊임없이 달려왔다. 우리는 유례없이 복잡한 시대를 살아간다. 그러나 인간인 우리를 데이터만으로, 툴과 제도만으로 파악하기는 힘들다. 또한 단절은 우리가 추구하는 주된 혁신이 아니다. 사람은 서로 단절된 채 바다에 혼자 둥둥 떠 있는 섬이 아니기 때문이다.

조직문화란 조직 내에 공유된 신념, 가치, 체계로서 구성원의 행동 및 서로를 대하는 방식, 의사결정의 질을 의미하며, 조직의 성공 여부에 영향을 준다. 조직문화는 혁신 성과에 영향을 주기에 중요하다. 불확실성이 높아지는 환경에 적응하고 생존하기 위해서는 조직에도 지속적이고 파격적인 변화가 요구된다. 또한 기술변화에 대해 조직 구성원들이 잘 배우고 따라갈 수 있도록 연속적이고 체계적인 교육과 문화적 변화 추구도 필요하다. 창의성 연구가인 에마빌(Amabile, 1983)은 근무환경과 성과에 대해, 창의성을 촉진하고 지원해주는 이상적인 환경은 어떤 틀에서의 일치나 복종 또는 외적 평가의 압력이 없는 수용적 분위기, 판단 유보, 표현의 자유, 무조건적인 수용이 있는 환경이라고 말한다. 근무환경과 성과에 관한 연구에 따르면, 원격근무일 경우 조직 성과에 의미 있는 영향을 주는 것은 선택의 자발성 여부와 관련이 있었다. 이에 따라 조직 내 효과적인 소통 방법이 더욱 중요해지고 있다.

과거에는 조직의 리더가 소통의 주도권을 쥐고 일방적으로 '전달'하고 '통제'했으나 이제는 모든 직원이 소통의 주체로 등장하고 있으며 소통의 방식도 하향식에서 쌍방향, 수평적 방식으로 변화하고 있다. 더욱이 최근 신세대 직장인인 밀레니얼 세대, MZ세대는 기성세대와 달리 쌍방향 참여를 통해 의미를 찾는 소통을 선호한다. 조직관리자의 정서적 소통능력이 필요한 감성경영의 실천이 현장에서 강하게 요구된다. 연구자들 역시 조직 내 원활한 의사소통이 구성원 간 신뢰는 물론, 회사 신뢰를 제고하는 데 영향을 준다고 한다.

리더십의 변화 요구[2)]

국내 대기업에서 실제 수개월간 재택근무를 해온 리더와 구성원에게 인터뷰에서 재택근무 상황에서 지속적으로 팀을 유지하고 팀워크를 높이기 위한 대화와 행동을 하는가에 대해 질문한 적이 있다. 이에 대한 답은 다음과 같았다.

- 2020년 2월 말~4월 초에는 거의 100%, 8~9월 70%, 12월에는 거

2) 권용주·김지은, 〈호텔산업에서 포용적 리더십에 의한 에너지감정이 창의적 업무 관여도에 미치는 영향〉, 《호텔관광연구》 73권, 한국호텔관광학회, 2017.

의 100% 재택근무를 시행했습니다. 이러한 형식의 재택근무는 코로나19 이전에는 전혀 없던 방식이기 때문에, 노력하였으나 팀에 대한 친밀감은 다소 부족해지는 느낌이었습니다. 그냥 바로 대화가 이루어지는 것이 아니라, 정제되어서 오는 느낌이었습니다. (S기업 C매니저)

- 재택근무 기간 동안 목표에 대해서는 이전보다 더 자주 체크하고 공유하게 되었습니다. 하지만 비대면 회의를 통해 동료 간 친밀감, 동료애가 일부 감소하는 현상을 스스로 느끼게 되었습니다. 때문에 재택근무 동안은 동료와 더욱 자주 통화하는 등 개인적인 노력이 필요하다는 것을 알게 되었습니다. (A기업 K매니저)

다음으로 실질적으로 업무방식이 어떻게 변화했는지에 대해 질문하였다. "개인(구성원)의 일하는 방식은 어떻게 변했습니까?"

- 재택근무를 하는 동안 주요 임무가 아닌 경우에는 옆에서 보이지 않으므로 어떠한 업무를 수행 중인지에 대해 끊임없는 소통이 필요했습니다. 때로는 소통이 방해가 되는 경우도 있는 것 같은데, 어쩌면 개인/조직의 성과를 어떻게 평가하는지에 대해 한 번 더 고민해봐야 하는 시기인 것 같습니다. 개인 성과의 정량적 측정에서 어려움이 있습니다. (S기업 H리더)
- 일을 나눠서 하다 보니 협업에 가장 큰 고민이 생기게 됩니다. 통화나 영상으로 풀리지 않는 것도 많아서, 누군가에게 다시 책임을 묻게 되는 것이죠. (S기업 C매니저)

구성원들은 재택·유연근무를 통해 출퇴근에 소요되는 시간을 줄이고 일에 집중할 수 있어서 반기는 분위기이도 하고, 오히려 업무 집중도가 높아진다는 의견도 있었다. 일의 진척도 측면에서는 각자가 눈치 보거나 불필요한 방해 없이 일에만 집중할 수 있게 되었다는 대답도 있었다. 이러한 상황에서 리더십에 변화가 요구되는 것은 지극히 당연해 보인다. 리더십은 언제나 경영환경에 따라 변화해왔기 때문이다.

그렇다면 과연 팀장의 일 관리와 사람 관리 방식은 어떻게 변화해야 언택트 시대에 성공적으로 리더십을 발휘하고 지속가능성을 높일 수 있을까? 먼저 업무사항뿐만이 아닌 개인적 측면, 육성 관점의 이슈를 꾸준히 이야기함으로써 소통의 공백을 줄이는 것이 중요하다. 팀 구성원들이 협력해야 하는 경우나 무언가 함께 치열하게 논의하는 시간은 상대적으로 줄어들 수 있으며, 구성원 각자가 독립적으로 추진하는 과제가 많아질 것이다. 따라서 구성원들에 대한 소통과 공감이 더욱 중요해진다. 리더에게는 관리 차원에서의 섬세함이 요구된다고 할 수 있다.

국내 대기업인 H사의 팀장들을 대상으로 소통에 대한 설문을 진행한 결과, 언택트 환경에서 구성원들의 내면적 감정을 읽어내기가 어렵다는 응답이 많았다. 독일에서 2016년에 펴낸 《직업세계 4.0》에 의하면 미래 사회의 일하는 방식은 개인화되며 이에 따라 근로계약과 조건도 그만큼 다양해질 예정이다. 우리나라에서도 먼 이야기는 아니다. 플랫폼 스타트업인 B사는 라이더 직무를 제외한 200여 명의 계약을 모두 개별화하고 있다. 기업에서는 이러한 방향성을 포용할 수 있는 정책과 제도를 준비해야 할 것이다. 가든스워츠와 로웨(Gardenswartz & Rowe, 1994)는 다양성을 4가지 차원으로 이야기한 바 있다. 조직 차원, 외부적 차원, 내부적 차원, 그리고 성격에 대한 차원이다. 성격을 다양성의 원에 가장 핵심으로 배치한 이유는 그만큼 다양성 관리의 출발이 개인의 고유함을 인정하는 데서부터 시작된다는 것을 말해준다.

SK그룹의 경영서인 SKMS 개정의 방향은 구성원의 행복 추구이며, 구성원이 행복의 주체이다. 바야흐로 기업과 리더가 구성원을 추앙해야 하는 시대이다. 교육 역시 구성원의 성장 경로와 욕구에 맞도록 프로그램이 설계되어야 하며, 리더십 역시 구성원 한 사람, 한 사람의 성장을 지원하는 방향으로 발휘되어야 한다.

최근 많은 기업에서는 1on1 대화 방식을 장려하고 있다. 수평적이고 유연하며 자율을 중시하는 방식으로 조직이 진화하고, 대면과 비대면 상황이 동시에 존재하기 때문이다. 1on1은 보통 30분으로 구성되며, 일주일에 한 번 리더와 구성원이 대화하는 것을 장려한다. 이는 리더 중심의 대화 방식이라기보다는 구성원 중심의 소통이다. 즉 이슈의 중심이 구성원에게 있다. 구글에서는 1년에 52번 팀장으로부터 직접 교육받는 기회가 된다고 보아, 활발하게 운영되고 있다.

1on1 설계

- 10분 : 팀원이 지난번 1on1 이후 업무 상황에서 성취한 것
- 10분 : 팀장이 팀원의 질문과 요청에 대해 의견, 피드백
- 10분 : 다음 한 주의 업무 방향 등 의견 교환

한국에서는 아직 이러한 미팅 방식을 다소 부담스러워하기도 하지만 구성원이 팀장과 직접 소통하며 자신을 어필하고, 문제 해결을 호소

할 수 있는 기회이기도 하다. 무엇보다 구성원이 팀장이야말로 자신의 가장 강력한 리소스라는 것을 인식하는 가장 수평적인 대화라고 할 수 있다.

디자인 씽킹 팀의 설계 : 간학제 팀과 다학제 팀

마이클 루릭(Michael Lewrick)은 간학제 팀(Interdisciplinary)의 장점을 얘기하면서 다학제 팀(Multidisciplinary)과의 차이점을 설명한다. 다학제 팀은 모든 팀원이 자신의 전문 영역을 지지하기 때문에 해결책을 주로 타협점에서 찾는 경우가 많고, 공통적으로 목표를 공유하고 있으나 개별적 작업이 이루어져 의사소통과 협업에 손실이 있을 수 있다. 이에 반해 간학제 팀에서는 전체론적 사고방식으로 공동으로 아이디어가 창출된다. 도로시 레너드 바런(Dorothy Leonard Baron)은 'T자형 인재'를 제안했는데, 이는 팀 구성원들의 개별적 전문성뿐 아니라 폭넓은 일반 지식이 요구되는 인재를 뜻한다. 2가지 이상의 서로 다른 지식을 가진 구성원을 선발하는 것뿐 아니라 이 전문가들이 하나의 유기체처럼 연결될 수 있도록 경험을 확장해가는 조직과 직무 설계도 필요하다. 혁신기업의 특징은 매우 창조적 시각에서 프로세스를 다시 제조해낸다는 것이다. 이를 위한 역량으로서 다양성 확보와 관리가 중요하다.

수평 자율시대의 조직 : 소시오크라시

2001년 2월 21일 실리콘밸리 소프트웨어 개발자 17명이 모여 '애자일(Agile) 연합'을 꾸린 것에서 시작된 애자일 조직은 아직까지는 일하는 방법이나 설계방식으로 받아들여지고 있다. 반면 여기서 소개할 소시오크라시(Sociocracy)는 참여와 동의에 기반한 역동적 조직운영 체계로 구성원이 자기경영 조직을 설계하는 새로운 접근이다. 이는 '효과적인 업무 수행+합리적인 조직운영'이라는 방향성을 가지고 구성원들의 수평적 참여와 업무 중심의 효과적 의사결정이 조화를 이루어, 소수의 리더에게 의존하지 않고 구성원이 모두 함께 역동적으로 운영하는 조직 경영 이론이다. 지속 경영 조직설계와 운영에 적합하며, ESG의 철학에도 부합한다.

사회학의 창시자인 프랑스 철학자인 오귀스트 콩트(August Comte)가 이러한 개념을 먼저 설립하였고 미국의 사회학자이자 철학자인 레스터 프랭크 워드(Lester Frank Ward)가 실용적으로 발전시켰다. '사회학의 창시자'로 알려진 콩트의 실증주의 원리를 과학이나 정치 분야의 실용주의로 확장한 것으로 평가된다. 콩트는 민주주의의 한계를 통찰한 후 소시오크라시를 창시했으며 사회학이 새로운 통치 방식, 곧 소시오크라시의 토대가 되어야 한다고 제안했다. 민주주의가 심화적으로 발달하기 위해서는 개인의 의지와 지성에 바탕을 둔 소시오크라시가 그 근간이 되어야 한다고 보았다. 네덜란드의 교육 개혁가인 코넬리우스 키스 뵈케(Cornelius KeesBoeke)와 베티 캐드버리 뵈케(Betty Cadbury Boeke)는 이를 조직 운영 적용 단계에서 발전시켰다. 이들은 소시오크라시를 학교 운영에 접목한 교육실험을 통해 이론에서 실전 기법으로 발전시켰으며 이는 몬테소리 교육의 근간이 되기도 했다. 이후 미국의 존 벅(John Buck)은 소시오크라시 컨설팅 그룹을 창립하여 영어권 세계에 처음으로 알리기 시작했으며, 현재 전 세계를 돌며 열정적으로 활동하고 있다.

소시오크라시의 핵심 가치 3가지

평등, 효과, 투명은 소시오크라시의 중요한 3가지 핵심 가치다. 소시오크라시는 평면적인 소통을 지양하며 수평적, 양방향적 소통을 지향한다.

'평등'은 의사결정 참여를 말한다. 누구나 고유한 한 구성원으로서 존재하기 때문에 ESG 경영의 '인적 구성의 다양성'에 적합하다고 본다. 의사결정에서 소외되는 구성원들은 몰입의 수준이 낮을 것이다. 또한 이는 정보의 공유와 권한 위임과도 관련되어 있기 때문에 중요하다.

한편 어떤 좋은 제도나 구성원 중심의 정책은 언뜻 보면 성과를 떨어뜨리는 것처럼 여겨지기 쉽다. 그러나 '효과'는 철저하게 계획의 실행과 결과에 대한 명확한 피드백을 의미한다. 피드백 채널이 오픈되는 것은 디지털 시대에는 힘의 균형추가 더 이상 기업에 있지 않다는 것을 보여준다. 새로운 소비자들은 기업이 원하는 대로 광고를 보고 있지 않는다. 유튜브의 성공 요인 중 하나는 광고의 스킵 버튼이다. 이처럼 조직과 혁신의 목표는 고객의 관점을 갖는 것이며, 이를 위해서는 같은 문제를 다른 방식으로 볼 수 있는 역량이 필요하다. '투명'의 경우 조직

| 소시오크라시의 핵심 가치 |

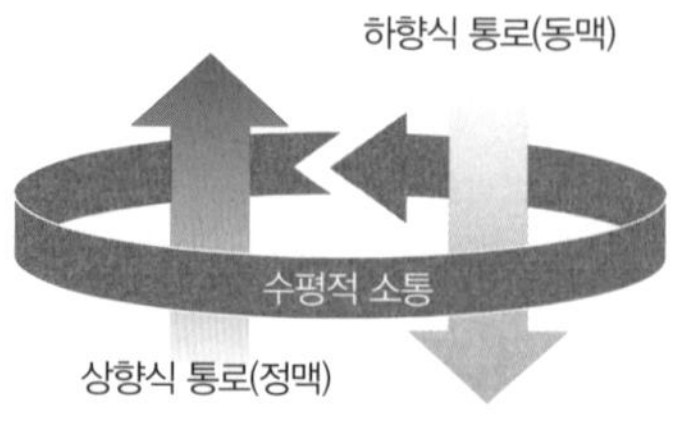

- 평등: 조직의 목표를 달성하기 위해 의사결정에 평등하게 참여
- 효과: '계획 실행 피드백'을 통해 빠르게 생산적인 업무 수행, 자가발전
- 투명: 조직 운영 정책(Policy)과 관련한 모든 정보를 공개하여 의혹 없이 책임 분담

출처: 주현희, 소시오크라시스코리아, 2021.

운영 정책과 관련된 모든 정보를 공개함으로써 공정을 바탕으로 책임을 분담하는 것을 뜻한다.

소통과 협업을 이끌어내는 원리

수평과 자율조직을 지향하는 소시오크라시는 소통과 협업을 이끌어내는 원리로 3가지를 제시하고 있다.

동의

각자가 조직의 비전과 미션에 근거하여 공동체의 일을 판단하고 '동의(Consent)'로 의사결정을 내리며, 더 나은 의사결정을 위해 건강한 '반대'를 장려한다.

서클 회의(Circle Meeting)

회의는 정책 회의와 운영 회의의 2가지로 나뉜다. 정책 회의는 구성원들의 의견을 효과적으로 업무에 반영하도록 보장하며, 운영 회의는 일상 업무의 빠른 추진을 위해 리더(업무 책임자)의 의사결정권을 보장한다. 업무의 특성에 맞게 모든 의사결정이 구성원의 참여와 동의로 이루어지지는 않는다는 의미다.

더블 링킹(Double Linking)

우리가 보아온 조직도는 대부분 수직적인 구조이다. 반면 소시오크라시적 조직도는 원형구조를 갖는다. 이는 애자일 조직과도 유사하다. 그러나 이사회의 구성 등 사회와 조직의 지배구조 발전단계에 따라 더

블링크된 조직의 모습은 달라질 수 있다.

- 단위 조직인 서클 간 양방향 소통을 위한 연결 시스템
- 하향식 소통 통로 다운링크와 상향식 소통 통로 업링크로 구성

소시오크라시에서 말하는 수평적인 조직의 개념은 관리자가 전혀 없는 조직을 의미하지 않는다. 더욱 섬세한 관리 모델이 필요하다고 할 수 있다.

소시오크라시 자율경영 조직의 7가지 요소

중앙집권적 조직이 아니라 권한이 분산되는 수평적인 조직에는 더 정교한 조직관리 시스템이 필요하다. 이를 위해 소시오크라시 자율경영 조직의 7가지 요소를 다음과 같이 제시한다.

공동의 목적

가장 작은 단위조직에서도 비전/미션/목표를 설정하는 것으로 시작하길 권한다. 협력적 VMA(Vision, Mission, Aim) 수립은 조직 내 협업의 기반이자 진정한 팀 구성의 출발이다.

동의 의사결정

올바른 동의와 이의제기가 빠르고 효과적인 그룹 의사결정의 비결이다.

서클 회의

운영결정과 정책결정에 리더의 지식과 경험, 실무자의 의견이 시너지를 낼 수 있다.

적임자

적임자는 선출을 통해 선임되며, 이는 승진이 아니라 역할의 변화를 뜻한다. 또한 수평조직에서 권한 위임의 비결이다.

| 선출 프로세스 |

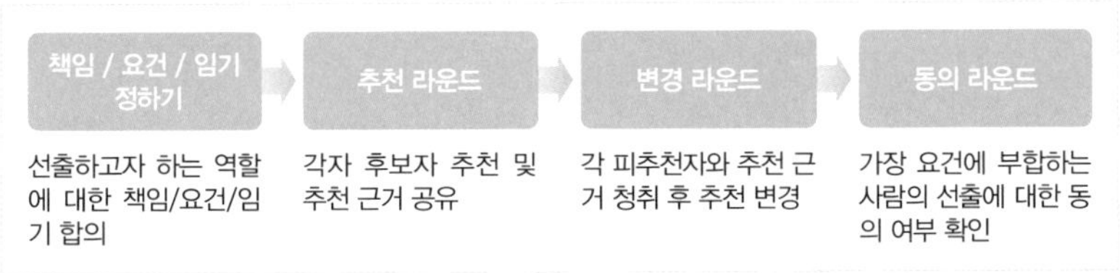

출처: 주현희, 소시오크라시스코리아, 2021.

서클과 이중 연결

양방향 소통 모델로 상향식 의사결정이 가능한 시도이다.

피드백루프

빠른 실행과 지속적인 개선 조직 운영의 모든 면에 피드백루프 원리를 적용한다.

성과

개인과 조직의 성장을 위한 피드백 인사 평가의 근본적인 변화를 위한

| 소시오크라시 서클의 4가지 역할과 책임 |

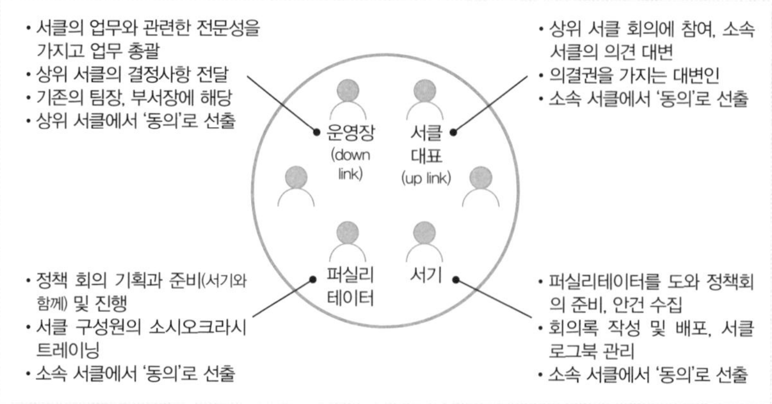

출처: 주현희, 소시오크라시스코리아, 2021.

솔루션이라고 할 수 있다. 이는 새로운 성과 평가와 피드백의 방식이다.

소시오크라시 조직의 기본단위는 서클이다. 이것이 조직변화의 첫 단계가 될 수 있다고 믿는다. 개념은 기존의 팀에 해당하는 조직의 단위를 의미한다. 모든 서클은 4개의 직책자를 가지며, 이 직책들은 서로 수평하다. 소시오크라시에서는 직권으로 임명하거나 다수결 투표로 직책자를 정하지 않는다. 명확한 역할과 책임(R&R, Role and Responsibilities)을 정의하고 이에 대한 구성원의 동의를 바탕으로 적임자 선출이 가능하며, 직책자의 권위가 자연스럽게 형성된다.

새로운 혁신의 코드, 다양성의 장점과 단점

지금까지 ESG 시대 인적자원 관리의 지속가능성 제고 방안과 이를 뒷받침할 수 있는 조직설계 방향을 살펴보았다. 코로나19의 백신 보급과 델타 변이에 이은 오미크론의 대확산 가운데 기업들은 바이러스와 싸우며 변화의 역동성과 경쟁이 강한 환경을 돌파해가고 있다. 또한 한 개인과 기업의 생존만이 아닌 비즈니스 생태계의 건전한 지속가능성을 높이기 위해 경영의 모든 분야에서 근원적인 혁신에 대한 요구에 대응하고자 노력 중이다. 이러한 가운데 새로운 혁신의 코드로 '다양성'이 제시되고 있는 것이다.

기업의 지속가능경영을 위한 혁신은 '다양성 관리'라는 방향성과 연계되어 경영의 각 분야가 인접 분야와 함께 접촉 경계에서 연결된 후 포용해가는 것으로 확장된다. 또한 다양성은 복잡한 기업환경에 직면한 기업들의 조직 기능을 활성화하고 지속적인 성장동력을 확보하는 방안으로 받아들여지고 있다. 다양성은 차별 해소, 상호 학습을 통한 새로운 사업의 기회를 모색해볼 수 있다는 장점이 있지만 조직원 간의 응집력을 약화시키고 갈등을 불러올 수 있어, 양날의 칼이라 하겠다. 그러므로 장점을 키우고 단점을 최소화하는 것이 중요하다.

광범위한 ESG의 사회적 측면 중 인적자원 관리라는 한 분야를 집중하여 조망하였다. 가장 중요한 것은 다양성에 대한 인식의 확대, 그리고 배려와 존중의 문화이며 지속가능성 제고를 위해 각 기업은 전 분야에서 근원적 변화를 시도해야 한다. 그리고 그 변화는 물론 '사람'을 향하고 있어야 한다고 믿는다.

윤석근 Rambus Inc. IP & Security IP 한국 담당 이사

한양대학교 공학대학원에서 전자 전공, 보안 및 통신 관련 대한민국 해군 정보통신장교로 군복무 후, Embeded 반도체 및 IT 기기 분야에서 보안전문가(CISSP, 2007)로 20년간 활동했으며, Verimatrix/Inside Secure 한국 지사장을 역임했다. 현재는 Rambus에서 IP & Security IP 관련 한국 업무를 담당하고 있으며, 한국 IT 기술 발전, 한국 반도체 기술 역량 강화 및 관련 분야의 지속가능경영 문화 구축을 위한 ESG 적용을 위해 노력하고 있다.

이메일 skyoun@rambus.com

9장

ESG의 동력 지배구조(G)를 바로 세우자

기업의 브레인 G

협치를 의미하는 G

처음 ESG라는 단어를 접했을 때, 가장 궁금했던 것은 E, S, G 중에서 구태여 E(Environmental)를 가장 앞에 배치하고 S(Social)와 G(Governance)를 뒤이어 둔 이유가 무엇일까 하는 것이었다. G는 가장 중요하지 않기 때문에 맨 뒤에 있는 것일까? G는 무엇을 의미하는 것일까? 이와 관련해 이번 장에서 구체적으로 살펴보고자 한다.

사실, 학문적인 의미에서의 Governance는 1980년대 이후, 이념의 대립 및 자본의 양극화 등으로부터 사회적 갈등을 관리하고자 하는 반성에서 출발한 개념이다. 따라서 인간의 사상, 역사, 이념, 돈, 문화, 언어 등 여러 분야에서 논의되어왔으며, 가치관과 문화에 따라 그 색깔을 달리하며 지난 수십 년간 발전해왔다.

반면 ESG에서의 G는 통상적으로 '지배구조'로 번역된다. 그러나 '지배'라는 단어는 상당 부분 속박과 구속의 의미를 담고 있으며, 오히려

'Control'에 가깝다고 할 수 있다. G의 본질에 대한 보다 정확한 의미 부여를 위해 또 다른 사전적인 의미인 '협치(協治)'라는 단어에 주목하게 되었다. 협치를 한자로 풀이하면 '화합하여 다스린다'라는 의미이다. 그럼, 화합하여 다스리는 것은 어떻게 하는 것일까? 이 장에서는 이러한 구체적인 G의 모습을 함께 논의하고자 한다.

G의 존재 이유는?

기업은 돈을 벌기 위해 일관성 있게 변화해왔다. 그러나 ESG의 등장은 이러한 변화에 큰 고민을 던져주었다. 왜냐하면 ESG는 기업의 최대 목표인 매출 증대 및 수익의 극대화를 방해하는 요소들로 가득 채워져 있기 때문이다. 그러면 왜 비용으로 치부되던 ESG를 이제는 투자를 위한 새로운 기회라고 얘기하는 것일까? 무엇이 이러한 변화를 이끌었을까?

먼저 지난 2020년의 다보스 포럼으로 돌아가보자. 다보스 포럼은 주주의 이익을 최고의 가치로 생각하는 미국 중심의 신고전주의 경제학(Neo-classical Economics)에서 벗어나 이해관계자론(Stakeholder Theory) 또는 사회적 투자론(Social Investment Theory)에 기초한 유럽식의 경제학으로 진일보할 수 있는 신호탄을 만들어주었다.

신고전주의 경제학 측면에서 기업은 경제적 성과, 즉 이익을 내는 것에만 충실해야 한다. 또한 주주는 기업의 주인이기 때문에 기업이 창출하는 이익은 당연히 주주의 몫이어야 한다. 그러나 이해관계자론이나 사회적 투자론의 관점에서 보면, 매출과 수익의 극대화를 위한 모든 행위들로 말미암아 결국 기업은 장기적으로 또 다른 비용의 지출을 요

| 지배구조에 따른 '영·미식 모형'과 '유럽·일본식 모형' |

		영·미식 모형	유럽·일본식 모형
해당국가		미국, 영국 등 영미계 국가	일본 및 독일 등 유럽대륙계 국가
기업의 기본 개념	기업 이념	주주 주권주의(주주가 기업의 주현)	기업공동체주의(기업은 하나의 공동체)
	경영 목표	주주이익 극대화	이해관계자들의 이익 극대화
	기업성 과측정	기업의 시장가치(주식가격)	기업의 시장가치(주식가격), 고용관계, 공급자와 구매자와의 거래 관계 등
규율 수단		• 이사회의 경영 감시 • 시장에 의한 규율 – 투자자의 자유로운 주식매매 – M&A 허용 등	• 조직에 의한 통제 • 거래은행의 경영 감시 및 통제
경제환경 및 특징	금융 여건	• 자본시장 성숙 및 관련법제 완비 • 기업자금을 주로 자본시장에서 조달 • 은행은 기업경영에 불간여 • 기관투자가의 높은 지분율	• 자본시장 미성숙 • 기업자금을 주로 은행을 통해 조달 • 은행이 기업경영에 영향력 행사 • 대주주의 높은 지분율
	회계제도	주주이익(배당)의 극대화를 위해 시가주의 회계 채택	기업 및 채권자 입장에서 원가 중심의 보수주의 회계 채택
	특징	• 소유와 경영의 분리 • 주주 이익을 중시하는 법제 • 소액주주 보호장치 존재 • 엄격한 기업정보 공개 요구	• 소유와 경영의 중첩 또는 분리 • 이해관계자들의 공동이익 추구 • 기업 경영의 안정을 중시하여 M&A 제한
평가	장점	• 투자 위험의 분산으로 일반인의 기업 투자 촉진 • 소유와 경영의 분리로 경영 효율 제고	• 장기적인 안목에서의 경영 가능 • 이해관계자의 이해상충율 조화
	단점	• 경영자의 단기성과주의	• 단원적인 기업 목표로 인해 주주 이익 경시 가능성

출처: 박영석, 〈ESG 총론 – ESG 어떻게 준비할 것인가〉, 2022.1.11.

구받게 된다.

또한 기업은 이익만을 추구하는 조직이 아니며, 기업의 행위는 개인의 행위와 마찬가지로 윤리적 표준에 맞추어서 평가된다고 주장한다. 이것이 경제학적인 측면에서 G의 출발점이라고 보아도 과언은 아닐 것이다.

위 표는 지배구조에 따라, 미국 중심의 '영·미식 모형'과 유럽 중심의 '유럽·일본식 모형'으로 구분한 것이다. ESG에서는 기업 공동체주의를 표방하고 있으며, 이해관계자론이나 사회적 투자론에 기초한 이해관계자 모두의 이익을 기본 개념으로 하는 '유럽·일본식 모델'을 합리적인 모델로 강력히 권고한다.

G는 광의의 관점에서 기업이 창출하는 초과이윤에 대한 사후적 배분을 구체화하는 복잡한 통치구조 또는 기업의 운영을 통제하고 규율하는 규범이나 제도적 장치의 하나로 정의된다. 반면, 협의의 관점에서 보면 기업 구성원인 주주, 경영자, 채권자 및 기타 이해관계자 지분의 관계 간 대리인 비용을 방지하고 주주가치를 증대시키기 위한 제도적 장치이다. 이처럼 G의 역할은 각 구성원 간의 업무와 조직을 효율적으로 운용할 수 있도록 지원하고 협조하는 모든 행위라고 할 수 있으며, 기업의 가치를 증가시키기 위한 시스템이라 할 수 있다.

사회의 변화와 함께 발전해온 G

최근 ESG가 사회적인 화두로 떠오르면서 여러 가지 종류의 관련 서적, 유튜브 영상, 신문기사들도 시장에 쏟아져 나오고 있다. 그러나 사실 ESG는 새로운 것이 아니며, 우리와 항상 함께해온 개념이다. 예를 들어 우리는 과거 E를 '자연보호', '생태계 복원사업', '조림사업' 등으로 불렀다. 그렇다면 S는 어떨까? '이웃돕기', '상부상조', '품앗이' 정도라고 생각하면 좋을 것이다.

G 또한 아주 새롭거나 우리와 아주 멀리 동떨어진 개념이 아니다. '협동적 인간'이라고 번역될 수 있는 호모 쿠페라티부스(Homo Cooperatives)라는 단어는 인간 본연의 모습이 G와 얼마나 가까운지 단

적으로 보여준다.

과거의 인간들은 위협적인 맹수로부터 안전을 보장받기 위해, 생존할 수 있는 터전을 만들고 사냥이나 목축, 농경을 위해서 단체생활을 시작했을 것이다. 인간은 단체생활을 하며 자연스럽게 규약 및 조직을 만들었고, 규약과 조직의 안정은 곧 인구의 증가로 이어졌다. 조직은 점점 거대해졌고, '협동적 인간'은 소통과 상호 협력을 더욱 강화했을 것이다. 이 모든 것을 우리는 '조직', '규범', '법률', '구조' 등 여러 가지 이름으로 부르고 있다. 기업도 인간의 이러한 발전과 함께해왔다. 오히려 사회의 변화에 발맞추어 가장 빠르게 변화하는 것 중 하나가 기업이다. 그리고 인간의 변화하는 생활양식에 발맞추어온 G는 기업에게 없어서는 안 되는 가장 중요한 요소 중 하나이다.

이렇게 사회의 변화에 발맞추어온 G는 조직, 규범, 법률, 구조 등 형이상학적이고 감성적인 부분을 포함한다. 따라서 우리는 G를 보다 객관적이고 보편적인 시각으로 관리하고자 노력하고 있다. 현재 여러 기관 및 기업들이 각자 자기들만의 방법으로 G를 객관적인 지표로 정리하고 있으며, 가장 널리 사용되고 있는 공시 가이드라인은 GRI(Global Reporting Initiative) 표준이며, 평가의 활용은 MSCI ESG Ratings를 들 수 있다.

GRI는 독립기구 형태로 네덜란드 암스테르담에 본부를 두고 활동하고 있으며, 다음 페이지에 나오는 표와 같이 102번 항목을 중심으로 G에 대해 정의하고 있다. 상대적으로 다른 지표에 비해서 기업을 폭넓고 깊이 있게 분석할 수 있도록 항목의 다변화를 위해 노력하고 있다. 일반적으로는 3~4년을 주기로 개정하고 있으며, 자세한 내용은 다음의

| GRI의 Governance 정의 |

번호	주요 내용 및 정리
102-18	지배구조
102-19	권한위임
102-20	경제, 환경 및 사회적 주제에 대한 임원 책임
102-21	경제, 환경 및 사회적 주제에 대한 이해관계자 협의
102-22	최고 의사결정기구 및 그 하위 위원회의 구성
102-23	최고 의사결정기구 의장
102-24	최고 의사결정기구 위원 추천 및 선정
102-25	이해관계 상충
102-26	목표가치 및 전략수립에 관한 최고 의사결정기구의 역할
102-27	최고 의사결정기구의 집단지식
102-28	최고 의사결정기구의 성과 평가
102-29	경제, 환경 및 사회적 영향 파악 및 관리
102-30	리스크 관리 프로세스의 효과성
102-31	경제, 환경 및 사회적 주제에 대한 검토
102-32	지속가능 보고에 있어 최고 의사결정기구의 역할
102-33	주요 우려 사안에 있어서의 소통
102-34	주요 우려 사안의 성격 및 총 건수
102-35	보수 정책
102-36	보수 산정 프로세스
102-37	보수 정책에 대한 이해관계자 참여
102-38	연간 총 보수 비율
102-39	연간 총 보상비율 증가율

출처: Global Reporting Initiative

표를 참조하기 바란다. 보다 세부적인 항목은 globalreporting를 통해서 확인할 수 있을 것이다.

반면 MSCI ESG Ratings는 이름에서 알 수 있는 바와 같이, 금융 및 투자 전문 회사인 모건스탠리 캐피털에서 주기적으로 발표하는 표준지수이며, 전 세계 투자자들의 투자지표로 활용하고자 만든 기준이다. MSCI는 기업 지배구조(Corporate Governance: 이사회의 다양성, 소유구조, 경영진의 보수, 회계투명성)와 기업행동(Corporate Behavior: 도덕성, 조세투명성, 부패 및 불안정성, 반경쟁적 행위, 재무 시스템의 취약성)라는 2가지 축으로 구성되어 있다. 어느 지표보다 기업의 재무 상황에 대해서 면밀히 검토한다는 점에서 기업의 재무 건전성에 대해서는 가장 정확한 지표라고 할 수 있다. 한편, UN PRI는(앞에서 검토한 GRI나 MSCI ESG Ratings와는 달리) UN이 주도하여 부정과 부패 모니터링에 집중하고 있는 차이가 있다

이처럼 G는 그 적용대상이 추구하는 이념 및 가치 기준에 맞추어 여러 가지 모습으로 발전하고 있다. 앞으로도 사회 변화에 발맞추어 보다 다양한 형태의 G 기준이 등장하기를 기대해본다.

최종결정권자 G

ESG의 상관관계에 대한 이해를 돕고자 그림을 준비했다. 그림에서는 말 두 마리(E와 S)가 끄는 마차를 마부(G)가 조종하고 있다. 만약 E와 S가 없다면 이 마차는 움직일 수 있을까? 물론 마부가 직접 수레를 끈다면 움직일 수는 있을 것이다. 그러나 말 없이 인력으로 수레를 끌게 된다면 마차는 상당히 느리고 힘들게 움직일 것이다.

반면, 거꾸로 마부가 없다면 어떨까? 말들은 저마다 속도를 내며 앞으로 달려가지만 이내 각자 다른 방향으로 날뛰기 시작하고, 마차는 결국 뒤집히고 말 것이다. 그러므로 마차의 이동 방향, 경로에서 마부의

역할이 얼마나 중요한지 알 수 있다.

G는 마차의 마부와 같다. 회사의 경영방침을 결정하는 가장 중요한 요소이다. 즉 G는 E와 S의 방향 설정을 위한 방향타의 역할과 가속 및 감속 등 속도 조절을 위한 모든 핵심적인 역할을 한다. 그러나 G가 E, S를 속박하고 구속하면서 끊임없이 채찍질만 한다면 두 말은 오래가지 않아서 죽고 말 것이며, 조직 내에서 지속가능한 ESG 모델은 존재하기 어렵게 될 것이다. 따라서 G는 E, S의 활성화를 위해 상호 협력에 앞장서야만 한다. 규율을 세우는 데 있어서도 상호 협의, 열린 생각, 상하관계가 아닌 수평적인 관계 등을 기반으로 서로를 존중하는 문화를 만들어야 한다.

또한 ESG의 성공적인 운용을 위해서는 숙련된 인력이 필요하다. 이는 G라는 합리적인 시스템이 필요하다는 의미이기도 하다. 다음 그림에서처럼 마부가 들고 있는 채찍의 이상적인 활용, 마구(馬球)의 적정한

| E, S, G의 상관관계 |

운용을 위해서는 반드시 적절한 시스템이 필요한 것이다. G의 구체적인 시스템 및 문화에 대한 자세한 내용은 다음 절에서 다룰 것이다.

바른 시스템과 투명한 G

우리 역사에 녹아 있는 ESG

G는 기업 활동에 없어서는 안 될 가장 중요한 활동 중 하나이다. 그러나 이상적인 G를 만들고 기업에 적용해나가기 위해서는, 무엇보다 그에 어울리는 하드웨어(조직 및 시스템) 및 소프트웨어(주인의식, 사명감, 사상 등)를 제대로 구축하는 것이 필요하다. 우리나라의 역사를 돌아보아도, 선조들이 ESG를 실현하고자 많은 노력을 해왔다. 조선시대 정치제도의 핵심 중 하나인 삼사 제도(사헌부, 사간원, 홍문관)도 하드웨어적인 측면의 하나로 들 수 있다. 이는 권력이 정점에 있는 왕권을 견제하고, 왕을 훈육하는 시스템이다. 감찰, 언론, 학술 기능을 통해서 보다 이상적인 정치체제를 만들고자 했던 선현들의 지혜라 하겠다.

한편 소프트웨어적 요소로는 홍익인간 정신을 꼽을 수 있는데, '널리 인간을 이롭게 한다'는 사상은 G의 대의와도 정확히 일치한다 하겠다. 이후 조선시대에 이르러 정약용이 발간한 《목민심서》에도 그러한 가치가 반영되어 있다.

G를 통한 유연하고 독립적인 관리 감독

반면 지금 우리의 현실은 그렇게 녹록하지 않다. 급속한 근대화를 거치면서 우리는 과거 우리가 가지고 있던 ESG적 요소를 버리고, 오직 돈이 중심이 되는 사회를 만들어왔다. 또한 급속한 산업화와 고도화 속에서 재벌이라는 독특한 기업 집단 및 지배구조가 탄생했고, 이는 많은 부작용을 낳았기에 지금까지도 부정적인 기업구조의 대명사로 쓰이고 있다.

일반적으로 기업은 주주들이 자금을 투자하고, 대표이사를 중심으로 경영을 하고, 이사회는 대표이사를 지원하고 감독하며 기업을 이끌어가는 구조이다. 그러나 한국의 재벌은 세계 기업 역사에서도 그 유래를 찾아보기 어려울 정도로 독특한 모습을 보인다. 채 1~2%도 되지 않는 주식을 가진 대표이사가 상상하기 어려울 정도로 큰 기업 집단의 소유주로 군림하고, 대표이사를 견제하고 관리해야 할 이사회는 대표이사의 지인들로 꾸려져 충실한 거수기 역할만 하는 경우도 많기 때문이다.

그렇다 보니 기업에서는 경영권을 가지고 있는 대표이사를 중심으로 대주주의 이익이 우선시되고, 소액투자자들의 이익은 무시되는 경우가 많다. 따라서 기업 투명성은 낮아지고, 해외 투자자들은 계속 한국 기업을 외면하게 되는 상황이 발생한다.

물론 한국의 이러한 독특한 기업구조에 부정적인 면만 있는 것은 아니다. 빠른 의사결정으로 시장의 변화에 능동적으로 대처할 수 있으며,

단기 투자 이익에 얽매이지 않고 장기적이고 지속가능한 계획을 수립하고 집행할 수 있다는 것도 장점이다. 과거 1990년대 중후반 '한강의 기적'을 이루어낸 것도 우리나라 기업만이 가지고 있는 독특한 지배구조가 큰 역할을 했다고 할 수 있다. 그러나 기업도 시대 변화에 맞추어 변화해야 한다. 선진화된 한국에서 21세기를 살아가는 우리에게, 투명하지 않은 기업구조는 더 이상 빠른 의사결정 및 장기투자라는 미명으로 덮기에는 충분하지 않다.

최근 국내 재벌 대기업의 경영 주체가 2~3세 경영진으로 세대를 달리하면서, 자녀에게 경영권을 물려주기 위한 여러 가지 편법들이 난무하고 있다. 그리고 어쩌면 이 부분에서 자유로운 대기업은 없다고 해도 과언이 아닐 것이다. 삼성의 경우에는 삼성물산과 제일모직의 합병, 현대차의 경우에는 글로비스의 지주회사화 추진, CJ의 경우에는 CJ 올리브영의 상장 추진 등이 그 대표적인 예이다. 이런 내용들은 이미 언론을 통해서 충분히 공론화되었지만, 기업들은 어떤 사회적 책임도 지지 않고 있다.

2020년 12월 한국기업지배구조원에서 발행된 정책연구 보고서에 따르면, 외국인 투자자들로부터 한국의 주식시장이 외면받는 가장 큰 원인은 한국 기업의 낮은 기업구조 수준이었다고 한다. 또한 2018년 ACGA(아시아기업지배구조협회)의 아시아 기업 지배구조 점수에 따르면 한국은 9위였으며, 상장된 기업의 경우에는 12개국 중 중국을 제외하고는 최하위에 머물러 있었다. 물론 우리 기업들도 여러 가지로 변화를 모색하고 있다. 288쪽의 그림은 ESG를 적용하고 있는 기업의 일반적인 조직도이다. 그림에서와 같이 ESG를 운영하는 기능상의 책임은

ESG 위원회를 중심으로 구성되며, 감시·감독 기능은 감사위원회(감사, 사외이사)가 맡게 된다.

사외이사 제도

사외이사는 형식상 기업의 최고 의사결정기구의 구성원이지만, 현실적으로는 적절한 권한을 행사하지 못하는 경우도 많다. 우리나라는 1998년 증권거래소 유가증권 상장 규정의 개정으로 모든 상장기업은 총 등기이사 수의 1/4 이상을 사외이사로 선임하도록 했다. 또한, 1999년 증권거래법의 개정으로 자산규모 2조 원 이상의 대형 상장법인에 대하여 사외이사 수를 3인 이상으로 하되 총 이사 수의 1/4 이상 1/2 미만으로 둘 수 있도록 하였다. 2001년부터 총 등기이사의 1/2과 3인 중 큰 수 이상을 사외이사로 선임하도록 규정했고, 2003년 12월 31일에 개정된 증권거래법에서는 기업의 경영투명성을 제고하기 위하여 자산규모 2조 원 이상의 대형 상장법인은 총 등기이사의 과반수와 3인 중 큰 수 이상을 선임하도록 규정을 강화하였다.

감사위원회

감사위원회는 이사회 산하의 사외이사 중심으로 구성된 위원회로서, 소유경영자와 소액주주 사이에 발생하는 정보의 비대칭성을 완화하기 위해 도입된 감시기구이다. 즉 재무제표의 작성 및 보고 절차를 정기적으로 감시하고, 회계감사인의 선임과 해임 및 기업의 내부통제 체제를 감독하여 회계의 투명성을 강화하는 것이 목적이다.

우리나라는 1999년 12월 상법에 감사위원회 제도를 처음 도입하였으며, 상법상 감사에 갈음하여 이사회 내 소위원회로 구성하도록 하였다. 2000년에 증권거래법에 자산총액 2조 원 이상인 상장 및 협회 등록 법인의 경우 감사위원회를 의무적으로 도입하도록 규정하고, 2003년 12월에 감사위원회의 전문성을 향상시키기 위하여 감사위원 중 1인 이상을 회계 또는 재무 전문가로 선임하도록 하고 있다.

조직의 핵심은 대주주뿐만 아니라 모든 주주들이 투자이익을 고르게 나누어 갖게 되고, 이사회의 감시 관리 기능을 활성화하여 기업을 보다 투명하게 운영하는 것에 목적이 있다.

ESG 위원회

ESG 위원회의 구성에 대한 법적 규제사항은 아직 확정되지는 않았으나, 국내외 대기업을 중심으로 ESG 위원회, 거버넌스 위원회 혹은 지속가능경영위원회라는 이름의 이사회 소속기관으로 활동 중이다. ESG의

| 기업 구성도(ESG 운용 포함) |

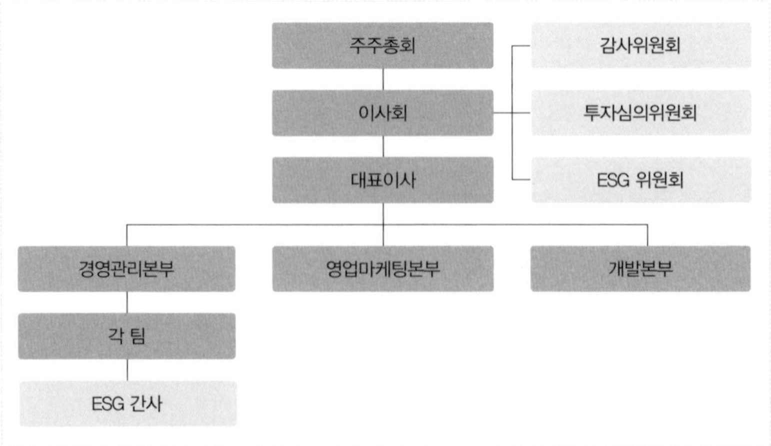

특성상 감사위원회 및 사외이사 등과 밀접하게 활동하는 경우가 많으며, 사외이사를 중심으로 선임하고 있다. 대표이사가 ESG 위원으로 직접 활동하는 경우도 상당히 많다.

조화와 참여가 더 좋은 G를 만든다

소통으로 더욱 투명한 G

앞에서 우리 선현들이 어떻게 하드웨어적, 소프트웨어적으로 G를 구성했는지 간략히 언급했다. 이번 절에서는 어떻게 하면 보다 조화롭고 이상적으로 G를 만들어갈 수 있을지 살펴보고자 한다. 아무리 시스템을 완벽하게 만들었다 해도, 일하는 우리 각자가 G에 아무런 관심이 없다면 G는 더 이상 쓸모없는 무용지물이 되고 만다. 그렇다면 어떻게 해야 모든 이해관계자가 기업의 발전과 ESG의 발전을 위해 함께 참여할 수 있을까?

G에서도 소통은 가장 큰 화두 중 하나이다. 조직의 리더가 갖는 생각이 구성원들과 공유되지 않거나, 또 서로 이해관계가 상충되는 조직이나 단체가 합의점을 끌어내지 못하는 경우 등을 보면 소통의 부재가 원인인 경우가 많다. 잘 소통하려면 단순히 대화를 하는 것만으로는 충분치 않으며, 자신이 아니라 상대방을 보아야 한다.

소통이란 바로 상대방의 입장에서 생각하며, 막힌 곳을 뚫어가는 과정이다. 기업은 여러 다른 사람들이 모여서 만들어진 큰 집단이다. 구성원들은 피부색이 다를 수도 있고, 문화가 다를 수도 있고 성별이 다를 수도 있다. 따라서 구성원들이 서로 이해하고 즐거운 직장환경을 만들기 위해서는 상대방의 입장에 서보는 등, 서로 간의 소통이 무엇보다 중요하다. 그렇다면 모든 이해관계자들이 자유롭게 소통할 수 있는 방법은 무엇일까?

우선, 소통할 수 있는 툴의 적극적인 활용을 강조하고 싶다. 현대를 살아가는 우리에게는 무수히 많은 소통방법이 있다. 예를 들어 페이스북(Facebook), 링크드인(LinkedIn), 카카오톡 등 SNS부터 이메일, 전화와 같은 다소 일반적인 연락 수단도 있다. 또 웹사이트나 광고와 같이 불특정 다수를 위한 공지 방법도 있다. ESG는 이러한 방법들을 통해서, 경영자가 의도하는 방향을 아주 투명하게 불특정 다수 모두와 소통하도록 적극 권장하고 있다. 뿐만 아니라 공시를 소통의 수단으로 의무화하고 있으며, 2022년부터 연결기준 자산총액이 1조 원 이상인 상장법인은 지배구조 보고서의 제출이 의무화되었다. 자산총액 2조 원 이상 기업 집단의 경우에는 2019년부터 이미 상시 지배구조 보고서를 작성, 보고하고 있다. 지배구조 보고서에서 요구하는 10가지 의무공시 내용은 경영의 주체인 대표이사의 관점이 아니라, 철저하게 투자자 및 감시자 입장(주주 및 이사, 감사기구)이라 할 수 있다.

(1) 주주: 주주의 권리

(2) 주주: 주주의 공평한 대우

(3) 이사회: 이사회의 기능

(4) 이사회: 이사회의 구성

(5) 이사회: 사외이사의 책임

(6) 이사회: 사외이사 활동의 평가

(7) 이사회: 이사회 운영

(8) 이사회: 이사회 내 위원회

(9) 감사기구: 내부 감사기구

(10) 감사기구: 외부 감사인

참여하는 G로의 발전

모든 기업 집단은 여러 구성원으로 이루어져 있다. 수직적인 구조 측면에서 보면 대표이사, 이사, 부장, 차장, 과장, 사원 등이 있으며, 수평적인 구조로 보면 관리팀, 인사팀, 개발팀, 마케팅팀 그리고 영업팀 등으로 구분된다. 기업은 이처럼 직능과 직급에 따라 여러 구성원이 모여 만들어진 조직이다. 이러한 조직은 이윤 추구라는 공동의 경제적 목표를 제외하고는 추구하는 목표가 각기 다르며, 생각하는 관점 또한 상이한 경우가 많다. 예를 들어 대표이사는 시시각각 변하는 주가 변화에 민감한 반면, 회사에 막 입사한 신입사원은 당장 6시에 퇴근 이후 친구들과의 모임에서 어떤 음식을 먹을지가 더 관심사일 수 있다. 또 같은 상황에서도 구성원들 각자가 다른 생각을 하는 경우도 많다. 만약에 고객으로부터 퇴근 5분 전에 다음과 같은 이메일을 받았다고 가정해보자.

To: ○○ 솔루션 ○○○ 매니저

안녕하세요 ○○○님

1. 항상 많은 지원 감사드리며, 귀사의 무궁 발전을 기원합니다.

2. 폐사 고객의 급한 일정 변경 요청으로, 금일 오후 6시 이전까지 신규 PO를 드릴 예정입니다. 가능하시면, 금일 중에 제품 Delivery를 강력히 요청드리오니 업무 진행 바랍니다.

From: ○○ 전자 ○○○ 매니저

위와 같은 이메일을 받게 되면, 어떤 이는 매출 증가로 기뻐할 것이다. 반면 어떤 이는 그날 저녁 퇴근 시간이 늦어져서, 친구와의 약속에 늦지나 않을까 노심초사할 수도 있다. 후자를 고민하는 사람에게 매출을 늘리기 위해 배송을 위한 업무 진행을 요구한다면, 이것이 이상적 ESG를 구현하는 것일까? ESG의 궁극적인 목적은 전 세계, 전 우주가 모두 행복할 수 있는 환경과 사회를 만드는 것이다. 나 자신이, 그리고 우리 모두가 조직의 일원으로서 맡은 바 일에 자긍심을 가지고 행복하게 매진할 수 있도록 만드는 것이 기업 안에서 ESG가 추구해야 할 방향일 것이다. 그렇다면 어떻게 즐겁고 행복하게 모든 사람이 자발적으로 참여하는 G를 구축할 수 있을까?

이해관계자자본주의에 따르면 기업은 어느 누구의 소유가 아니라 모든 이해관계자가 얽혀있는 삶의 터전이라고 할 수 있다. 그리고 우리는 다 같이 기업공동체에서 자신에게 주어진 일을 하는 사람들이다. 다 같이 맡은 바 역할에 충실하면, 기업 내의 갑질이나 특권주의는 더 이상 존재하지 않을 것이다. 대표이사는 대표이사의 일을, 팀장은 팀장의 일을, 그리고 팀원은 팀원의 일을 하는 것이다. ESG는 우리에게 말한다. "우리 모두가 기업의 주인이며, 리더다."

기업의 주인으로서 각자에게 주어진 일을 열심히 하다 보면, 우리가 타고 있는 기업이라는 배는 앞으로 나아가고 발전한다. 반면 우리 스스로가 우월감에 대한 열망으로 각자의 자리에 연연한다면, 서로 반목하게 되고 틈이 생기고 만다. 우리 각자가 작은 성취에 취하지 말고, 맡은 바 업무 분야에서 업무를 수행할 때 진정한 ESG를 확립해나갈 수 있다.

우리가 바라는 G를 향해

우리가 바라는 G는 무엇일까?

지금까지 이상적인 G를 구현하기 위해 우리가 해야 할 일을 구체적으로 살펴보았다. 그러나 과연 앞에서 언급한 모든 것이 준비되었다고 해서 우리가 원하는 G를 현실에서 100% 실현할 수 있을까?

토머스 무어는《유토피아》라는 책을 통해서 현실에 존재할 수 없는 이상국가의 모습을 소개하였다. 유토피아는 안전하고, 아름답고, 의식주에 대한 문제가 없으며, 민주적이고 개인의 자유가 보장되는 곳이다. 그럼에도 사람들이 서로를 존중하고, 사치나 낭비를 하지 않으며 모두의 아름다운 삶을 위해서 노력하는 모습을 그리고 있다. 이러한 모습이 우리가 바라는 G의 모습일까 ? 토머스 무어가 얘기한 유토피아와 같은 세상은 존재하지 않는다. 우리는 단지 유토피아에 가까워지고자 하루하루 노력하는 것이다. ESG 도 비슷하지 않을까 생각된다. 이상적인 ESG의 실현을 위해서 하루하루 노력한다 해도, 100% 완벽한 ESG의 구현은 불가능할 것이다.

G에 대해 다양한 논의가 시작된 것도 불과 몇 년 전의 일이다. 길지 않은 지난 몇 년간, 부족하지만 ESG와 함께 하루하루, 한 발 한 발 나아가고 있는 기업들이 적지 않다. 특히 국내 최고의 기업이라고 할 수 있는 삼성, SK, 포스코와 같은 토종 글로벌 기업들은 여러 분야에서 많은 비용을 감당하며 ESG 경영을 펼치고자 필사적으로 노력하고 있다. 그러나 상대적으로 투자 여력이 부족한 중견·중소기업들의 상황은 그리 좋은 편은 아니다. 그렇다고 해서 글로벌 기업들처럼 많은 비용을 투자할 수 없는 어려운 상황을 탓하면서, ESG에 대한 개선 노력을 중단해야 하는 것일까? 중견기업의 만형이라고 할 수 있는 ㈜오뚜기의 예를 통해 우리가 나아가야 할 방향에 대해 살펴보자.

(1) 지난 2015년부터 지속가능경영 조직인 동반성장 팀을 신설하여, 하도급 거래 협력사를 대상의 공정거래관리 업무, 지속가능경영 업무를 전담하고 있다.
(2) 회사의 사내교육 시간을 활용, 전 임직원을 대상으로 윤리교육 프로그램을 운영하고 주기적으로 기업윤리 사항을 공지하고 있다.
(3) 비대면 주주 투표제(주주의결권 행사의 편의성, 코로나19 감염 및 전파 예방)를 도입했다.
(4) 매년 지속가능경영 보고서를 발행하고 있으며, 해당 보고서를 통해 '보다 좋은 품질, 보다 높은 영양, 보다 앞선 식품으로 인류 식생활 향상에 이바지한다'라는 경영철학에 기반한 활동과 계획을 제시하고 있다.

이렇게 ㈜오뚜기의 사례를 보면 알 수 있듯이 ESG를 위해 반드시 막대한 투자가 필요한 것은 아니다. 회사 내에 ESG 관련 부서나 혹은 담당자를 선임하여 관련 업무를 지속적으로 모니터링하고, 주기적인 공시를 통해서 투명하게 기업의 내부 상황을 주주 및 이해관계자 모두에게 공유하는 것이, 우리가 추구해야 할 이상적인 ESG 구현을 위한 G의 방향일 것이다.

3부

지속가능 투자 가이드, ESG

김용우 금호석유화학 ESG 경영관리 팀장

중앙대학교에서 무역학을 전공하였으며, 1996년 금호석유화학에 입사하여 전략기획 팀장을 역임하고, 현재는 ESG 경영관리 팀장을 맡고 있다. 회사의 ESG 경영전략을 수립하고 실행을 위한 다양한 방안을 모색하고 있다.

이메일 ywkim1@kkpc.com

10장

ESG 평가로 지속가능성을 본다

ESG는 미래가치를 보여주는 기준

패러다임의 전환

주주자본주의를 주장했던 밀턴 프리드먼은 1970년 <뉴욕타임스>에 기고한 글에서 "기업의 유일한 사회적 책임은 자신의 자원을 이용하여 이익을 증대시키는 활동에 임하는 것이다"라고 말했다. 여기에서도 알 수 있듯, 기업 자원 배분의 관점은 이윤 극대화에 맞추어져 있다.

주주자본주의에 의한 산업화와 화석연료 사용으로 발생하는 환경오염에 대한 책임은 단지 법적 규제를 준수하는 범위 내에서 이루어졌다. 그러나 다량의 온실가스는 기후위기를 초래했고, 결국 지구의 안정적 기후와 맞바꾼 산업화와 현대문명의 발전은 그 지속가능성에 의문을 제기할 수밖에 없는 상황에 이르렀다. 이에 산업혁명 이후 누적된 기후변화가 자연과 환경 문제를 넘어 기업과 인류문명의 지속가능성이라는 새로운 패러다임을 주도하게 된 것이다.

이 새로운 패러다임의 핵심은 '기업의 이익 극대화를 넘어 이해관계자와 이익을 공유해야 미래가치를 확보할 수 있고, 이런 기업이 지속가능성을 갖는다'라고 정의할 수 있다.

그렇다면 미래가치가 확보된 지속가능 기업을 어떻게 찾고 확인할 수 있을까? 기존의 재무보고서는 기업의 경영성과를 회계 기준에 맞춰 제공하기 때문에 기업의 재무적 가치를 한눈에 확인할 수 있다. 하지만 기업의 미래가치는 제도적인 정보공개 시스템이 없는 상태에서 비재무적 가치를 이용해야 하므로 측정하고 관리하는 데 한계가 있다. 예를 들어 온실가스 배출로 인해 앞으로 기업이 부담하게 될 재무적 영향이 어느 정도인지(탄소포집설비, 배출권 구매비용, 탄소국경 조정제도 등), 기후 관련 정책 변화로 인해 앞으로 사용할 수 없는 자산은 있는지(좌초자산), 다양한 기후변화가 미칠 수 있는 리스크는 파악되고 있는지, 종업원의 인권 문제나 공급업체의 비윤리적 문제로 인해 야기될 우려는 잘 관리하고 있는지, 이사회를 비롯한 지배구조상 이슈로 인해 기업가치가 하락할 리스크는 없는지 등의 질문에 답하는 것이 쉽지 않다.

이렇게 기업을 둘러싼 환경, 사회, 지배구조의 이슈가 기업의 미래가치에 영향을 미칠 수 있는 위협적인 요소로 등장함에 따라, ESG가 기업경영의 핵심 화두로 등장하게 되었다.

착한 정보에서 시작되는 ESG

ESG 정보공개의 필요성과 제도화

기업의 ESG 정보는 국가마다 공개 기준이 다르고 대부분 지속가능경영보고서나 홈페이지에 공개하다 보니, 정보에 접근하는 것이 제한적이다. 또한 자발적 제공 정보는 투자자들이 원하는 수준의 신뢰성과 비교 가능성을 확보하지 못하여 투자 포트폴리오 구성이 어렵고 대기업 위주로 정보가 편중되어 사회책임투자 확산으로 이어지지 못하였다. 하지만 ESG 등 기업의 비재무적 요소가 기업가치에 미치는 영향이 점점 커지고, 이해관계자 자본주의의 확산으로 기업의 지속가능성 확인을 위한 ESG 평가가 확대됨에 따라 신뢰성과 비교 가능성 등 정보의 기능을 갖는 정형화된 ESG 정보공개 제도화에 대한 요구가 커지고 있다.

ESG 정보공개 제도화는 크게 정부 차원의 법제화와 이니셔티브로 나눌 수 있다. 첫째, 정부 차원의 법제화를 살펴보면, EU는 집행위원회

주관으로 2014년부터 선도적으로 정보공개 법제화를 추진하고 공시 의무를 강화하는 법안을 추진 중이며, 미국 및 일본 등은 증권거래소와 감독기관의 주도하에 법제화를 추진 중이다. 국내에서도 정부와 거래소 및 민간기관 등이 발 빠르게 움직이고 있다.

둘째, 기업의 정보공개를 촉구하는 글로벌 이니셔티브이다. 이니셔티브는 크게 정보공개 표준과 프레임워크를 제공하거나 기후변화 등 특정 주제별 가이드라인을 제공하는 이니셔티브로 나눌 수 있다.

글로벌 법제화 움직임

EU는 ESG 경영뿐만 아니라 정보공개 제도에서도 선도적이다. 유럽 집행위원회(EC, European Commission)는 기존 회계지침상의 비재무 정보공시 규정이 충분하지 못함을 인지하고, 비재무 정보의 비교 가능성과 활용도를 높이기 위해 비재무 정보 보고 지침(NFRD, Non-Financial Reporting Directive)을 제정하였다. NFRD는 직원 500명 이상인 EU 내 약 11,700개 기업을 대상으로 환경, 사회와 노동자, 인권 존중, 반부패 및 뇌물, 이사회 다양성에 대해 공개하고, 비공개 시 설명 의무를 부여하여 2018년부터 시행하였다. 하지만 NFRD 기준에 의거하여 제공하는 비재무 정보의 신뢰성과 비교 가능성에 대한 한계로, 공통의 보고 기준 사용을 의무화하는 기업 지속가능성 보고 지침(CSRD, Corporate Sustainability Reporting Directive)을 제안하였고, 빠르면 2022년 시행될 예정이다. 2024년부터는 재무정보와 ESG 정보의 통합 전자공시시스템인 ESAP(European Single Access Point)의 설립도 추진하고 있다.

한편 2018년 금융회사를 대상으로 지속가능성에 대한 주요 부정적 영향(Principal Adverse Sustainability Impacts)에 대한 18개의 지표 공시 의무화를 담은 지속가능 금융공시규정(SFDR, Sustainable Finance Disclosure Regulation)을 채택하여 2021년 3월부터 시행하고 있다.

미국은 2021년 바이든 행정부의 출범 이후 파리협정에 재가입하는 등 글로벌 기후협약에 적극적으로 참여하고 있다. 미국 증권거래위원회(SEC)는 기후 공시 의무화 규정 초안을 2022년 3월 21일 발표했다. 이 초안은 기후 리스크 감독과 전략, 비즈니스 모델과 전망, 리스크 관리를 위한 회사의 프로세스 정보를 포함하고 있으며, 온실가스 Scope1.2.3에 대한 공시 기준도 포함되어 있다.

일본 금융청(Financial Services Agency)은 매년 사업연도 종료 후 3개월 이내에 제출하고 있는 유가증권 보고서에 기후변화가 기업활동과 실적에 미치는 영향을 설명하도록 의무화하는 방안을 추진 중이다. 중국 증권 감독 관리위원회는 2021년 6월 상장사의 연례보고서에 오염물질 배출상황, 환경적 이슈로 인한 행정 벌금 납부에 관한 내용과 자발적 탄소배출 저감 방법, 빈곤 경감 방법 등에 대한 정보공개를 요구하는 새로운 규칙을 발표하는 움직임을 보이고 있다.

국내의 정보공개 움직임

우리나라는 2012년 환경정보공개 의무화를 시작으로 2016년 스튜어드십 코드를 명시하고, 2019년에는 기업 지배구조 공시제도를 의무화하였다. 2022년부터 정보보호 공시가 시행되며, 2025년부터는 지속가능경영 보고서 공시가 의무화되는 등 다양한 형태의 정보공개제도가 법제화되고 있다.

보고서별로 자세하게 살펴보면, 우리나라의 가장 대표적인 재무 정보공개 수단은 '사업보고서'이다. 모든 상장기업은 자본시장법 제159조(사업보고서 등의 제출)에 의거하여 재무에 관한 사항과 그 부속 명세, 그 밖에 금융위원회가 정하여 고시하는 사항을 담은 사업보고서를 연결재무제표 기준으로 공시해야 한다. 또한 사업보고서 내 ESG와 관련해서는 법령 위반에 따른 제제 사항, 온실가스 배출량, 임직원 현황(고용형태, 성별, 보수, 정규직, 비정규직) 등을 공시하여야 한다. 최근 정부는 공공기관을 대상으로 지속가능한 성장으로의 패러다임 전환을 위해 공공기관의 환경보호 항목과 정보보호, 인권 등 사회 부문, 자체 감사부서 현황, 청렴도 평가 결과 등 ESG 공시항목을 대폭 확대했다.

다음은 '기업 지배구조 보고서'이다. 한국거래소는 2017년 기업 지배구조의 핵심원칙에 대한 준수 여부를 자율 공시 방식으로 도입했으나, 2019년부터 자산 2조 원 이상 상장기업은 의무화로 전환하고 2026년에는 전체 상장기업으로 범위를 점차 확대할 예정이다. 한편 2020년에 기업 지배구조 가이드라인을 개정하여 기존의 '공시 세부원칙 23개 및 필수 기재사항 30개'를 '세부원칙 27개 및 필수 기재사항 60개'로 확대하였다.

다음으로 환경정보공개제도이다. 이는 환경기술 및 환경산업 지원법(환경기술산업법)에 의거하여 국민의 알 권리 충족과 친환경 경영 확산을 목적으로 환경오염물질 배출량과 저감 활동, 자원 및 에너지 사용량 등의 환경정보를 2011년부터 공개하고 있는 제도이다. 개정된 환경기술산업법은 2022년부터 공개 대상을 온실가스 배출권 할당 대상업체 등 환경 영향이 큰 기업이나 단체에서, 자산 총액이 일정 규모(최근 사업

연도 말 자산 총액이 2조 원 이상인 기업) 이상인 기업까지 확대하고, 녹색경영 시스템, 자원/에너지 사용량, 온실가스 및 환경오염, 국내외 환경법규 위반 현황 등을 의무 공개해야 하며, 기타 항목은 자율공개 항목으로 지정하고 있다.

끝으로 ESG 정보공개의 핵심인 '지속가능경영 보고서'이다. 지속가능경영 보고서는 조직을 둘러싼 다양한 이해관계자들의 ESG 정보공개 요구에 부응하기 위해 글로벌 정보공개 프레임워크와 공개 지표 가이던스를 활용하여 비교 가능성, 정확성, 적시성, 신뢰성 원칙이 적용된 보고서이다. 한국 금융위원회는 2021년 1월 지속가능경영 보고서를 환경 관련 기회/위기 요인 및 대응계획, 노사관계, 양성평등 등 사회 이슈 관련 개선 노력 사항을 담은 보고서로 정의하고, ESG 정보의 단계적 공시 의무화 추진 방안을 발표했다. 1단계는 2024년까지 자율 공시를 활성화하고, 2단계는 2025~2030년까지 일정 규모 이상(자산 규모 2조 원 이상으로 예상) 기업 공시 의무화, 3단계는 2030년 이후부터 전 코스피 상장기업을 대상으로 공시 의무화가 확대된다.

ESG 보고 기준

기업마다 ESG가 미치는 영향이 다르고 이해관계자에게 전달하는 방식이 다르므로 각 기업은 글로벌 기준에서 요구하는 표준을 참조하여 지속가능경영 보고서를 발간하고 있다. 현재 국제적으로 통용되는 대표적인 표준은 GRI, SASB(SASB, Sustainability Accounting Standards Board)를 비롯하여 기후변화와 관련하여 '기후변화 관련 재무정보공개 협의체(TCFD, Task Force on Climate-related Financial Disclosures)'의 가이드라

| 글로벌 지속가능경영 보고서 추이 |

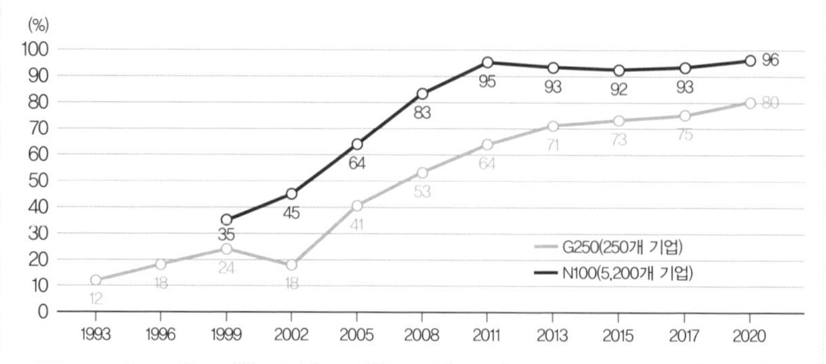

* N100(5,200개 기업)은 KPMG가 52개국을 대상으로 국가별 매출액 기준 상위 100개 기업을 추출, G250(250개 기업) 2019년 《포천(Fortune)》이 선정한 500대 기업 중 매출액 기준 상위 250개 기업을 의미함.

출처: 삼정KPMG 경제연구원, 〈ESG의 부상, 기업은 무엇을 준비해야 하는가?〉, 2021.

인을 활용하고 있으며, 그 외 공시 목적에 맞춰 다양한 공시 가이드라인을 활용하고 있다.

KPMG(Klynveld Peat Marwick Goerdeler)의 2020년 전 세계 기업의 지속가능경영 보고서 발간 동향 조사결과에 의하면, 전 세계 매출액 상위 250개(G250) 기업의 96%와 한국을 포함한 52개 국가별 매출 상위 100개(N100) 기업의 80%가 지속가능경영 보고서를 발간했고, 2002년 대비 빠른 증가세를 보이고 있으며, G250 기업은 2011년 이후 90% 이상을 보고하고 있다.

GRI 표준

GRI는 기업이나 기관이 발간하는 지속가능 보고서에 대한 가이드라인을 제시하기 위해 1997년 미국 보스턴에서 비영리단체로 설립되었으며, 2016년에 GRI 표준을 정립했다. GRI 표준은 조직 프로필, 전략 윤리성 및 청렴성, 지배구조 등 일반현황을 보고하는 GRI 100과 특정 주제에 대한 정보를 제공하는 GRI 200, 300, 400으로 구분된다. 200에서는 반부패를 비롯한 경제 부문 6개, 300에서는 온실가스를 비롯한 환경 부문 8개, 400에서는 근로자 및 인권 등 사회 부문 19개 주제를 기준으로 핵심보고 지표가 144개에 달한다. 또한 GRI 표준은 ESG가 미치는 영향과 이해관계자에게 미치는 영향을 두 축으로 중대성(Materiality)을 분석하여 공개할 정보의 범위와 내용을 결정할 수 있도록 하고, 보고 품질에 대해서는 정확성(Accuracy), 균형성(Balance), 명료성(Clarity), 그리고 비교 가능성(Comparability)의 원칙을 요구한다.

한편 GRI는 2021년 10월에 글로벌 가이드라인과 호환성 강화를 목적으로 2023년 1월 1일 시행 예정인 '유니버설 스탠다드'를 발표했다. 개정안은 유니버설 스탠다드와 산업별 공개사항을 별도로 제시하는 섹터 스탠다드, GRI 토픽(TOPIC) 외에 해당 기업만의 토픽을 담은 토픽 스탠다드로 구분하고 있다. 특히 중대성 평가방법론에 재무 중요도를 추가 평가하는 이중 중대성 평가(DM, Double Materiality) 개념을 도입하였고, 인권은 모든 토픽에 영향을 미치는 중요한 토픽으로 분류하여 인권 영향 평가를 의무화하였다. 현재 전 세계 250개 기업의 73%와 52개국 상위 100개 기업의 67%가 GRI 표준을 활용하여 지속가능경영 보고서를 발행하고 있다.

SASB 표준

SASB는 미국 증권거래위원회(SEC, Securities and Exchange Commission)에 보고할 공시기준을 마련하기 위해 2011년 설립되었다. SASB 표준은 전통적인 재무보고가 기업의 장기적인 가치를 평가하는 데 한계가 있음을 인지하고, 투자자들에게 산업별로 ESG와 관련된 중요한 비계량적 항목들에 대한 정보를 제공하는 데 목적을 두고 있다. 따라서 SASB 표준은 11개의 산업군과 77개의 세부 업종으로 구분하고, 업종별로 26개의 지속가능 이슈(환경 6개, 사회적 자본 6개, 인적자본 6개, 사업모형과 혁신 4개, 리더십과 지배구조 7개)를 바탕으로 중대성을 평가하여 기업들이 투자자들에게 유용할 것이라고 판단되는 정보를 제공한다. 기업의 지속가능성을 위한 주요 이슈는 업종별로 차이가 있고 재무에 미치는 영향도 다르다. 따라서 업종별 지속가능 이슈를 사전에 정의하여 업종 내 비교가 쉽고, 때에 따라서는 경쟁기업과 ESG 경영전략을 쉽게 비교할 수 있도록 하는 장점이 있다.

최근 국내외 기업의 SASB 기준 지속가능 보고서 발간이 증가하고 있다. 지난 COP26에서 국제 지속가능성 기준위원회(ISSB)가 SASB 표준을 기반으로 출범하면서, 국제표준화에 SASB 표준이 상당 부분 반영될 가능성을 고려하여 2021년 11월 한국 금융위원회에서는 주요 산업별 국문본을 제작·배포하였다. 미국에서 SASB 기준 지속가능 보고서 발간 기업은 2019년 86개 사에서 2020년 349개 사, 2021년 506개 사로 증가하고 있으며 국내에서는 2020년 16개 사(11.6%)에서 2021년 34개 사(24.6%)로 확대되고 있다.

TCFD 권고안

기후변화 관련 재무정보공개 협의체(TCFD)는 G20 재무장관과 중앙은행 총재가 2015년 금융안정위원회(Financial Stability Board FSB)에 "기후변화가 금융시장에 미칠 영향을 검토하기 위해" 설립한 태스크포스이다.

TCFD는 2017년 6월부터 기후변화에 따른 기회와 위험이 기업의 재무, 전략 등에 미칠 영향을 분석하여 이해관계자에게 제공하도록 하고 있다. 특히 지구의 온도가 2℃ 상승할 시 기업이 직면할 상황에 대해 전환 리스크와 물리적 리스크 분석을 요구한다. 전환 리스크는 저탄소 경제로의 전환에 따른 정책과 기술의 변화가 기업에 미치는 영향에 대한 분석이고, 물리적 리스크는 기후변화에 따른 태풍, 가뭄, 해수면 상승 등이 기업에 미칠 수 있는 영향에 대한 분석이다. 또한 TCFD 권고안은 기후변화 관련 위험과 기회에 대해 4개의 영역(지배구조, 전략, 리스크 관리, 지표와 목표)과 11개 세부 항목을 제시하고 있다. 세부 내용은 다음 표와 같다.

2021년 TCFD 연례보고서에 의하면 세계 100대 기업 중 83개 기업

| TCFD 권고안 |

구분	주요 내용	세부 내용
지배구조	기후변화와 관련된 위험과 기회에 대한 조직의 지배구조를 공개	• 위험과 기회에 대한 이사회의 감독 설명 • 위험과 기회를 평가하고 관리하는 경영진의 역할을 설명
전략	기후변화와 관련된 위험과 기회 정보가 조직의 사업, 전략 및 재무 계획에 미치는 영향을 공개	• 단기, 중기, 장기적 관점으로 조직이 파악한 위험과 기회를 설명 • 위험과 기회가 조직의 사업, 전략 및 재무 계획에 미치는 영향을 설명 • 기후변화 관련 시나리오(2℃ 포함)를 고려한 조직 전략의 회복탄력성을 설명
위험관리	조직이 기후변화와 관련된 위험을 식별하고 평가, 관리하는 방법을 공개	• 위험을 식별하고 평가하기 위한 프로세스를 설명 • 위험을 관리하기 위한 조직의 프로세스를 설명 • 위험의 식별, 평가, 관리 프로세스가 조직의 전반적 위험관리에 어떻게 통합되는지 설명
지표와 감축목표	기후 변화와 관련된 위험과 기회를 평가하고 관리하는 데 사용되는 지표와 감축목표를 공개	• 조직이 사용한 지표를 공개 • Scope 1, 2, 3 기준 온실가스(GHG) 배출량과 관련 위험을 공개 • 지표의 목표 대비 성과 관리 설명

참고: TCFD 홈페이지 자료 저자 재구성

과 2,600개 이상의 기관이 TCFD 권고사항을 지지하거나 TCFD를 기반으로 공시하는 등 이용이 확대되고 있으며, 그중 1,069개가 금융기관으로 관리하는 자산만 194조 달러이다.

K-ESG

2021년 12월 1일, 한국 정부는 관계부처 합동으로 'K – ESG 가이드라인 v1.0'을 발표했다. 정부 보도자료에 따르면 이번 가이드라인은 국내외 주요 13개 평가기관 등의 3,000여 개 지표와 측정 항목을 분석하고 관계부처, 분야별 전문가, 산업계, 연기금 등 다양한 이해관계자들의 의견을 수렴해 글로벌 기준에 부합하면서도 국내 기업이 활용할 수 있도록 정리한 가이드라인이다. 총 61개의 ESG 관련 진단영역을 정보공시(5), 환경(17), 사회(22), 지배구조(17)로 구분하고 있으며, 중견·중소기업은 기본 점검 진단 항목으로 선별하여 총 27개의 항목을 제시하고 있다.

정보공개는 금융감독원 전자공시시스템(DART, Data Analysis, Retrieval and Transfer System)의 자율 공시를 활용하고 공개 주기는 재무정보와 맞출 것을 권장한다. 환경 부문은 온실가스·에너지 사용량·재생에너지 사용량·용수·폐기물 배출량 등 환경 관련 데이터 공개 시 직전 1개년 사용량을 필수로 하고, 5개년 사용량을 공개해 감소 또는 증가 추세를 요구한다. 사회 부문 산업재해 데이터 공개 시에도 직전 1개년 산업재해율과 동종업계 평균치를 비교하고, 5년간 산업재해율 추이 공개를 권장한다. 지배구조에서는 대표이사와 이사회 의장 분리 등 이사의 독립성과 이사회 산하 ESG 위원회의 활동 등에 대한 명시를 요청하고 있다.

K – ESG 가이드라인은 특히 ESG 성과를 단계형 1, 단계형 2, 선택형, 감점형 등으로 점검기준 유형을 구분하고, 진단 항목별 100점 기준으로 3~5단계의 배점 기준을 제시하고 있다. ESG 평가를 받기 전 사전 준비단계에서 자체평가를 통해 미흡한 점을 보완할 수 있도록 한 특징을 잘 활용할 필요가 있다.

KCGS 모범 규준

한국기업지배구조원(KCGS)은 국내에서 유일하게 ESG 모범 규준을 제정하여 ESG 평가에 활용하고 있는 한국거래소 산하기관이다. KCGS는 2021년 8월 글로벌 정보공개 가이드라인의 발전과 활용이 증가함에 따라 CDP, TCFD, SASB 등의 정보공개 프레임워크를 반영하고 국내 경제 및 시장의 현실을 고려한 한국형 ESG 모범 규준을 개정 발표했다.

항목별로 살펴보면, 환경 모범 규준은 기존 환경경영시스템의 PLAN DO SEE에 따른 실행 중심의 분류체계에서 리더십과 거버넌스/위험관리/운영 및 성과/이해관계자 소통 등 전사적 관점의 통합적 관리를 유도하기 위한 분류체계로 개편하였다. 사회 모범 규준은 이해관계자 중심의 분류체계를 환경 분류체계와 유사한 리더십과 거버넌스/비재무 위험관리/운영 및 성과/이해관계자 소통으로 변경하여 기업의 사회적 책임경영 리더십과 비재무 위험관리를 강조하고 있다. 지배구조 모범 규준은 1999년 이래로 3차 개정이며, 이사회 리더십/주주권 보호/감사/이해관계자 소통으로 대분류 개정하고 지속가능성 추구, 주주 이익 보호, 최고경영자 승계, 이사회의 역할과 책임 강화 등을 담고 있다.

KCGS의 개정된 모범 규준은 2022년부터 ESG 평가에 반영되며 향후 스튜어드십 코드, 한국거래소의 지배구조 공시와 지속가능 보고서의 공시 가이드라인에 어떻게 활용될 것인지 눈여겨봐야 할 것이다.

국내 지속가능경영 보고서 발간 동향

2019년과 2020년에 국내에서 발간된 총 243건의 지속가능경영 보고서의 공시기준을 검토한 한국법제연구원 자료를 살펴보면, 보고서의 92%인 223건의 보고서가 GRI 기준에 의거하여 발간되었으며, 발행된 보고서는 GRI 기준 219건(90%), SASB 기준 19건(7.8%), TCFD 기준 24건(9.8%)으로 인덱스를 제공하고 있다.

또한 발간된 243건 중 약 84%인 203건의 공시가 GRI 외부 검증(External Assurance) 권고에 의거, 제3자 검증보고서를 첨부하고 있다. 2개년 보고서에서 가장 많은 검증을 수행한 기관은 한국경영인증원, DNV GL 비즈니스 어슈어런스 코리아, 한국표준협회, 로이드인증원 순이며, 최근 메이저 회계법인 등에서도 검증을 진행하고 있다. 검증 기준은 영국 어카운트빌리티(AccountAbility)에서 수립한 AA1000 시리즈 외부 검증 표준이 172건으로 84%를 차지하고 있으며, 그 외에 국제회계사연맹(IFAC)에서 발행하는 'ISAE 3000'을 기준으로 사용하고 있다.

공시기준 표준화

이상에서 주요 국가별 정보공개 법제화 움직임과 주요 공시기준, 지속가능 보고서 발간 동향에 대해 알아보았다.

ESG 관련 정보공개 기준은 지속가능 보고서에 대한 가이드라인을 제시하고 있는 GRI 표준과 투자자를 위한 SASB, TCFD 등 전 세계에 약 374개가 있다고 알려져 있다. 이렇게 기준이 많다는 것은 신뢰할 수 있는 기준이 확립되지 않았고 정량화되지 못한 정보가 많다는 것을 의미한다. 따라서 이로 인한 많은 문제점을 해결하기 위해 글로벌 표준화 작업이 진행되고 있다.

가장 활발한 움직임을 보이는 기관은 국제회계기준(IFRS, International Financial Reporting Standard)이다. 2021년 11월 IFRS 재단은 영국 글래스고에서 개최된 제26차 UN 기후변화 협약 당사국총회(COP26)에서 국제지속가능성 기준위원회(ISSB) 설립을 발표했다. ISSB는 기후공시 기준위원회(CDSB), 국제 회계기준위원회(IASB), TCFD, 가치보고재단(VRF), 세계경제포럼(WEF) 등과 실무그룹인 TRWG(Technical Readiness Working Group)를 만들어 협업하고 있으며, 국제증권위원회가 참관인으로 참여하고 있다. VRF는 SASB와 IIRC가 21년 6월 합병한 가치보고 재단(Value Reporting Foundation)이며, CDSB와도 통합 예정이다. ISSB는 지난 3월 31일 'IFRS S1의 일반요구사항(지속가능성에 대한 재무정보공개 기준)'과 'IFRS S2의 기후관련 공시'로 구분된 2개의 새로운 기준을 발표하고, 120일의 협의기간을 거쳐 2022년 말까지 새로운 표준 발간을 추진하고 있다.

국내에서는 한국 지속가능성 기준위원회(KSSB)가 ISSB의 ESG 기준을 채택·사용하여 심의 의결·자문 역할을 맡을 예정이다. 한편, 이에 앞서 국내 주요 기업과 회계법인, 한국거래소, 금융감독원, 회계기준원이 참여한 '한국 ESG 공시기준 마련 준비위원회'가 2022년 1월 발족하여 한국 ESG 공시기준을 위한 임무를 수행할 것을 밝히고 있다. 우리나라는 IFRS 기준에 의거하여 재무정보를 보고하고 있으므로 IFRS의 재무보고 기준과의 연계성이 중요하다. 따라서 ISSB의 표준화된 ESG 공시기준이 한국 2025년 ESG 공시 의무화에 맞춰 어떻게 적용될 것인지는 지켜봐야 할 대목이다.

또한 유럽 투자자들은 정보 및 지표의 통합과 데이터의 접근성과 비교 가능성, 투명성을 높이기 위해 유럽 비재무 정보공개지침(NFRD)과 지속가능 금융공시(SFDR)의 중앙 집중화를 지속해서 요구하고 있다. EU는 금융 및 지속가능 기업 정보를 공공 데이터베이스화하기 위해 ESAP(European Single Access Point, 단일접속지점) 구축을 검토하고 있다. 따라서 EU의 정보공개 의무화 개정안인 CSRD와 함께 정보공개 시스템의 단일화가 미칠 파장에 대해서도 관심 있게 지켜봐야 할 것이다.

한편, 최근 정보공개 단일화, 표준화 방안과는 별도로 글로벌 선도 기업들은 다양한 이해관계자의 니즈를 맞추기 위하여 환경 보고서, 공급망관리 보고서, 인권경영 보고서, 개인정보 보고서 등 별도의 ESG 이슈 보고서를 발간하여 커뮤니케이션 채널을 확대해가고 있다.

ESG 평가가 지속가능성을 말해준다

글로벌 ESG 평가기관

1984년 미국 지속가능 책임투자 포럼이 설립되고, 1999년 DJSI(Dow Jones Sustainability Indexes) 등에서 지속가능 투자 지수를 발표하면서 지속가능 및 사회책임투자에 대한 관심이 커졌다. 또 2008년 금융위기 이후 기업의 지속가능성에 대한 중요성이 확대되고 대형 ESG 평가기관들이 본격적으로 등장하면서, ESG 평가는 경영의 화두가 되었다. ESG 평가기관은 평가 노하우와 비정형 데이터의 수집방법에 따라 전 세계에 600개 이상의 기관이 활동하고 있다. 주요 글로벌 평가기관은 다음과 같다.

DJSI(S&P Global)

글로벌 금융정보사인 미국 S&P Dow Jones Indices는 지난 1999년부터 전 세계 2,500개 기업(시가총액 상위 기업)을 대상으로 기업의 가치를

| 국내외 ESG 평가기관 현황 |

지역	구분	평가기관	평가데이터 수집 방법
해외	지수 및 데이터사업자	MSCI	공개정보 기반
		FTSE Russell	
		Refinitiv	
		Bloomberg	
		Rep Risk	
	ESG 전문 분석기관	Sustainalytics	
		ISS(ISS ESG)	
		Vigeo Eiris	
	비영리단체	CDP	설문 기반
	신용평가사	S&P Global	
국내	ESG 전문 분석기관	KCGS	공개정보 기반
		대신경제연구소	
		서스틴베스트	
	데이터사업자	지속가능 발전소(Who's Good)	

출처: 한국기업지배구조원, 《KCGS 리포트》 제11권 6호, 2021, p.21.

재무적 정보뿐만 아니라 사회적·환경적 성과와 가치를 종합적으로 평가하여 지수를 발표하고 있다. DJSI 지수는 전 세계 유동 시가총액 기준 상위 2,500대 기업을 평가하는 DJSI World, 아시아 지역 상위 600대 기업을 평가하는 DJSI Asia-Pacific, 국내 상위 200대 기업을 평가하는 DJSI Korea 지수로 구성되어 있다. 이 외에도 DJSI Europe, DJSI North America 등 다양한 지역별 지수가 있다.

S&P Global은 DJSI 기준 시가총액 순위에 따라 평가 대상 기업에 매년 2월 초청장을 발송하고, 온라인 설문과 회사 발간자료를 바탕으

로 평가한다. 설문 항목은 환경성과, 윤리경영, 리스크 관리, 기업 지배구조 등 ESG 전반에 대한 공통 항목과 산업별 항목으로 구분된다. 수집된 자료를 바탕으로 DATA 평가와 이해관계자 의견 청취 과정을 거쳐 61개 산업별 특성을 고려하고, 가중치를 부여하여 100점 기준으로 산정한다. 평가 점수 결과에 따라 DJSI World, Asia-Pacific, Korea의 편입에 활용한다. 국내에서는 한국생산성본부가 2009년부터 로컬 파트너로 참여하고 있다.

MSCI ESG Ratings

MSCI(Morgan Stanley Capital International)는 주식, 채권, 헤지펀드 관련 금융시장 지수를 산출하는 인덱스 사업자로서, MSCI ESG Ratings는 FTSE 지수와 함께 국제 금융시장에서 펀드 투자의 지표로 활용되고 있다 MSCI는 크게 미국 · 유럽 등의 선진국지수(MSCI ACWI: All Country World Index Free)와 아시아 · 중남미 지역의 신흥시장지수(MSCI EMF: Emerging Market Free Index), 프런티어 시장(Frontier Market)으로 구분하고 있으며, 우리나라는 신흥시장지수에 포함되어 있다. 최근 선진국지수로의 편입을 위한 방안 등이 논의되면서 관심을 끌고 있기도 하다.

MSCI ESG Ratings는 기본적으로 MSCI 지수 편입 기업을 대상으로 현재 8,500개 이상의 기업에 대한 ESG 평가등급을 제공한다. 회사가 직면한 ESG 위험 및 기회 요인이 무엇이고, 얼마나 노출되어 있으며 잘 관리하고 있는지 기업의 수준을 평가한다. ESG 3개의 항목에 10개의 테마와 35개의 ESG 주요 이슈로 구성된 프레임워크를 가지고 있다. 또한 1,000개 이상의 사전조사항목을 구성하고 산업에 따라 중요하게 판단된 이슈에 대해 평가한다. 산업별 기준은 GICS(Global Industry Classification Standard)를 활용하고 있으며, 환경과 사회 분야의 평가는 산업별로 선정된 주요 이슈에 대하여 노출 수준과 관리수준을 평가하여 KI 점수(0-10)를 도출한다. 지배구조의 평가는 전 산업에 대해 같은 기준을 적용하되, 모든 기업이 10점 만점에서 출발하여 기업 지배구조, 기업 행위 부문에 대해 평가한 후 감점으로 평가한다. 평가등급은 동종산업에 속한 기업 대비 Leader, Average, Laggard로 구분하고, ESG 점수는 AAA~CCC의 7개 등급을 부여한다.

에코바디스

에코바디스(Ecovadis)는 2007년 창립하여 글로벌 공급업체의 환경 및 사회적 성과에 대해 협업 플랫폼에 제출된 자료를 바탕으로 공급업체 CSR을 평가하는 기관이다. 최근 들어 EU의 공급망 실사가 의무화되면서 공급업체의 CSR 평가에 대한 요구가 증가하고 있다. 당사자 평가는 해당 기업이 직접 자료를 받아 평가한 후 인증해야 하지만, 에코바디스는 제3자 평가로 공급망 내 중계 평가 서비스를 제공하는 것이 특징이며, 활용도가 높아지고 있다.

평가는 일반사항과 환경, 노동 및 인권, 윤리, 지속가능한 조달 등 4개 분야로 분류하여 21개의 CSR 표준영역과 50문항의 온라인 설문 영역이 있다. 평가를 위해서는 지속가능 보고서나 CSR 보고서 발간 및 증빙자료의 플랫폼 업로드가 중요하다. 평가 결과는 크게 메달과 점수로 공개되는데, 상위 1%는 Premium(75~100점), 상위 5%는 Gold(67~74점), 상위 25%는 Silver(56~66점), 상위 50%는 Bronze(47~55점), 그 이하는

N.A로 나뉜다. 종업원 수에 따른 연간 멤버십 비용이 다르며, 자세한 평가 결과 피드백을 받기 위해서는 별도의 등록과 비용이 요구된다. 현재 전 세계 155개국 5,500여 개의 기업들이 활용하고 있다.

국내 ESG 평가기관

국내 주요 ESG 평가기관은 한국기업지배구조원(이하 KCGS), 서스틴베스트, 한국ESG 연구소(대신경제연구소)가 있다. KCGS와 서스틴베스트는 10년 이상의 ESG 평가 경험을 바탕으로 자체 평가모형과 프로세스를 가지고 있으며 코스피, 코스닥 상장사가 주요 평가대상이다.

한국기업지배구조원(KCGS)

KCGS는 민법 제32조에 의거하여 2002년 6월에 설립된 비영리 사단법인이다. KCGS는 313쪽에서 언급한 모범 규준에 의거하여 독자적으로 개발한 통합평가모형에 따라 지배구조 81개, 환경 50개, 사회 52개 등 각 항목별 세부지표에 가중치를 부여하고 글로벌 가이드라인을 반영해 평가하고 있다.

ESG 평가 결과는 우수기업 선정, 한국거래소(KRX)의 책임투자지수 편입종목 선정에 활용되는 등 국내 상장기업의 ESG 경영 수준을 제고하기 위하여 다양하게 활용되고 있다. 매년 상반기 코스피(KOSPI) 상장사와 코스닥(KOSDAQ) 150 구성 종목과 대기업집단 소속회사를 평가대상 기업으로 선정하고 대상 기업의 사업보고서 등 각종 공시자료, 지속가능경영 보고서, 홈페이지, 정부기관 자료, 언론보도 등 다양한 자료를 활용하여 평가 대상 기업의 ESG를 평가한다. KCGS의 ESG 등급은

S, A+, A, B+, B, C, D의 7등급으로 구성되며, 종합등급과 E, S, G 개별등급으로 나누어서 공개한다.

평가는 크게 기본평가와 심화평가로 구분되고, 기본평가는 ESG 각 부문에 가점을 주고, 심화평가는 감점을 부여한다. 특히 지배구조 평가 시에는 금융사와 비금융사를 구분하여 금융사는 14개(환경 3, 사회 4, 지배구조 7), 비금융사는 11개(환경 3, 사회 4, 지배구조 4)로 구성된 ESG 프레임워크를 적용한다. 또한 평가과정에서 검토한 데이터의 신뢰성을 확보하기 위해 피평가기관의 데이터 검증과 추가 성과를 반영할 수 있도록 '평가 피드백' 절차를 두고 있는 것이 특징이다.

서스틴베스트

서스틴베스트(Sustinvest)는 2006년에 설립하여 연기금을 비롯한 기관투자자 대상으로 ESG 분석과 책임투자 운용 전략을 자문하는 영리기관이다. 서스틴베스트는 자체적으로 개발한 평가모형(ESG Value™) 을 통해 국내 상장기업의 ESG 성과를 평가하고 있다.

서스틴베스트는 매년 3월 말 기준으로 코스피 및 코스닥 종목 중 52주 평균 시총 기준으로 상위 800개 종목과 고객사의 요청 기업을 대상으로 선정한다. 평가는 지속가능한 형태의 지배구조와 경영진의 통제 수준, 기업성과의 이해관계자와 배분 적절성을 중점적으로 평가한다. 지표별 특성과 재무적 상관성을 고려하여 상대적 중요성을 고려한 가중치를 결정하고, 보고서 유형별 공시 시기를 반영하여 상·하반기 평가를 진행한다.

또한 평가 기간 내 ESG 이슈와 관련하여 논란이 되는 사안

(Controversial Issues)에 대해서는 각 ESG 영역별 점수에서 차감하여 ESG 영역별 점수와 전체 점수를 산출한 뒤, 평가대상 기업의 확인(Verification) 절차를 거치고 있다. 평가등급은 AA~E까지 7등급으로 분류한다. ESG 섹터별 가중치를 살펴보면 G영역은 40~55%, S영역은 35~40%, E영역은 5~25%로 다른 영역에 비해 섹터 간 가중치가 넓게 형성되어 있다.

한국 ESG 연구소

한국 ESG 연구소는 2021년 8월 설립된 대신경제연구소의 자회사이다. 주요 사업은 기관투자자의 의결권 자문과 ESG 평가이며, 2020년부터 국민연금의 ESG 평가를 위한 기초데이터 수집 및 분석 서비스를 제공하면서 두각을 나타내고 있다. 평가 대상 기업은 상장기업이다. 평가는 실제 자료조사가 가능한 공개된 자료를 바탕으로 설계된 평가모형에 의해 평가하고, 투자자의 합리적 의사결정에 활용되도록 하고 있다.

ESG 평가 제언

최근 들어 ESG 경영이 화두가 되고, ESG 평가에 대한 관심이 커지면서 평가 결과에 대한 차이가 이슈화되고 있다. 메리츠증권 리서치센터의 분석에 의하면, 글로벌 평가의 이슈는 크게 대기업일수록 (ESG 공시 자료준비가 잘되어) 높은 점수를 받는 '대형주 편중 효과'와 개별기업의 위험이 제대로 반영되지 않고 산업별 표준화로 인한 '평가의 단순화', 국가별 공시 요건 차이로 발생하는 정보공개 수준의 차이에 따른 '지역별 편차', 평가등급 산정 방법론의 비공개에 따른 '평가기관별 차이' 등

| ESG 평가의 이슈 |

구분	내용
대형주 편중 효과	• 대기업일수록 ESG 공시자료 준비를 위한 인력 활용이 용이하여 ESG 평가에 유리
평가기법의 단순화	• 개별 기업의 위험보다는 산업별 표준화 및 단순화에 따른 평가 결과 왜곡 • 화석연료 등을 사용하는 전통적인 에너지 업종이 상대적으로 낮은 평가
지역별 편차	• 공시 요건이 까다로운 국가나 지역의 기업이 높은 평가를 받아 지역적 평가 편차 발생
등급 산정 모델의 불투명성	• ESG 평가 세부항목에 대한 평가 방법론 비공개

출처: 메리츠증권, 《ESG 총정리》, 2020.4.28. p.40.

이 제기된다.

국내 기업의 평가에서도 글로벌 평가 이슈와 동일하게 공시기준에 대한 통일된 기준이 마련되지 않고, 자율적으로 발행된 지속가능 보고서와 홈페이지 등을 통해 평가자료를 수집하여 글로벌 평가모형을 적용하다 보니, 국내 기업의 특수성(인종 다양성 등)이 반영되지 않는 문제가 발생한다. 따라서 모든 이해관계자가 만족할 수 있는 ESG 평가제도가 되기 위해서는 먼저 평가 대상이 되는 정보공개의 표준화가 추진되어야 할 것이다.

평가기관은 표준화된 공개정보를 바탕으로 평가 프레임워크를 적용하면 기업 및 지역 간의 정보공개 수준에 따른 오류를 줄일 수 있을 것이다. 또한, 평가기관의 영업비밀로 간주해온 지표별 가중치 등 평가 방법론에 대한 기본적인 기준을 마련하여 동일정보/ 동일평가 제도를 안착시키는 것이 필요하다.

물론 평가기관마다 평가목적이 다르므로 신용평가처럼 동일한 평가를 기대하는 것은 아니다. 하지만 일관성 있는 평가 결과는 ESG 평가의 신뢰도를 높일 수 있고, 이해관계자 자본주의로의 패러다임 전환에 따라, ESG 평가는 지속가능성 여부를 판단하는 중요한 판단 기준으로 자리매김할 수 있을 것이다.

김기현 강원대 탄소중립융합학과 겸임교수

서울대학교에서 자원공학(석유개발)과 기술경영경제정책(경제학 박사)을 전공하고, 에너지자원 개발과 IT 서비스 업계에서 30년간 일해왔다. 에너지·환경 기술과 정책 분야의 전공과 다양한 경험을 바탕으로 기후변화, 에너지전환과 ESG 투자·경영에 관심을 가지고 있다.

이메일 kkihyun85@kakao.com

11장

미래 투자, ESG에서 찾자

왜 금융기업은 ESG에 열심일까?

ESG 투자, 왜 중요한가?

복잡다단하고 불확실성이 높은 현대사회에서 전 지구적인 문제를 해결하는 데 정부의 역할만으로는 한계가 있다. 따라서 우리 사회의 지속가능 이슈를 해결하기 위해서는 금융기관 및 기업을 포함한 각 경제주체들이 함께 나서는 것이 더 효과적이다. '지속가능 금융'이란 전 지구적 패러다임인 '지속가능 발전'에 도움이 되는 분야에 자금 배분이 이루어지도록 하는 것을 의미한다. 즉 공익적 외부효과를 유발하여 사회에 긍정적인 효과를 가져다줄 수 있는 금융이다.

주요 선진 20개국(G20)은 2016년부터 '지속가능 금융 스터디그룹(SFSG)'을 구성하여 지속가능 금융을 'UN의 SDGs(지속가능 발전 목표)에 직·간접적으로 기여할 수 있는 금융서비스·상품·프로세스'로 정의했다. 지속가능 금융에서 환경 이슈가 높은 비중을 차지함에 따라 환경과 관련된 금융의 역할에 대해서는 녹색금융(Green Finance)을, 그리고 환경

중에서도 기후변화와 관련된 금융의 역할에 대해서는 기후금융(Climate Finance), 기후변화 완화와 관련해서는 저탄소금융(Low-carbon Finance)을 각각 하부 개념으로 정의하고 있다. 또한 보다 광의의 개념으로 환경적 요소뿐만 아니라 사회, 경제 및 지배구조를 금융 활동에 포함한다.

전 세계는 인류의 지속가능한 발전을 위하여 배제적 성장에서 포용적 성장으로, 주주자본주의에서 이해관계자 자본주의로, 고탄소 사회에서 탈탄소 사회로 전환하기 위해 노력 중이다. 이러한 변화 과정에서 사회적 가치를 유지하면서 경제적 가치를 창출하기 위한 도구로 ESG를 사용하고 있다. 글로벌 은행들의 투자전략 선회는 단순히 '착한 금융'을 지향하기 위한 것이 아니다. 금융기관의 지속가능 금융과 기업의 ESG 경영을 통하여 위험 요소를 줄이고 지속가능성을 발견하기 위한 '생존 전략'인 것이다.

기업 경영에 가장 큰 영향을 미치는 요소 중 하나는 투자재원 조달이다. 투자재원 조달이 원활하지 않으면 기업의 지속성장을 위한 투자

| 지속가능 금융 범위 |

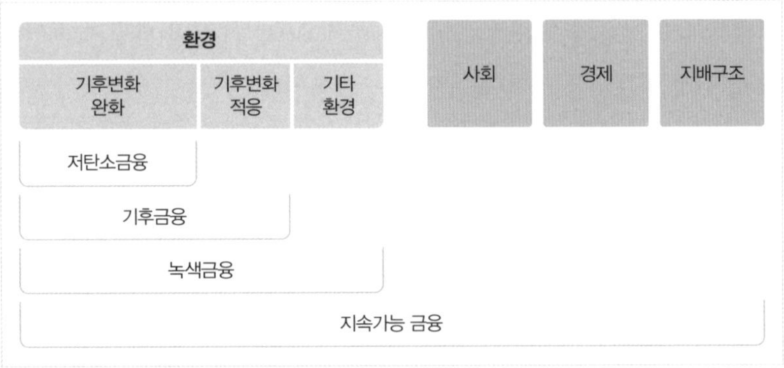

출처: UNEP, 〈Definitions and Concepts: Background Note〉, 2016, p.11.

도 할 수 없고, 이는 기업의 지속가능성에 부정적인 영향을 끼치게 된다. 즉 ESG 투자는 ESG 활동을 하는 기업이 자본을 더 쉽게, 더 적은 비용으로 조달할 수 있게 만든 '금융적 개념'이다. 그래서 ESG는 태생부터 투자, 그리고 금융과 떼려야 뗄 수 없는 관계라고 할 수 있다.

국내외 대형 연기금과 같은 기관투자자들의 지원을 받은 자산운용사들이 ESG 평가 기준을 적용하여 어떤 기업에서 갑자기 자금을 회수해버리면 그 기업은 경영에 위기가 발생할 가능성이 크다. 지금은 기관투자자들에 의한 사회책임투자 움직임이 자산운용사와 중소 투자자들에게 차례로 영향을 미치며 기업의 경영 방향을 변화시키고 있다. 그리고 이러한 투자의 방향성에 영향을 받은 기업들의 움직임은 ESG 경영을 통한 자금조달 시장에 대한 적극적인 대응으로 나타나고 있다.

세계적인 트렌드를 넘어 필수요건으로

글로벌 자본시장은 밀레니얼 세대의 ESG에 대한 관심에 주목하고 있다. 이들은 주주 이익의 극대화보다, 윤리적이고 친환경적이며 지배구조가 바람직하면서 사회에 긍정적인 영향을 주는 기업에 투자하기를 희망한다. 또한 인류의 지속가능성에 기여하는 기업에 투자하기 위해서는 수익률 일부를 포기할 수도 있다고 생각하는 세대이기도 하다.

2019년 12월 모건스탠리 사의 발표에 따르면 밀레니얼 세대 중 95%가 ESG 요소를 반영한 책임투자를 중요하게 생각하고 있다. 이는 일반인(85%)보다 10%P 높은 수치이다. 2030년까지 밀레니얼 세대가 부모 세대에게서 물려받는 자산 규모는 전 세계적으로 68조 달러(약 7경 5,000조 원)에 달할 것으로 예상되며, 이들은 중요한 투자자 세대이다. 세계 3대 자산 운용사중 하나인 블랙록(2021년 현재 약 9조 달러 운용)이 기후 리스크를 외면하는 기업에는 투자하지 않겠다고 밝히는 등 ESG 경영은 이미 거스를 수 없는 투자전략이 되었다. 그리고 이 같은 추세는 EU, 미국 등 주요 국가들의 2050 탄소중립 정책 선언으로 더욱 가속화되고 있다.

ESG 관련 사업들은 대규모 투자가 필요하지만, 사업 초기를 포함하여 오랜 기간 이익을 내기 어려운 사업이 대부분이다. 세계적 전기차 기업인 테슬라, 국내 2차전지 기업인 LG에너지솔루션도 흑자로 전환한 것은 오래되지 않았다. 소규모 기업들은 더 오랜 기간 동안 자금 유동성과 재무적 어려움을 겪어야 한다. 따라서 은행을 포함한 금융회사들은 ESG 경영 성과가 우수한 기업에게 대출한도와 금리 등의 지원을 확대하는 반면, ESG 이행 실적이 좋지 않은 기업에게는 점점 더 많은 자금 부담을 안겨주고 있다.

또한 온실가스 배출량이 많은 기업은 앞으로 점점 더 높은 탄소배출 거래 가격을 지불해야 하고, ESG를 이행하지 않는 기업의 수출은 점점 더 어려워질 것이다. EU는 탄소국경조정제(CBAM)를 2023년부터 시범 시행하는 계획을 선언했고, 내연기관차량 판매금지를 2035년 또는 그 이전으로 설정하는 등 규제가 속속 등장하고 있기 때문이다. 특히 탄소 배출이 많은 기업의 자산은 향후 좌초자산이 되면서 부실자산으로 바뀔 가능성이 있다. 이는 금융권의 자산 건전성과 수익성에 부담을 줄 수 있기에, 자금을 회수당하는 곤경에 처할 수도 있다. 최근 국내 사례로는 네덜란드 최대 공적 연기금 운용공사인 APG(운용자산 약 850조 원 규모)가 2020년 2월 한국전력 투자금 6,000만 유로(약 800억 원)를 회수한 사례가 있다. 탄소배출을 야기하는 석탄 사업을 한다는 이유에서다. 또한 APG는 2022년 2월에도 국내 대표 기업 10개사(삼성전자·현대제철·SK㈜·SK하이닉스·LG화학·LG디스플레이·롯데케미칼·포스코케미칼·LG유플러스·SK텔레콤)를 기후 포커스 그룹으로 선정하고, 탄소배출 감축을 요구하는 주주서한을 보내며 적극적인 주주권 행사를 예고한 바 있다.

이와 같은 투자시장 트렌드의 변화로 금융권이 각 기업의 ESG 성과를 객관적으로 측정하고 평가하는 시스템을 도입해야 할 필요성이 제기된다. 그동안 기업이 범용적으로 활용하는 GRI 기준으로 작성된 지속가능경영 보고서에는 ESG가 재무 상태나 영업 성과에 중요한 영향을 미치는 정보가 담겨 있지 않아, SASB와 TCFD를 추가로 반영할 것을 요구하는 추세가 이어지고 있다. 금융권이 ESG 경영을 추구하는 기업을 선별해 투자·대출할 때 금융권의 지속가능성도 높아지기 때문이다.

세계 투자자산의 골드러시가 될 ESG

글로벌 지속가능 투자시장 규모와 전략 등을 집계하는 글로벌 지속가능 투자연합(GSIA, Global Sustainable Investment Alliance)은 매 2년마다 〈Global Sustainable Investment Review〉라는 보고서를 발행한다. 이 보고서에 의하면 투자의사 결정에 ESG를 고려하는 투자금 규모는 2012년 13조 3,000억 달러, 2016년 22조 8,000억 달러, 2018년 31조 달러에서 2020년 말 53조 3,000억 달러까지 증가하였다. 이는 2020년 현재 전체 투자액의 1/3 수준에 해당한다.

글로벌 금융위기 이후 양극화 심화, 지구온난화에 따른 기후위기, 2020년 코로나19에 따른 비재무적 요소의 증가로 지속가능 투자의 규모도 증가하는 추세이며, 최근 ESG 투자는 매 2년마다 10조 달러씩 증가하고 있다. 2030년에는 130조 달러(약 14경 8,200조 원), 2037년에는 160조 달러를 초과할 것으로 예측된다. 글로벌 운용자산의 규모를 고려하면 아직 ESG 투자가 질적, 양적인 측면에서 완전한 대세가 되었다고는 할 수 없으나 2030년 이후에는 전 세계 투자자산의 대부분이 ESG의 각 요소를 고려하는 수준이 되어, ESG는 글로벌 자금의 선택지가 아닌 필수 관문이 될 것이다.

세계적으로 지속가능한 투자금액 규모가 증가하는 가운데 2018년까지는 지속가능 투자를 지향하는 연기금을 중심으로 유럽이 ESG 투자를 견인하였다. 그러나 2020년에는 금융기관을 중심으로 자발적인 ESG 투자가 확대된 미국이 유럽을 상회하여 빠르게 성장하고 있다. 2020년 초 전 세계의 지속가능한 투자금액은 35조 달러로 2016년 대비 55% 증가하였고, 2018년 대비 15% 증가하였다. 2020년 초 미국의 지속가능한 투자 규모는 17조 달러로, 2018년 대비 42.4%나 증가하여 전 세계의 절반 정도(전체의 48.4%)를 차지하였다. 유럽은 2018년까지 최대 규모를 기록했으나, 2020년 초에는 2018년 대비 14.6% 감소하며 12조 달러를 기록했다. 일본은 2020년 초 2.9조 달러로 2018년 대비 31.8% 증가하며, 전 세계 규모의 8.1%를 차지하였다.

한국사회책임투자포럼(KoSIF)의 〈2020 한국 ESG 금융백서〉에 의하면, 2020년 말 기준 국내 ESG 금융 규모는 492조 원으로 2017년의 144조 원 대비 242% 성장했다. 금융활동 유형별로는 ESG 투자 188조 원, ESG 대출 184조 원, 금융상품 62조 원, ESG 채권 발행 59조 원이었다. ESG 투자는 2017년 대비 6배 이상 성장했는데, 국민연금이

| 전 세계의 지속가능 투자액 규모 및 증가 현황 |

(단위: 10억 달러, %)

구분	2016	2018	2020	2016~2020 증가율	2018~2020 증가율
유럽	12,040	14,075	12,017	−0.2	−14.6
미국	8,723	11,995	17,081	95.8	42.4
일본	474	2,180	2,874	506.3	31.8
캐나다	1,086	1,699	2,423	123.1	42.6
호주/뉴질랜드	516	734	906	75.6	23.4
합계	22,838	30,683	35,301	54.6	15.1

* 2016년, 2018년, 2020년 각 연도의 투자액은 당해연도 초 또는 전년 말기를 의미함.

출처: GSIA, 〈Global Sustainable Investment Review〉, 2020, p.10.

ESG 투자 활성화정책을 발표한 2019년부터 급격한 성장을 보여 국민연금이 전체의 54%(101조 원)를 차지했다. 민간금융의 총 ESG 투자 규모는 70조 원으로 은행이 42조 원, 보험사가 22조 원, 자산운용사는 2.3조 원을 투자한 것으로 나타났다. 투자자산군 유형별로는 주식(57%), 채권(35%), 대체투자(9%) 순이었다. ESG 대출은 기업 대출이 전체의 80%(147조 원)를 차지했으며 기술금융, 일자리 창출 및 중소기업 지원 등과 관련된 대출이 많았다. ESG 금융상품은 예·적금의 비중이 64%(39조 원)를 차지했다. ESG 채권 발행은 사회적 채권의 규모가 85%를 차지했다. ESG 이슈별로는 환경 부문 72조 원, 사회 부문 219조 원, 지배구조 부문은 0.2조 원, ESG 통합은 201조 원이었다.

ESG 투자,
착한 투자가 돈 불러준다

ESG는 살아남기 위한 조건이다

ESG 등급이 높은 기업일수록 ESG 위험 요인을 더 잘 관리해 장기적으로 재무성과가 양호할 확률이 높고, 기업의 지속성에 도움이 된다는 분석이 있다. 미국의 투자 리서치 회사인 모닝스타가 ESG 펀드 745개를 포함한 유럽 펀드 4,900개를 분석한 결과 10년 전에 있었던 ESG 펀드 중 72%가 생존한 반면, 전통적인 펀드는 45.9%만이 살아남은 것으로 조사되었다. 또한 뱅크오브아메리카(BOA) 메릴린치가 2005~2015년에 파산한 S&P 500 기업을 살펴본 결과, 17곳 가운데 15곳은 파산 직전 5년간 ESG 지표가 저조했다. 이는 ESG가 더 이상 착한 기업의 순위가 아니라 기업의 본질적인 경쟁력을 보여주는 잣대가 되고 있다는 것을 의미한다.

2021년 11월 산업연구원이 국내 868개 기업을 대상으로 ESG 등급과 자산수익률의 관계를 조사한 결과 역시 국내 상장기업의 ESG 역량과 재무성과 간에 유의미한 관계가 관찰되었다. 산업 내 높은 ESG 역량을 가진 기업의 자산수익률이 더욱 높은 것으로 나타난 것이다. 한편 ESG 등급과 자산수익률의 관계는 산업별로 차이를 보이며, 이는 ESG가 추구하는 가치 확대에 따른 산업변화의 기회와 도전이 산업별로 다르다는 것을 의미한다.

이와 같이 ESG가 투자전략의 큰 줄기가 되고 있는 배경에는 양호한 수익률이 있다. ESG 투자가 포트폴리오의 리스크를 통제할 뿐 아니라 수익률 측면에서도 시장의 성과와 유사하거나 우수한 실적을 보이는 것으로 나타난다. 즉 '착한 펀드는 투자수익률이 높지 않다'는 편견을 바꾸고 있는 것이다.

ESG 투자는 어떻게 하나?

ESG 투자는 ESG 활동을 잘하는 기업에 투자하여 수익을 내는 것이 목표이다. '성과 창출' 단계는 기업이 경영활동을 통해 경제적 가치와 사회적 가치를 만든다. 경제적 가치는 기업활동을 통하여 창출한 이익인 재무적 성과를 의미하고, 사회적 가치는 사회, 경제, 환경, 문화적 영역에서 공공의 이익과 공동체 발전에 기여하는 가치를 말한다. 'ESG 성과측정' 단계에서는 기업활동으로 창출된 사회적 가치를 표준(GRI, SSAB, TCFD 등)을 참조하여 ESG 성과를 지속가능경영 보고서와 같은 형태로 외부에 공포한다.

'ESG 등급평가' 단계에서는 ESG 평가기관들이 각 기업들이 공개한 ESG 성과 자료 및 수집 가능한 기타 자료를 활용해 성과를 평가하고, 그 결과를 바탕으로 기업별 ESG 등급을 발표한다. 이어서 '투자 실행'

| ESG 투자 프로세스 |

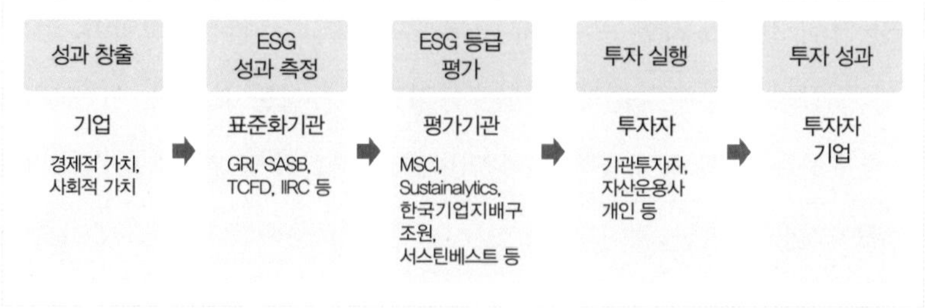

출처: 조신, 《넥스트 자본주의 ESG》, 사회평론, 2021, p.179.

단계에서는 기관투자자나 자산운용사 등의 투자자들이 ESG 성과를 참고하여 패시브 또는 액티브 방식으로 투자를 실행한다. 마지막으로 '투자 성과' 단계에서는 E, S, G의 각 요인이 기업가치에 미치는 성과의 원인, 결과를 분석하여 개선한다.

UN 책임투자원칙(UN PRI)은 전 세계 주요 금융기관들과 함께 만든 '기관투자자의 책임투자원칙'으로, 다음과 같은 6개의 원칙으로 구성되어 있다. 이는 투자자가 투자 대상 기업의 재무적 측면뿐 아니라 비재무적 지표인 ESG까지 반영하여 투자 결정을 내리도록 촉구하는 모범 관행을 제시하며, 전 세계 기관투자자들의 책임투자 흐름을 이끌고 있다.

① 투자 분석 및 의사결정 과정에 있어 ESG 이슈를 반영한다.
② 적극적 소유권을 행사하며 소유권 정책 및 행사에 ESG 이슈를 반영한다.
③ 투자 대상 기업의 ESG 이슈가 적절히 공개되도록 노력한다.
④ 투자 업계 내 책임투자원칙의 도입 및 실행을 증진시킨다.

⑤ 책임투자원칙 이행의 효과를 높이기 위해 협력한다.

⑥ 책임투자원칙의 이행에 관한 활동 및 진전 사항을 보고한다.

기관투자자들의 책임투자원칙과 지속가능 금융의 포괄적인 개념을 반영하여 GSIA는 ESG 요소를 고려한 '지속가능한 7가지 투자전략'을 정의했다. 패시브한 투자방식에서 액티브한 방식 순으로 ① 네거티브 스크리닝(Screening) ② 포지티브 스크리닝 ③ 규범 기반 스크리닝 ④ ESG 통합투자 ⑤ 지속가능 테마 투자 ⑥ 임팩트 투자 ⑦ 경영 참여 및 주주행동이 있다.

스크리닝 투자는 기업의 사회적 책임에 초점을 둔 방식으로 ① 네거티브 스크리닝, ② 포지티브 스크리닝, ③ 규범 기반 스크리닝이 있다.

① 네거티브 스크리닝은 부정적 평가 기준에 따라 특정 기업에 대한 투자를 배제하는 전략이다. 평가 기준은 크게 기업의 제품 범주(담배, 무기 등)와 관행(성차별, 부패 등)으로 구분되며, 이들 중 어느 하나라도 해당되는 기업은 투자 대상에서 엄격하게 배제한다.

반면에 ② 포지티브 스크리닝은 ESG 성과가 높은 기업을 선별 투자하는 전략이다. 두 전략은 주로 연기금과 같은 대형 투자자들이 활용하는 투자전략이다.

③ 규범 기반 스크리닝은 네거티브 전략과 비슷해 함께 자주 쓰인다. 국제노동기구(ILO)나 경제개발협력기구(OECD)와 같은 국제기구가 발행하는 규범에 어긋나는 제품을 생산하거나, 관련된 활동을 하는 기업을 배제하는 전략이다. 하지만 이러한 스크리닝 투자로 걸러진 기업들이 자금조달에 어려움을 겪었거나 이로 인하여 사업이 부진하게 되

었다는 사례는 아직까지는 많지 않다.

④ ESG 통합투자는 재무적 성과와 함께 비재무적 성과를 참고하여 투자 포트폴리오를 구성하는 방식으로 ESG 문제 해결과 더 높은 수익률을 동시에 추구하며, 상장기업의 주식과 채권에 패시브와 액티브 방식으로 투자한다.

⑤ 지속가능 테마 투자는 청정에너지와 지속가능 농업 등 ESG로 인해 수혜가 예상되는 사업이나 기업을 중심으로 포트폴리오를 구성하는 방식이다. 지속가능 테마 투자는 주로 상장지수펀드(ETF)를 통해 활성화되고 있다.

⑥ 임팩트 투자는 투자수익과 함께 긍정적인 영향력을 추구하는 투자이다. 특정한 사회 및 환경 문제를 해결하는 데 기여하는 기업/기술에 대한 투자, 사회성과연계채권, 지역사회에 대한 투자 등으로서 사모펀드나 벤처캐피탈이 보다 장기적인 관점에서 참여하는 투자이다.

⑦ 경영 참여 및 주주행동은 장기적인 주주가치 제고를 위해 경영진 대화, 의결권 행사 등을 통해 기업의 의사결정에 직접 참여하는 방식의 전략이다. 최근에는 미국에서 행동주의 펀드 '엔진 넘버원'이 기후변화에 대응할 것을 촉구하며 미국 최대 에너지기업 엑슨모빌(ExxonMobil)의 이사회 멤버를 교체한 사건이 큰 주목을 받았다.

글로벌 기관투자자는 투자전략으로 네거티브 스크리닝과 ESG 통합방식을 주로 적용하고 있다. 연기금의 경우 네거티브 스크리닝 전략 비중이 높다. 대표적으로 노르웨이 국부펀드인 GPFG(Government Pension Fund Global)는 2017년 환경오염과 관련이 있는 매출액이나 전력생산량의 30% 이상을 석탄에서 얻는 기업에 대한 투자를 완전히 배제하여 약 122개 기업의 투자금을 회수하겠다고 밝혔다. 그러나 최근에는 ESG 요소로만 포트폴리오를 구성할 경우 펀드의 제약 요건(시장 추적 오차, 투자자들의 요구사항)을 충족하지 못할 수 있기 때문에 투자 관리 전반에 ESG를 적절히 조화시키는 'ESG 통합투자'가 증가하고 있다(2020년 말 기준 2016년 대비 143% 성장).

2020년 주요 연기금의 ESG 관련 투자 동향을 살펴보면, 2016년에 비해 전체 자산에서 재생에너지 투자 등 ESG 관련 투자가 차지하는 비중이 꾸준히 증가하고 있다. 이는 초대형 기관투자자 및 자산운용사 등과 같은 유니버설 투자자들이 상대적으로 장기적 관점에 근거한 ESG 투자를 확대하고 있음을 의미한다. 2019년 기준 세계 상위 5대 자산운용사의 운용자산이 전 세계 운용자산의 22.7%를 차지할 정도로 자본 집중도가 높기 때문에 이러한 유니버설 오너는 세계 경제, 사회 전반의 장기적 이득에 합치하는 방향으로 투자를 유도하고 있다. 예를 들면 기후변화 위기 대응과 같은 장기적 관점의 투자를 지지하고, 이를 통해서 세계 경제가 원활하고 건강하게 돌아가기를 원한다. 지구온난화가 심각하게 진행되면 수조 달러의 자산을 운용하는 유니버설 투자자는 투자자산의 상당 부분에서 투자수익을 얻기 어려워질 수도 있는데, 이러한 글로벌 위험을 헤지할 방법이 없기 때문이다. 또한 연기금들은 스튜어드십 코드와 함께 주주권과 기업의 사회적 책임을 강조하며, 기업이 ESG 경영을 지향하도록 유도하고 있다.

GSIA의 2018/2020년 ESG 투자 현황을 보면 2020년의 글로벌 투자 규모는 ESG 통합(25조 달러), 네거티브 스크리닝(15조 달러), 경영 참여/주주행동(10조 달러), 규범 기반 스크리닝(4조 달러) 순으로 나타났다.

한편 임팩트 투자는 스타트업 기업에 주로 투자하기 때문에 투자 절대 금액은 가장 적다. 2016년 대비 2020년까지의 증가율을 보면, 지속가능 테마 투자(605%), ESG 통합(69.5%), 포지티브 스크리닝(69%) 순으로 나타났다.

투자전략 규모별로 각국의 비중을 살펴보면, 국가별로 상이한 투자 전략을 실시하고 있음을 알 수 있다. 2020년 ESG 통합 투자(25조 달러)는 미국(64%), 유럽(16%), 캐나다(9%), 일본(8%), 호주/뉴질랜드(3%) 순으로 나타났다. 경영 참여/주주행동 투자(10조 달러)는 유럽이 전체의 45%를 차지할 정도로 강세를 보였다. 이를 보면 ESG 투자의 역사가 긴 유럽에 비해 미국은 ESG 성과와 재무성과를 동시에 달성하려는 실증적 투자를 중요시하고 있음을 알 수 있다. 일본은 7가지 전략 중 기업 관여/주주활동(17%), 포지티브 스크리닝(10%) 전략 부문에 집중하는 것으로 나타났다.

국내외 ESG 투자 현황

글로벌 ESG 투자 현황

IMF(2019)는 336쪽 표 〈투자 자산군에 대한 ESG 요소 적용 사례〉와 같이 ESG 투자가 다양한 자산군에 적용될 수 있는 다차원적인 평가체계라고 정의하고, 각 금융자산군에 대해 ESG가 적용 가능한 요소를 예시하고 있다. 글로벌 지속가능 투자의 투자자산 형태를 살펴보면, 2018년 기준으로 주식이 절반을 웃도는 51%를 차지했고 이어 채권 36%, 부동산 3%, PE·VC(사모펀드·벤처 캐피탈) 3%, 기타 7%로 포트폴리오가 다변화되고 있음을 알 수 있다. 2016년에는 주식과 채권 비율이 97%에 이르렀지만 점차 부동산이나 사모펀드, 벤처 캐피탈 등 부문에서도 ESG 요소를 고려한 투자가 이루어지는 추세이다.

ESG를 고려한 채권과 대출도 성장하는 추세로 글로벌 ESG 채권과 대출을 합친 규모는 2017년엔 2,395억 달러였는데, 2020년에는 7,898억 달러로 3년 사이에 230% 이상 증가했다. ESG 채권 가운데서는 친환경 프로젝트에 투자하는 녹색채권(Green Bond)이 4년간 가장 큰 비중을 차지했다. 특히 2020년에는 코로나19의 확산으로 사회 안전 등에 대한 관심이 늘면서 사회 문제 해결에 투자하는 사회적 채권(Social Bond)의 발행액이 전년 179억 달러에서 1,551억 달러로 9배가량 급증했다.

금융업계에서도 경영과 투자 활동에 있어 환경 이슈에 대한 대응 요구가 거세질 것으로 전망된다. 신재생에너지와 ESG 투자 확대, 탄소배

| 투자 자산군에 대한 ESG 요소 적용 사례 |

자산	구분	사례
주식		전통적 주식에 대한 다양한 전략 가능. 그동안 다수는 네거티브 스크리닝이었으나 기업관여(engagement)나 포지티브 스크리닝으로 이동 중
채권	전통적 기업 채권	중요 ESG 기준을 기업신용분석에 통합하여 신용 리스크 판별을 개선함
	전통적 국채	재무 및 거시경제적 변수에 초점을 둔 전통적 분석과 함께 ESG 요소를 통합하여 국가 채무 리스크를 판별. PIMCO는 2011년부터 국채 채무등급 모형에 이러한 방식을 채택함
	ESG MMF	단기금융시장 상품 투자에 ESG 요소를 적용. 블랙록은 2019년 4월 환경에 초점을 둔 MMF를 출시함
	녹색채권	녹색라벨을 받은 특정한 채권이며, 환경적 혜택을 가져오는 새로운 또는 기존 프로젝트 자금으로 사용
	사회적 채권	바람직한 사회적 성과를 가져오는 새로운 또는 기존 프로젝트 자금 모집을 위한 채권
	지속가능 채권	녹색 및 사회적 프로젝트의 조합을 파이낸싱/리파이낸싱에 활용하는 채권
	녹색모기지 증권(MBS)	녹색 MBS를 가장 많이 발생하는 Fannie Mae의 경우 녹색 부동산 자금 조달을 위한 다수 모기지를 증권화
은행여신	녹색여신	R&D 같은 관련 지원 지출을 포함하는 녹색 프로젝트의 파이낸싱/리파이낸싱에 활용되며 녹색채권보다 70~80% 적은 규모이나 2018년 이후 빠르게 성장
	지속가능성 연계 여신	차주가 사전에 정해진 지속가능성 성과 목표를 만족하도록 유인을 부여하는 여신 상품이나 보증 또는 신용장 같은 조건부 상품
대체투자	녹색리츠 PE 및 VC	환경 인증된 부동산에 대한 포트폴리오 익스포저가 있는 리츠. 예를 들어 에너지, 모빌리티, 건설 분야에 스타트업을 지원하는 사모펀드

출처: IMF, 〈Global Financial Stability Report〉, 2019.10, p.23.

출권 파생상품 활성화 등 관련 금융 투자 기회는 꾸준하게 증가할 것으로 전망되며, 탄소규제 확대와 동시에 신기술의 개발로 리스크와 투자 기회가 함께 나타날 것으로 예상된다. 이렇게 자금이 ESG로 몰려들고 있다는 것은 ESG 경영을 잘하는 기업에게는 투자를 유치할 수 있는 기회이지만, 반면 ESG에 제대로 대응하지 못하는 기업들은 투자자로부터 자금을 회수당할 수 있는 위기이기도 하다. 기업들의 ESG 투자게임은 이미 시작되었다.

ESG 채권

채권은 정부, 지방자치단체, 금융기관 또는 주식회사가 투자자를 대상으로 일정한 이자를 지급받을 권리가 부여된 증권으로서, 필요 시 현금화할 수 있는 유동성이 있다. ESG 채권(Debt Fixed Income)은 주로 공모 발행으로 이루어지고 있으며, 발행 절차는 일반채권 발행보다 복잡하다. ESG 채권을 발행하기 위해서는 우선 자금의 용도에 부합하는 ESG 채권 표준을 선택한 후, 해당 표준에서 규정하는 절차를 준수해야 한다. ESG 관련 채권 표준은 채권 발행자가 채권발행 전 '자금의 용도', '프로젝트 평가 및 선정 절차', '자금의 관리', '사후보고' 등과 같은 핵심 내용을 포함한 채권관리체계를 수립하여 투자자에게 공개하도록 하고 있다. 또 채권 발행자에게는 외부 평가기관을 통해 자사의 채권관리 체계가 채권 표준에 부합한지 여부를 검토받는 의무가 부과된다.

정부가 친환경, 신재생에너지 인프라 구축을 목표로 한 '그린 뉴딜'을 주요 정책으로 추진하면서 당분간은 ESG 채권이 채권 시장의 대세가 될 것으로 전망된다. ESG 채권은 환경, 사회 지속가능성 등에 해당하는 사업이나 프로젝트에 활용하기 위한 목적으로 발행되며 사회책임투자(SRI) 채권이라고도 불린다. ESG 채권은 전기차, 청정에너지, 그린빌딩 등 친환경사업 목적의 녹색채권과 필수 인프라, 의료 및 교육시설, 사회취약계층 지원 등 사회적 가치 창출을 목적으로 발행하는 사회적 채권, 이 둘이 혼합된 지속가능 채권(Sustainable Bond)으로 나뉜다.

국제금융협회(IIF, Institute for International Finance)에 의하면 글로벌 ESG 채권 발행은 2018년 1,980억 달러, 2020년 7,000억 달러에서 2021년 한 해 1조 달러(약 1,141조 원)를 넘을 것으로 예상한다. 글로벌 ESG 채권시장은 선진국 중심으로 형성되어 있고, 프랑스, 미국, 국제기구, 독일, 네덜란드의 발행이 전체의 56%를 차지하고 있다. 섹터별 발행 주체는 정부(국제기구 포함)가 34.7%, 금융기관이 20.7%로 전체 발행액의 절반 이상을 차지하였다.

이렇게 ESG 채권시장의 규모가 확대되면서, 그 구성도 변화하고 있다. 2019년까지는 녹색채권이 전체 발행량의 80%에 달했지만 코로나19의 발생으로 2020년에는 녹색채권의 비중이 60%로 낮아지고, 사회적 채권의 발행이 25.5%로 증가했다. 국내 ESG 채권시장 규모는 2020년 100조 3,000억 원으로 성장했다. 이 가운데 녹색채권이 7조 8,000억 원, 지속가능 채권이 8조 원으로 각각 7~8%를 차지하고, 나머지 84%가 사회적 채권이었다. 2020년 말 기준 국내에 상장된 ESG 채권 잔액은 82조 8,000억 원으로, 이 중에서 민간 기업이 순수하게 ESG 목적으로 자금을 조달한 비중은 14% 수준이었다. 한국주택금융공사, 한국장학재단, 중소기업벤처진흥공단 등 공공기관과 은행 등 금융기관에서도 사회적 채권을 발행하고 있다. 향후 국민연금을 필두로 한 연기금과 보험사 등 기관투자자들이 전통적인 채권을 ESG 채권 형태로 바꾸는 기조가 확산되면서 ESG 시장의 성장 속도는 더욱 가속화될 전망이다. 또한 ESG 채권은 주택금융공사 등 공기업들이 주류를 이루었으나, 2021년 들어 일반 기업들로 빠르게 확산되고 있다.

기업자금의 투자 조달 수단으로서도 ESG 채권은 매력을 가진다. 국내 사례로는 SK에너지가 5,000억 원(2019.9.), GS칼텍스가 1,300억 원(2019.10.), 한화솔루션이 1,700억 원(2021.4.), 현대제철이 5,000억 원(2021.5.) 등을 친환경사업을 위한 녹색채권으로 발행하였다. 2021년 ESG 채권은 일반 회사채 대비 3년물 기준 2bp 내외, 시장금리 대비로는 3bp가량 낮게 발행되고 있다. 즉 1,000억 원의 회사채를 발행하면 2,000만~3,000만 원 수준의 이자를 줄일 수 있어, 기업들도 자금조달 비용을 낮추기 위해 ESG 채권 비중을 늘리고 있다.

한편 ESG 채권시장의 저변이 확대되면서 비친환경적 기업이 ESG 채권시장에 참여하는 것도 쉬워지고 있어 그린워싱, 소셜워싱 등의 문제에 대한 우려도 커지고 있는 상황이다. 이에 따라 글로벌 ESG 채권과 관련된 주요 논의에서는 발행 후 공시, 특히 자금의 활용 및 영향에 대한 정보의 양과 질의 제고 방안이 주요한 해결 과제이다.

ESG 여신

최근 국내 대형은행들이 ESG 경영이 우수한 기업을 대상으로 대출금리를 깎아주고 한도는 늘려주는 이른바 'ESG 여신(Debt Bank Loans)'을 선보이고 있다. 녹색금융상품은 녹색여신(그린리모델링 협약대출, 은행 자체 대출상품), 기타 친환경상품(환경기업에 혜택을 주는 예·적금)을 포함한다.

2020년 말 기준 국내 은행권 전체의 녹색금융은 21조 9,706억 원이 운용되고 있는 것으로 파악된다.

한편 대출금리 설정 방식에 차입 기업의 지속가능 활동을 연계하는 지속가능 연계 대출(SLL, Sustainability Linked Bond/Loan) 시장도 전 세계적으로 성장하고 있다. 이와 함께 국내 금융사들도 최근 기업대출 심사나 조직 내부 활동에 ESG 지표 반영 계획을 발표하는 등 관련 움직임을 나타내고 있다. 블룸버그에 따르면, 2016년 157억 달러 수준이던 SLL은 2020년 995억 달러로 4년간 6배 이상 증가했다. ING가 다른 15개 은행들과 함께 필립스 사에 10억 유로를 대출한 것이 최초이며, 일본에서는 2019년 11월 MUFG가 처음으로 SMBC, 미즈호(Mizho), 노린추킨(Norinchukin) 은행들과 함께 자국 해운기업인 NYK Line에 500억 엔을 대출했다. 프랑스의 CA는 패션기업인 프라다(Prada)에 직원 교육 및 재생 나일론 사용 관련 지표를 적용해 500만 유로를 대출했고, 스페인의 BBVA는 멕시코 부동산기업인 피브라 우노(Fibra Uno)에 관리부동산의 에너지 사용효율 지표를 적용해 213.5억 페소를 대출했다.

그러나 국내에서는 아직 진정한 의미의 지속가능 연계 대출을 내놓기에는 아직 정성적으로 평가되는 ESG를 측정할 외부 기관의 수와 역량이 모자라 기존 기업 신용평가 모형과 융합하기 어렵다는 점이 있다. 그러나 현재 금융사들이 ESG 도입을 점차 구체화하고 한국신용평가, 나이스 등 신용평가사들도 관련 인증 및 평가 방안을 마련하고 있어 향후 국내 금융시장에도 지속가능 연계 대출이 본격적으로 도입될 것으로 전망된다.

ESG 펀드

2021년 3분기 기준 글로벌 ESG 펀드 규모는 3조 8,932억 달러였다. 지역별로는 유럽이 3조 4,316억 달러(88.1%), 미국은 3,307억 달러(8.5%), 일본, 호주·뉴질랜드, 캐나다, 한국 등이 1,309억 달러(3.4%) 순이었다. 특히 유럽은 글로벌 ESG 펀드 자산의 약 88%를 차지하는데, '이해관계자 자본주의' 중시 관행이 ESG 투자 정착에 영향을 주고 있다. 유럽에서는 액티브 방식의 ESG 펀드가 71%를 차지하는 반면 미국에서는 ESG 펀드에 유입된 자금의 72%가 패시브로 운용되고 있다. 해외시장에서는 액티브 펀드가 높은 수익률로 각광받고 있고, 국내시장에서도 액티브 펀드 상품 출시 비율이 2021년 3분기에는 80% 정도로 꾸준히 증가하고 있다(ESG펀드 순자산: 패시브 1조 1,116억 원, 액티브 6조 5,259억 원). ESG 투자는 중장기 관점의 투자이기 때문에 액티브 운용을 통하여 때로는 주주 관여 활동에 나설 필요도 있다.

이와 같이 세계적으로 ESG 투자에 대한 관심이 증가하고 있는 가운데 국내 자산운용업계에서도 최근 2~3년 동안 ESG 관련 펀드를 활발히 출시하고 있다. 국내에서 설정된 ESG 펀드 순자산 규모는 2020년 7월 기준 4,168억 원으로 국내 주식형 공모펀드의 1% 수준이라 아직 시장 규모는 미미한 편이지만, 최근 3년간 연평균 47% 이상의 가파른 성장률을 보이고 있다. 또한 최근 코로나19 사태와 정부의 그린 뉴딜 기조 속에 환경, 공중보건, 사회안전망, 취약계층 지원 등 환경 및 사회 이슈에 대한 투자자 관심이 증가하고 있으므로 국내 ESG 펀드 시장도 향후 더 성장할 것으로 예상된다.

ESG 상장지수펀드

각 기업들의 ESG 등급만으로는 해당 기업이 얼마나 ESG를 잘 실천하고 있는지 파악하기 어렵다. 공모펀드에 비하여 상장지수펀드(ETF)는 거래소에서 언제든 사고팔 수 있고, 수수료가 기존 펀드보다 낮으며, 다양한 테마형 ETF가 선보이고 있어 공모형 펀드 등 직접투자 못지않게 분산 투자할 수 있는 장점이 있다. 지속가능 금융 관련 규제로 인해 글로벌 금융시장에서는 다양한 ESG 투자상품이 출시되고 있으며, 관련 상품 수요 역시 증가하고 있다. 아직까지 ESG 투자는 채권 중심으로 이루어지고 있으며, 주식에서는 ETF의 거래량이 증가하고 있다. ETF 리서치업체인 ETFGI에 따르면 2021년 상반기 글로벌 ESG ETF 운용자산(AUM)은 3,190억 달러(362조 원)이다. 전체 주식형과 채권형 ESG ETF의 자산 규모는 각각 2,790달러, 400억 달러로 2021년 상반기에만 각각 630억 달러, 160억 달러의 자금이 들어왔다. 2021년 7월 현재 ETF는 전 세계적으로 약 6,500개가 운용 중이고, 글로벌 시장 규모는 9조 1,280억 달러이지만 이 중 ESG ETF는 약 550개가 3.5%의 작은 시장 규모를 차지하고 있다. 세계 최대 자산운용사 블랙록의 래리 핑크 회장은 2020년 초 서한에서 ESG를 추종하는 ETF를 2배로 늘리겠다고 선언하며 ESG ETF 투자의 흐름을 선도하고 있다. 2021년 3월 현재 미국 시장에서는 ESG ETF 상품이 610억 달러 규모로 운용되고 있다.

국내에서는 ETF를 선보인 2002년 국내 순자산이 3,444억 원에 불과했으나, 2021년 12월 기준으로 ETF 시장의 순자산총액은 70조 6,000억 원으로 2020년 말(52조 1,000억 원)에 비해 35.5% 증가했다. 메타버스, ESG, 신재생에너지 등 높은 성장성이 기대되는 분야에 투자가 집중되면서 액티브 ETF로 투자가 몰리고 있다. 국내 ETF 시장의 순자산총액 규모는 해외 주요 시장과 비교해 주식시장 시가 총액 대비 아직 낮은 수준으로, 성장 잠재력이 크다(미국 13.1%, 영국 17.1%, 독일 15.0%, 일본 9.7%, 한국 2.6%). 국내 ESG ETF는 국내 전체 ETF(529개)와 비교하면 여전히 적지만 전체 10%의 규모로 8조 4,000억 원 수준이다. 최근에는 그린 테마에 대한 관심과 제도적 장치에 힘입어 국내 시장도 확대되고 있다.

ESG 투자에 대한 관심이 확대되면서 ESG 벤치마크(BM) 개발 수요도 높아지고 있다. 미국은 MSCI, FTSE를 중심으로 ESG 지수 개발에 오랜 역사 및 높은 활용도를 자랑한다. 미국의 대표 통합 ETF들의 기초자산으로 활용되는 ESG 지수는 MSCI USA 지수를 바탕으로 설계한 지수들로, MSCI KLD 400 지수, MSCI ESG 리더스 지수, MSCIESG 유니버설 지수 등이 있다. 우리나라는 2009년 국내 최초의 ESG 지수인 'SRI 지수' 출시를 시작으로 2015년부터는 기업 지배구조원의 KRX ESG 리더스 150, KRX 거버넌스 리더스 100, KRX 에코 리더스 100, KRX ESG 사회책임경영지수, 코스피 200 ESG 지수, 탄소효율 그린 뉴딜 지수(2020.11), 기후변화 솔루션 지수(2021.7) 등이 연이어 출시되었다. ESG 투자에 대한 필요성과 수요는 계속 커지고 있으므로, 향후 더 다양한 전략을 접목시킨 ESG BM이 생겨나서 활용 가능한 투자상품의 옵션도 다양화될 것으로 예상된다.

ESG 대체투자

대체투자(Alternative Investment)는 전통적인 투자 대상인 주식, 채권,

현금 등에 투자하는 대신 다른 자산에 투자하는 것이다. 대체로 유형자산에 대한 투자를 말하며 보석, 미술품, 우표 등에 투자하는 것과 부동산, 생필품, 헤지펀드 등에 투자하는 것 등이 대체투자에 포함된다. 농장이나 임야에 투자하는 것 역시 대체투자의 한 유형이다.

2014년 18조 달러였던 글로벌 ESG 투자는 2030년 130조 달러에 이를 것으로 전망되며, 이 중 대체투자 비율도 서서히 증가하고 있다. 실제 ESG 투자 자산 중 대체투자 비중은 2016년 2% 수준에서 2018년 13% 수준까지 증가했다. 특히 코로나19가 확산된 이후 '지속가능한 경영'에 대한 필요성이 부각되면서 ESG 대체투자 수요가 늘어났다. 예컨대 캘리포니아 공무원 연금과 네덜란드 공적 연기금은 부동산 투자와 관련해 앞으로 에너지 효율성과 자원 소모량, 탄소배출량과 같은 환경 요소를 포괄적으로 고려하겠다고 밝혔다. 지속가능한 투자 포트폴리오를 구성함으로써 장기적인 수익성을 추구하겠다는 것이다. 국제금융공사(IFC)는 친환경 빌딩이 물과 전기를 적게 소비하는 만큼, 운영비가 기존 건물보다 최대 37% 저렴해 매력적인 투자처가 될 수 있다고 분석했다. 적어도 2030년까지 이 분야에만 25조 원 규모의 투자 기회가 있을 것이라는 전망도 함께 내놨다.

국내에서도 주요 기관투자자의 ESG 요소를 고려한 대체투자가 이어지고 있다. 국민연금공단이 2021년 초 '대체투자 다변화'를 내세우며 스태포드 캐피탈의 산림지(팀버랜드) 펀드에 1억 5,000만 달러를 베팅한 것이 대표적이다. 대체투자가 포괄하는 범위가 넓은 만큼 앞으로도 다양한 ESG 투자가 이어질 것이다.

ESG 투자의 기회와 과제

ESG 투자로 이루어야 할 에너지전환과 탄소중립

현재 글로벌 경제는 에너지전환, 4차 산업혁명의 패러다임 전환과 함께 ESG가 '뉴 노멀'이 되어 빠르게 변화하고 있다. 에너지전환을 통한 탈탄소 경제로의 전환은 전 세계의 경제 및 산업 전반에 걸쳐 과감한 변화가 요구되므로, 투자자 및 기업 모두가 장기 전략과 효율적인 자본 배분을 고려해 투자해야 한다. 2021년 11월 영국 글래스고에서 개최된 COP26(제26차 유엔 기후변화협약 당사국총회)에서 500여 개 글로벌 금융기관 투자자들은 총 130조 달러의 자산을 2015년 파리협정에서 약속한 지구 온도의 1.5도 이내 상승 억제 목표 달성을 위해 운용하기로 합의했다. 또한 코로나19로 기업 경영의 불확실성이 더욱 커지자 투자자들은 기업의 지속가능성을 높이는 요인을 더욱 중시하는 ESG 패러다임으로의 전환을 요구하고 있다. 저탄소사회 전환에는 막대한 비용이 소요되겠지만, 그동안 기후변화 대응에 수동적이던 산업 및 기업

부문에서도 ESG를 새로운 경영 패러다임으로 받아들이고 있다. 기후변화 대응 방식에 따라 기업이 위험한 상황에 놓일 수도 있지만, 반대로 새로운 투자 기회를 통하여 기업가치를 높일 수 있기 때문이다. ESG 투자를 통하여 신재생에너지로의 에너지전환과 2050 탄소중립을 반드시 달성해야 하는 이유는 지구온난화가 미래 후손들에게 회복할 수 없는 경제적·환경적 피해를 끼칠 것이기 때문이다. IEA의 '넷제로 2050 시나리오'에 의하면 2050년까지 탄소중립 달성을 위해 연간 5조 달러(약 5,900조 원), 매킨지(McKinsey, 2022)에 따르면 연간 9.2조 달러(현재 연간 3.5조 달러 투자) 수준의 글로벌 투자가 필요하며, 누적으로 275조 달러가 소요될 것으로 예상된다. 이는 ESG에서 환경 부문의 투자라고 할 수 있다.

EU 집행위원회는 2019년 12월, 2050년 탄소 중립 달성을 위해 유럽 그린딜을 통해 10년간 최소 1조 유로(연간 130조 원)의 기금을 조성하여 청정에너지 확대, 순환경제 구축, 생물다양성 보전, 자원의 효율적 사용 등 6개 정책대응계획으로 2030년에 재생에너지 비중을 60%까지 확대하는 목표를 세웠다. 미국도 2021년 1월 1.9조 달러(약 2,100조 원) 규모의 3차 경기부양안을 통과시킨 데 이어 코로나19에 따른 경제 충격을 극복하기 위해 10년간 2조 달러(연간 230조 원) 규모의 청정에너지·인프라 투자 계획도 발표했다. 이 계획에는 인프라 투자, 친환경 자동차, 친환경 건물 및 그린수소 등을 개발하기 위한 투자도 포함되어 있다. 중국은 2020년 9월 신인프라(정보/융합/혁신) 7개 분야에 관한 5,900조 원 투입 계획과 친환경 분야에 30년간 100조 위안(연간 560조 원) 투자 계획을 갖고 있다. 한편 우리나라도 2020년 7월 한국판 뉴딜 2.0 정책을 통해 2025년까지 총 220조 원을 투자해 디지털 신산업과 2050 탄소중립을 달성하고자 한다. 이에 따라 산업구조의 저탄소화 및 신산업 육성을 뒷받침하는 금융권 역할이 중요해지고 있다. 또한 EU 탄소국경조정제(CBAM), 글로벌 RE100 참여 등 ESG 이슈에 대한 기업의 적극적인 대응은 기후변화 관련 리스크를 줄이고 에너지전환을 가속화하여 기업의 성과를 지속적으로 높이게 될 것이다.

변화하는 트렌드로서의 ESG

최근 국내 ESG 투자의 트렌드는 '환경'이다. 2022년 국내 기업들은 ESG 요소 중 가장 중요한 해결 과제로 환경(67.4%)을 꼽았으며, 그다음이 사회(18.6%), 지배구조(14.0%) 순이었다. 환경 분야 최우선 과제로는 탄소배출량 감축(37.1%), 신재생에너지 활용(23.0%), 친환경 기술개발(13.5%) 등의 과제를 선정했다. 반면 해외 선진국가들은 사회적 책임이나 지배구조에 더 중요도를 부여한다. 사회 구성원으로서 기업이 어떻게 해야 할지 고민하는 것은 ESG의 사회 분야에 해당한다. 특히 코로나19가 일으킨 시장과 사회의 변화는 이 분야의 중요성을 더욱 높였다.

이해관계자들은 공급망을 포함한 조직 내외에서 노동권, 젠더 이슈 등 올바르게 작동하고 있는지 예의 주시하기 시작했고, 해당 사업이 사회 정의에 부합하는 방식으로 운영되고 있음을 적극적으로 알리는 기업도 늘고 있다. 이런 노력이 사회 분야에서 기업 브랜드 가치를 높이는 데 중요한 요소라는 판단에서다. 특히 지배구조가 좋지 않은 기업에서는 환경·사회 문제를 잘 처리할 수 없다. 따라서 기업은 건전한 지배구조를 통해 지속가능한 성장과 수익 창출을 꾀하며 환경과 사회에 기여해야 한다.

윤태형 ESG 스타트업 넷베터 CEO

연세대학교 전기전자공학부, KAIST 정보미디어 MBA를 전공하고 KT 플랫폼 기획을 거쳐 IT를 활용해 삶과 세상을 더 편리하게 하는 일에 도전하고 있다. 넷제로를 향해 모두가 달려갈 앞으로 수십 년의 여정에 작은 이정표를 제시하고 싶다는 꿈을 꾸며 ESG 스타트업 넷베터를 운영 중이다.

이메일 quentin@netbter.com

12장

기업인으로서 ESG 생태계의 플레이어가 되는 법

스포츠 경기 규칙과 같은 ESG 생태계 규율

농구 경기와 자본주의 경쟁의 유사함

블랙록의 (전) 지속가능 투자 책임자인 타리크 팬시(Tariq Fancy)는 ESG 투자를 "공익을 해치는 위험한 플라시보(Placebo)"라고 비유하여 화제를 불러일으킨 적이 있다. 팬시는 자본주의에서 기업 간 경쟁을 농구 경기에 빗대곤 했는데, 그의 견해에 따르면 기업이 ESG 투자를 전략으로 삼는 것은 승리를 목표로 해야 할 농구팀이 승리보다 경기의 룰을 성실히 수행하는 데 집중하는 것과 같다는 것이다.

팬시의 주장대로 자본주의 경쟁은 농구 경기와 매우 흡사한 구조다. 농구에서 두 팀이 승리라는 강력한 인센티브를 놓고 서로 경쟁하는 것처럼 기업 경영진도 성과 보상이라는 강력한 인센티브를 활용해 기업의 이익을 늘린다. 또, 기업 간 경쟁 구도에선 기업의 이익 자체가 인센티브로 기능하며 플레이어에게 동기를 부여한다. 농구에서는 두 팀이, 자본주의 경쟁에서는 다수의 플레이어가 이 구조 속에서 같은 규칙으로 게임을 한다.

여기서 훌륭한 스포츠맨십이나 ESG 투자와 같은 기업의 선한 의지가 목표 달성에 과연 도움이 되는지 생각해보자. 농구 경기에서 스포츠맨십은 대개 승리 가능성을 오히려 떨어뜨린다. 한 팀의 매너 있는 스포츠맨십은 대중들에게 만족스러운 경기를 제공할 수 있지만, 그렇지 않은 상대팀에게는 매우 좋은 먹잇감이 될 수 있다. 마찬가지로 비즈니스에서 사회를 위한 가치를 창출하려면 기업은 이익의 일부를 희생해야 한다.

물론 스포츠맨십을 갖추고도 승리까지 거머쥐는 농구팀이 있다. 이런 팀에게 대중은 열광하지 않을 수 없다. 훌륭한 사회적 가치를 비전으로 담고 있는 기업이 폭발적으로 성장하면 투자자들은 올마이티 팀을 응원하는 대중들처럼 흥분하고 더 큰 투자 수익을 기대한다. 그렇지만 투자자들에게 더 중요한 요소는 단연 승리와 이익이다. 그들은 착한 기업에 투자할 수는 있지만 영원히 기다려주지는 않는다. 앨 고어(Al Gore)는 《월스트리트 저널》에서 "많은 연구에서 ESG 요소를 계획에 적절하게 통합한 기업이 일반적으로 더 성공적이고 수익성이 높다"라고 말했지만, 이는 "사람들이 듣고 싶은 말을 하면 항상 돈을 벌 수 있다"라는 것과 같은 추상적인 주장에 가깝다. ESG 투자가 위험한 플라시보와 같다고 한 팬시의 주장은 틀린 말이 아니다.

그렇지만 농구 경기에서든 자본주의 경쟁에서든 더티 플레이어에 대한 평가는 정확히 이뤄진다. 승리를 위해 계속해서 비열한 플레이를 하는 선수가 출전 자체를 금지당하는 규칙이 있듯이, 자본주의 경쟁에도 심판과 규칙이 있다. 편법을 일삼는 기업은 일시적이거나 단기적인 이익은 취할 수 있겠지만 결국은 투자자뿐 아니라 정부, 소비자 등 이해관계자들에게 낮은 평가를 받게 될 것이다.

스포츠맨십과 승리가 직접적인 인과관계를 가지지는 않지만 게임 자체를 구성하는 연결고리인 것처럼 기업의 사회적 가치와 이익도 관련이 있다. 그렇기에 팬시처럼 ESG 투자와 맹목적 ESG 옹호론자들에 대해 부정적인 견해를 가지고 있는 이들도 기업의 사회적 가치를 아예 배제하지는 않는다. 훌륭한 스포츠맨십으로 경기에서 우승하려는 의지는 옳기 때문이다.

규칙과 규율도 진화한다

영국 런던 비즈니스 스쿨의 알렉스 에드먼스(Alex Edmans) 교수는 월스트리트 리더인 팬시의 농구 비유에서 배울 점이 많다고 말한다. 첫째는 정부 개입의 중요성을 강조한 점이다. 심판이 반칙을 처벌하는 것처럼, 정부도 기업과 투자자들의 약속에 의존하기보다는 탄소배출량에 세금을 부과하는 등의 규제로 ESG 생태계에 참여해야 한다고 주장한다.

지난 두 세기를 달려온 자본주의 경쟁은 지난 2016년 가장 큰 영향력을 가진 자본가들과 기업인들이 다음 대안을 마련하자고 모인 BRT(Business Round Table)를 기점으로 성장의 한계를 맞았다. 환경과 사회, 체제의 한계를 가장 먼저 느낀 자본가들과 기업인들이 먼저 움직였고 이제는 각국 정부도 지속가능한 경쟁과 존속을 위한 새로운 규칙을 고안하는 데 노력을 기울이고 있다.

앞으로 새로 비즈니스를 시작할 플레이어들은 반드시 곧 다가올 새로운 규칙에 적응할 준비를 해야 한다. 밀턴 프리드먼의 "기업이 수행하는 사회적 책임의 목적은 결국 이익이다"와 같은 명제가 과거 수십 년간 자본주의 경쟁을 이끌었다면, 앞으로는 ESG 관점에서 더 공정한 방식으로 승리하는 기업이 거꾸로 자본을 이끄는 흐름이 생길 것이기 때문이다. 물론 프리드먼의 이야기는 사회적 문제가 중요하지 않다고 생각하기 때문이 아니라, 이익을 좇는 기업보다는 정부가 나서서 세금과 규제를 통해 사회 문제를 처리하는 편이 훨씬 더 효율적인 방식이라는 뜻이다.

다시 농구의 비유로 돌아와보자. 농구팀이 규칙에 따라 경기를 하면서 이기기 위해 최선을 다하는 데 아무런 문제가 없는 환경이라면, 프리드먼의 견해에 따라 법을 준수하면서 이익을 극대화하는 회사가 많아질수록 사회 문제 해결을 위한 자원도 많아진다는 것이다. 에드먼스 교수는 이렇게 정부가 사회적 책임을 담당하고 기업은 그에 필요한 자원을 제공하는 것이 ESG 관점에 부합하는 운영이라고 말한다. 정부는 민주적으로 시민에 의해 선출되고 각 시민은 정당하게 1표를 가지는 반면, 기업의 CEO와 자산운용사의 CIO에게 사회정책을 맡길 때의 문제는 그들이 소수 1%라는 사실이다. 그들은 주주가 아닌 일반 시민들이 처한 중요한 문제를 무시할 가능성이 높다. 하지만 앞으로 심판 역할을 맡게 될 주체가 정부가 될지 기업이 될지는 두고 볼 일이다.

공정한 스포츠맨십이 승리와 이어지지 않는 보상 체계도 보완이 필요할 것이다. 우리는 승리만이 중요했던 무한경쟁체제에서 이제 환경과 사회를 지속가능하게 하는 이해관계자 경제로 넘어가고 있다. 우리 사회에는 성공 인센티브만을 좇는 플레이어들에게 스포츠맨십을 연습하게 만들 수 있는 더 명확한 규칙과 심판이 필요하다. 앞으로 비즈니스를 시작할 창업자들은 이해관계자들이 두루 합의한 규칙과 권한 있는 심판이 생길 때까지는(ESG 글로벌 표준이 수립될 때까지) 스포츠맨십과 성공의 상충 관계 사이에서 많은 고민을 할 것이다.

하지만 앞서 언급한 것처럼 더티 플레이어에 대해서는 분명히 페널티가 주어지기 때문에 기업, 또는 창업자는 공정함과 사회적 가치를 선택하는 것이 유리하다. 그 선택이 높게 평가받는 ESG 생태계가 반드시 도래할 것이다. 반대로 비윤리적 혹은 비친환경 경영으로 오염된 회사는 투자자가 주식을 매각한다 해도 계속 존재하면서 사회에 부정적인 경제활동을 할 것이며 자본주의 시스템으로는 소멸이 불가능하다. 이런 회사들을 규제하고 퇴출시킬 규칙과 규율을 수립하는 것이 다가올 ESG 생태계의 과제이다.

결국은 이해관계자 간 협력

농구와 자본주의 경쟁의 비유에도 한계가 있다. 농구는 제로섬 게임이다. 한 팀은 이기고 다른 팀은 패배한다. 하지만 비즈니스는 제로섬이 아니다. 농구에서는 승자와 패자가 명확히 정해지지만 비즈니스에서 경쟁자들은 파이의 더 많은 부분을 차지하기 위해 서로 경쟁할 뿐만 아니라, 예를 들어 업계 표준을 개선하고 가장 좋은 시스템을 공유하여 파이를 키우고 협력할 수 있다.

'협력'은 수세기 이상 존재해왔으며 역사적으로 충분히 입증된 전략이다. 다만 다가올 미래에 협력을 실행할 주체는 기업과 그 경쟁자가 아니라 기업과 그 이해관계자(기업가, 주주, 투자자, 정부, 사회)일 것이다. 농구에서는 스포츠맨십을 지키다 점수를 잃을 수 있지만, 이해관계자에 대한 기업의 스포츠맨십은 양쪽 모두의 이익을 지키고 파이를 키울 수 있다. 비판론자들은 ESG 투자가 지구가 아닌 월스트리트(Wall Street)를 위한 것이라고 주장하기도 한다. 농구 비유를 만든 팬시조차도 "금융 서비스 산업이 친환경적이고 지속가능한 투자 방식으로 미국 대중을 속이고 있습니다"라고 회의적인 의견을 기고한 적이 있다. 하지만 '과연 주식시장은 무형자산을 완전히 가치 있게 평가하는가?'를 생각해보면 지금 모든 이해관계자들이 자원을 쏟아 부어 만들고 있는 ESG 생태계와 그 노력을 맹목적으로 비판할 수만은 없을 것이다. 투자자는 무형이며 시장에서 가격이 매겨지지 않는 ESG 데이터와 사회적 가치를 단순한 흑백논리로 판단해선 안 된다.

명확한 근거가 없는 포괄적인 ESG 비판은 미래로 가는 속도를 늦출 뿐이다. 공장 직원들에게 육아휴직을 더 많이 준다면 직원들은 얼마나 더 의욕적이고 생산적일 것이며 얼마나 더 많은 이익이 돌아올까? 제품을 만드는 과정에 참여하는 협력업체들에게 기술지원을 하고 상생을 위한 파이를 키우는 투자를 했을 때 얼마나 NPV가 높아질까? ESG 투자에 포괄적 비판을 하는 사람들은 이러한 질문에 답할 수 없다.

에드먼스 교수는 특정 인덱스펀드, 헤지펀드 및 투자자 집단행동 그룹에 참여하는 것이 주주와 사회 모두를 위한 공유 가치를 창출한다는 연구 결과를 내놓았다. 특히 ESG 이슈에 대한 투자자의 행동주의는 부산물로 주주 가치를 창출하고, 주주 가치에 대한 이해관계자의 참여는 결국 ESG 생태계를 향상시킨다는 것이다. ESG 생태계는 단지 희망적인 생각이 아니라 다가올 미래이며, 이해관계자들의 협력이 중요한 이유도 그 때문이다.

ESG 경영을 위한 기업의 준비사항

ESG 스코어링 이해하기

기업이 투자자 및 대출기관과 ESG 경영을 준비할 때 가장 먼저 이해하고 합의해야 할 기준을 꼽으라면 바로 ESG 평가지표일 것이다. 어느 표준을 따를지, 어떤 기관을 통해 공시자료를 준비할지 등의 작업이 그 첫 단계이다. 다음에서는 블룸버그, 레피니티브(Refinitiv), MSCI, 서스테이널리틱스(Sustainalytics), FTSE, ISS 및 비지오 아이리스를 비롯한 기관들이 회사의 성과를 측정하는 데 가장 널리 사용하는 ESG 스코어링(Scoring) 체계를 살펴보고자 한다.

광범위한 ESG 문제를 투자 및 대출 결정에 통합하는 체계는 다음의 표와 같이 ESG 범주에 속하는 각종 위험 노출에 대한 수치 측정치들의 메트릭으로 구성된다. 취합 평가된 ESG 등급은 회사에 대한 전체론적 평가를 이해하기 쉽고 서로 비교할 수 있는 하나의 점수나 등급으로 표현하는 데 활용된다.

| ESG 스코어링 시스템 예시 |

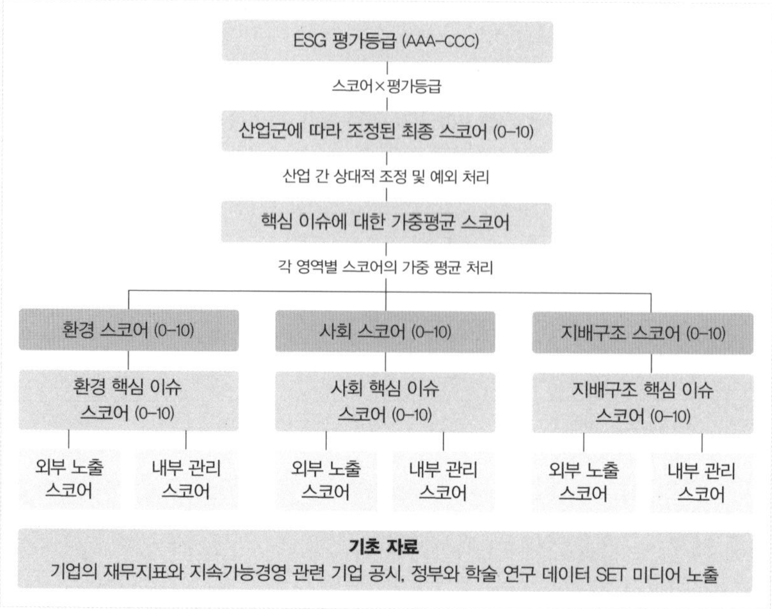

출처: GARP, 〈Sustainablilty and Climate Risk Management〉, 2022.

여기서의 ESG 평가 방법은 일반적으로 다양한 양적 및 질적 지표를 통합하는 채점 방식을 사용하는데, 숨겨진 지표와 하위 점수는 등급을 제공하는 기관의 방법론에 따라 전체 점수로 집계된다.

다만, 현재까지 ESG 점수는 표준화된 기준이 거의 없기 때문에 몇 가지 단점들도 보이는데, 그중 두드러지는 한 가지는 ESG 점수를 계산하는 방법이 일반적으로 독점적이어서 투자자나 대출기관이 데이터 제공자로부터 구매한 점수의 이면을 확인하기 어렵다는 것이다. 또 다른 문제는 ESG 등급이 서로 일치하지 않고 평가 방법이 크게 다를 수 있어 비교하기가 어렵다는 것이다. MDPI의 보고서 〈Sustainability〉(2021)에 따르면 ESG 등급의 수는 2010년과 2019년 사이에 5배 이상 증가했으며 현재 전 세계적으로 약 600개의 ESG 등급을 사용할 수 있다.

ESG 점수 문제를 이해하기 쉬운 좋은 예는 미국 전기 자동차 회사인 테슬라(Tesla)의 ESG 평가이다. MSCI는 환경 문제에 대해 테슬라에 매우 높은 순위를 매겼고 거버넌스에 대해서는 보통 수준으로 평가한 반면, 경쟁 업체인 FTSE는 둘 모두에서 낮은 순위를 줬다. 이 경우 FTSE는 MSCI처럼 테슬라의 전기 자동차가 수명 주기 동안 절약한 배출량이 아니라 테슬라 공장의 탄소배출량만 고려했다고 한다. 또, 지배구조 부문에서 FTSE는 정보공개 부족으로 테슬라에게 낮은 점수를 줬지만 MSCI는 자동차 산업의 평균 점수를 사용했다.

기후변화와 관련된 데이터를 반영하는 것도 간단하지 않다. 이산화탄소 또는 온실가스 배출량은 중립적이고 쉽게 교차 비교할 수 있는 정량적 메트릭스처럼 보이지만, 회사 자체에서 데이터를 보고하기보다는 추정하는 경우가 많다. 따라서 기후위험과 관련하여 투자자와 대출기관은 일반적으로 ESG 점수와 유사한 물리적 위험 점수에 의존한다고 한다.

투자 결정과 주주 참여로 이어지는 ESG 스코어링

많은 투자자와 대출기관은 자산운영 체계에 ESG 관련 리스크와 고려 사항을 점점 더 통합하고 있으며, 대내외적으로 지속가능성에 대한 약속에 이를 반영하는 추세다. 앞서 있는 금융회사들은 ESG 투자를 지원하는 조직 구조와 의사결정 체계를 운영하고 있다. 또한, 앞서 있는 일부 기업들도 기업의 주요 경영관리 업무(IR, 주주총회 등을 포함하는)를 운영하는 조직과 별도로 독립적인 ESG 또는 지속가능성 부서를 두고 기업 ESG 비전을 직접 간접적으로 알리고 있다.

분석된 ESG 스코어 결과는 기업과 거래를 시작하는 투자기관의 포트폴리오 관리자 및 직원이 사용할 수 있다. 투자 대상 기업의 ESG 지표는 포트폴리오 관리자 및 투자팀 업무에 밀접하게 영향을 끼치고 투자 의사 결정권자는 분석 단계에서 대상 기업의 ESG 평가를 완료하고 사내 전문가와 상의하여 최종 결정한다. 물론 모든 분석가와 포트폴리오 관리자 및 의사결정자가 ESG 교육을 받고 당면한 문제들을 이해하고 직무에 적용하면 좋겠지만, ESG 전문지식과 사례가 너무 광범위하기 때문에 앞으로 더 명확한 기준과 사례들이 필요할 것이다.

투자자와 대출기관은 여러 가지 수단을 통해 피투자자 및 채무자 회사에 대한 ESG 데이터를 수집할 수 있다. ESG 점수 및 등급의 주요 출처는 (1) 외부 제공자, (2) 회사와의 논의, (3) 기업 지속가능성 보고서 (4) 각종 규제 등이다(371쪽 표 참조).

이와 같은 채널을 통한 모든 데이터를 취합하여 마침내 기업과 투자자는 초기 투자 단계에서 정기 포트폴리오 및 위험 관리 분석에 이르기까지 투자, 관리 및 운영 프로세스 전반에 걸쳐 ESG를 반영한다. ESG 스코어링은 다양한 기관투자자와 은행에서 다양한 방식으로 실행되며 프로세스와 정보 소스 유형에 따라 그 결과는 약간씩 다르다. 그러나 ESG 스코어 결과는 결코 한 주체에 의해서 단독으로 결정되지 않는다. 그리고 그 결과는 투자자의 전체 포트폴리오에서 특정 기업의 비중을 확대하거나 축소하는 결정에 의미 있는 영향을 끼친다.

| 기업 ESG 성과 정보 주요 출처 |

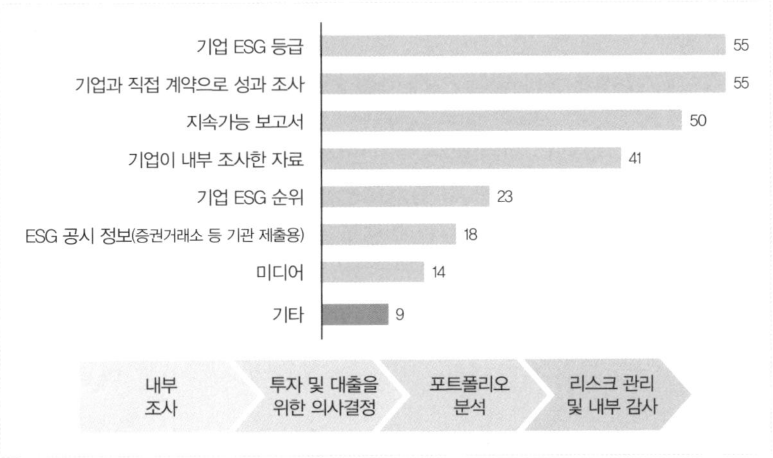

출처: GARP, 〈Sustainablilty and Climate Risk Management〉, 2022.

투자기관의 강력한 제재 가능성 '스튜어드십 코드'

투자자들의 경영 참여는 기업에 변화를 가져오는 중요한 채널이 되어가고 있다. 금융기관은 고객과의 신뢰 확보, ESG 관련 이슈로 인한 재무 리스크 완화, 기업 전략과 투자 전략의 일치, 규제기관의 압력 등 다양한 이유로 경영 참여를 실천한다. 특히 환경과 관련한 금융기관의 경영 참여는 온실가스를 대규모로 배출하는 기업에 압력을 가하여 더 지속가능하고 전체적으로는 거시경제에 긍정적인 효과를 불러일으키는 결과를 낳기도 한다.

초기 주주 참여의 초점은 주로 ESG 성과 지표(예 : 탄소배출량, 물 사용량) 및 지속가능성 정책의 투명한 공개를 위해 기업을 압박하는 것이었다. 그러나 투자자들은 점차 ESG 요소에 대한 측정 및 정보공개 수준의 향상 및 개선을 요구하기 위해 주주로서의 참여뿐 아니라 대중의 지지까지 활용하고 있다. 이러한 압박은 TCFD와 같은 기관을 통해서도 이루어진다. 2021년에는 주주 참여가 더욱 확대되어 피투자 기업들이 파리협약을 준수하거나 넷제로 배출을 지향하는 비즈니스 모델로 전환하겠다는 신뢰할 만한 계획을 발표하라고 요구하고 있다. 한 투자기관은 해당 의무를 이행하지 않는 회사는 "부끄러울 것이며 (사람들이) 기억할 것이다"라고 성명하며 기업 주주로서 ESG 이슈를 해결하도록 경영진을 압박하는 결의안을 작성하여 통과시켰다.

또한 투자자들은 기후행동(Climate Action) 100+와 같은 더 큰 연합(575명의 투자기관이 54조 달러에 달하는 자산을 보유하고 있는 그룹)에 가입함으로써 경영진에 훨씬 더 많은 압력을 가할 수 있다. 주주 참여가 달성한 결과에 대한 강력한 증거들도 있다. 한 연구에 따르면 기업은 주주들의 요청을 18%에서 60%까지 준수한다고 한다(Kolbel et al., 2019). 주주 제안은 참여 대상 기업의 향후 ESG 등급의 후속 평가와도 관련이 깊기 때문에 주주 참여 결과가 제3의 데이터에 드러날 만큼 충분히 중요할 수 있다. 그리고 모든 주주 참여 노력이 실패할 경우에는, 종종 매각 위협이 협상 테이블에 올라올 수 있다. 그러나 이 위협은 시장지배력과 유연성을 갖춘 대형 자산운용사나 헤지펀드가 취할 수 있는 전략이고, 그들도 포트폴리오 인덱스를 따라 결정하므로 단독적인 매각 결정은 어렵다.

최근 몇 년 동안 성장하고 있는 중요한 추세는 일반적으로 규제 조치를 통해 기업에 공개를 요구하는 사항이 증가한다는 것이다. EU에서는 비재무 정보공개에 관한 지침에 따라 특정 대기업 및 공익 기업(EU에서 사업을 하는 직원 500명 이상인 모든 기업)에게 ESG 관련 문제를 자발적으로 공개하도록 요구하고 있다. 또한 영국에서는 상장기업이 2006년부터 온실가스 배출 및 다양성에 대해 보고해왔으며 2022년부터는 모든 상장기업과 유한 책임 파트너십이 TCFD 권장사항에 따라 기후위험에 대해 보고하도록 요구받고 있다. 중국 증권 규제 당국도 모든 상장기업이 ESG 리스크에 대한 정보를 공개하도록 의무화하는 규칙을 도입하고 있다. 또 캐나다 상장기업은 다양성과 관련된 ESG 매개변수들을 정부에 보고해야 하며, 코로나19 관련 정부 지원을 받는 모든 기업은 그 대가로 TCFD 보고를 시작해야 한다고 한다.

그동안 ESG 관련 공개 요구 사항들은 투자자와 기업 간 교환 가치에 의해 이루어졌다. 하지만 앞으로 공공을 대상으로 하는 ESG 공시는 점차 당연해질 것이다. 특히 상장하고자 하는 기업에게는 거래소가 ESG 공개를 요구하며 문지기 역할을 할 예정이다. 중국 상하이 및 선전 증권 거래소는 상장된 회사의 ESG 공개를 요구하고 있는데, 상하이에서 기업공개(IPO)를 하기 위한 자격요건 중 하나는 연례 지속가능성 보고서를 제공하는 것이다. 전 세계 최소 25개의 증권거래소들 역시 상장 조건으로 ESG 정보를 공개하도록 요구하고 있으므로, 한국 기업들도 이에 대비해야 할 것이다.

ESG 리스크 측정과 관리

ESG 리스크 관리를 위한 프레임 워크와 조직

글로벌 기업들은 ESG 리스크를 ERM(Enterprise Risk Management, 전사적 리스크 관리) 차원에서 관리하기 시작했다. 기업 전반에 걸친 위험 관리에 대한 포괄적인 접근 방식인 ERM은 ESG 위험 요인을 포함하고 있기 때문이다. COSO(Committee of Sponsoring Organizations of the Treadway Commission)에서 개발하여 2004년 출시한 프레임워크가 가장 널리 사용되고 있으며 이는 주기적으로 업데이트되고 있다. 2017년 최신 버전은 지배구조, 전략, 성과, 검토 및 커뮤니케이션의 5가지 영역으로 구성되어 있고, 각 영역에 조치와 책임이 포함되어 있으며 각각의 하위 범주가 있다.

다른 종류의 위험 관리와 마찬가지로 기관 내에서 기후위험을 적절하게 관리하는 것은 이러한 위험을 모니터링할 구조와 직원을 배치하는 것에서부터 시작된다. 성공적인 리스크 거버넌스는 이사회와 경영

| COSO ERM 프레임워크 |

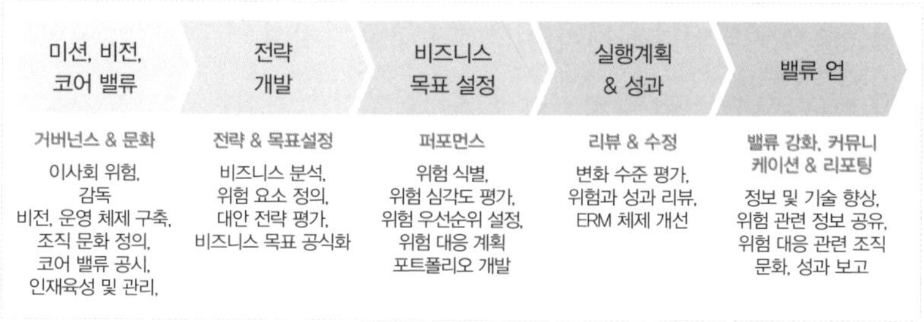

출처: GARP, 〈Sustainablilty and Climate Risk Management〉, 2022.

진으로부터 시작되며, 기업 내부에서부터 관련 지식의 이해와 확산이 시작되어야 구성원도 책임을 가지고, 위기에 대한 기업의 탄력성도 높아지기 시작한다.

리스크 거버넌스의 모범 사례를 만들기 위한 구성에는 여러 계층의 직원과 내부 프로세스가 포함된다. 예를 들어 새로운 거래를 시작하는 직원과 예산 할당 결정을 내리는 포트폴리오 관리자는 ESG 리스크에 대한 초기 판단을 내리는 임무를 맡을 수 있다. ESG 리스크는 법률 및 컴플라이언스 준수 프로세스에도 포함될 수 있다. 이러한 통합은 공식화된 내부 리스크 관리 절차 및 감독 체계를 보완할 수 있다. TCFD는 많은 기업이 기후위험 – 거버넌스 구조를 수립하고 특정 고위 간부에게 책임을 할당하도록 촉구하는 것을 권장한다. 앞선 기업들은 이를 수행하고 ESG 경영에 대한 약속을 공개하며 해당 기업의 차별화 요소로 홍보한다.

기업 문화는 프레임워크와 조직에 비해 파악하기 더 어려워 보일 수 있다. COSO는 기업의 문화를 “경영진과 직원의 결정에 영향을 미치고 조직의 사명, 비전 및 핵심 가치를 반영하는 위험에 대한 태도, 행동 및 이해"(COSO 및 WBCSD, 2018)라고 정의한다. 기후변화와 지속가능성이 기업문화에 반영되려면 기업의 사명과 핵심 가치에 기후위험이 포함되어야 한다. 또한 상위 경영진의 어조에서부터 기후위기 관리의 가치에 대한 기대를 전달해야 하며, 기업의 ESG 경영 기조와 일치하는 직원의 행동 및 이니셔티브를 환영하고 장려해야 한다.

전략과 목표 설정

기업 전략 중 '조직 목표의 우선순위 결정'과 '사명에 대한 경영진 의사결정'은 전사적으로 ERM을 구축하고 기후위험에 대응하는 데 중요한 구성 요소다. 또한 전략을 수립할 때 중요한 전제 조건은 이른바 전략적 경관(Landscape)'을 인지하는 것이다. 기후위험을 어디까지 내다보고 전략을 수립할지가 중요하기 때문이다. 기후위험에 대한 전체 비즈니스 맥락을 이해하려면 먼저 외부 환경을 이해하고, (기후환경변화에 따르는) 물리적·사회적 변화로 시작되는 메가 트렌드에 의한 거시경제적 영향 안에서 특정 회사가 비즈니스 활동으로 낳는 투입물, 산출물이 기후변화에 어떻게 영향을 끼치는지도 이해해야 한다.

COSO와 WBCSD(지속가능한 개발을 위한 세계 비즈니스 협의회)는 메가트렌드 분석으로 기업 환경을 인지한 다음 SWOT 분석, 영향도 매핑 및 중요성 평가와 같은 도구를 사용하여 더 깊이 분석할 것을 권장한다. 이 과정으로 금융자본뿐만 아니라 자연, 인적·물리적 자본과 같은 다양한 유형의 자본을 포함한 미래 주식과 현금 흐름을 설명할 수 있다.

모든 조직은 각자의 상황에 따라 고유한 문제에 직면해 있으므로 기업은 중요성 평가 프레임으로 다양한 기후위험과 지속가능성을 저해하는 위험 요인들의 상대적 중요성을 평가할 수 있다. 현재 주로 쓰는 공통 도구는 SASB 중요성 평가 프레임워크이다. 기후변화 대응전략 수립의 다른 2가지 핵심 구성 요소는 TCFD가 강조하는 기후 시나리오 안의 시간(Time Horizon)에 따른 결과 편차(Outcome Variance)이다. 기후 관련 위험과 기회는 단기, 중기, 장기에 따라 상당히 다르며 기후변화를 해결하기 위한 조직 전략 설정 및 ERM 프로세스도 서로 다른 시간대별로 따로 검토해야 한다. 그 결과들로 기후 배출 궤적이 크게 달라지기 때문에 이러한 시나리오 분석은 기업의 대비에 도움이 될 수 있다.

마지막으로 전략은 목표와 타깃을 설정하는 것이다. 많은 기업들이 넷제로 배출, 또는 탄소 네거티브에 대한 약속을 기반으로 기후변화를 완화하고 배출량을 줄이기 위한 계획을 준비하고 있다. 마이크로소프트는 2050년까지 기업을 운영하는 데 소요되는 탄소배출을 0으로 만들겠다고 약속했는데, 이는 명확한 목표와 타깃 설정의 사례이다. 이러한 목표 설정은 다양한 동기에 의해 추진될 수 있으며 기업의 사회적 책임, 사회적 규범 준수 및 평판 하락 방지에 의해서도 또는 선제적 기업 전환을 통한 자산평가 손실방지 보호(좌초자산 및 시장 위험 방지)와 같은 적극적 위험 관리에 의해서도 결정된다. 목표가 설정되고 나면 향후 기업이 의사결정을 내리는 데 상당한 도움이 된다.

위험 추적 및 측정과 대응

COSO ERM 프레임워크에 따르면 ESG 및 기후위험에 대한 성과 추적은 위험 식별(Risk Identification), 위험 평가(Risk Assesment) 및 우선순위 지정(Risk Prioritization), 위험 대응(Risk Response) 구현의 3가지 하위 요소로 구성된다.

'위험 식별'은 기후위험 요인이 재무 위험으로 전달되는 경로를 조사한 다음 이들 중 어느 것이 특정 조직과 가장 관련이 있는지 식별하는 것으로 시작된다. 모든 기후위험이 회사에 전사적 수준의 위험을 제공하는 것은 아니며, 외부 요인을 식별 가능한 위험으로 변환하고 해당 조직에 대한 영향과 심각성을 평가하는 것은 위험 관리자의 임무이자 위험 식별이다. 위험 식별에는 관련 위험을 단순히 목록화하는 것 외에도 비즈니스 운영 및 전략에 대한 잠재적 영향을 명확히 설명하는 것이 포함된다.

'위험 평가'에는 이러한 위험의 실제 범위에 대한 데이터 수집이 포함된다. 투자자와 은행은 기업의 물리적 위험 및 전환 위험 노출에 대한 점수가 기록된 회사 데이터를 열람할 수 있으며 분석을 수행하여 그들의 포트폴리오에 초과 전체 위험(Excess Overall Risk)이 있을지, 또는 이미 그러한 수준을 넘어섰는지 판단할 수 있다.

'위험 우선순위 지정'은 ERM 콘텍스트 수립에 있어 특히 중요하다. 대기업일수록 많은 위험에 노출될 수 있고 중요한 순서대로 순위를 매기는 것이 중요하기 때문이다. 순위 지정 방법에는 발생 가능성, 적응성 및 복잡성 또는 심각도가 고려된다. 심각도별로 순위를 매기는 방법 중 하나는 위험이 영향을 미치는 결과(Impact of Risk)를 조사하는 것이다. 예를 들면 회사 수익과 자산가치 펀더멘털(Fundamental)에 영향을 미치는 위험은 직원 만족도와 임대료 등과 관련된 부수적인 위험보다 더 심각하게 여겨진다. 위험 우선순위를 지정하는 또 다른 방법은 회사가 실제로 제어할 수 있는 위험을 기준(Level of Countrol)으로 정렬하는 것이다. 프랑스의 화학회사인 솔베이(Solvay)는 과거에는 가장 심각한 영향을 끼쳤지만 현재는 가장 적극적으로 통제되고 있는 한 가지 위험 요인을 기준점으로 두고, 나머지 위험들을 영향과 통제 관점에서 정렬했다.

마지막으로 '위험 대응'은 이렇게 식별되고 평가된 모든 위험에 대해 회사 경영진과 위험 관리자가 취할 수 있는 의사결정을 말한다. COSO ERM 프레임워크에서는 위험 수용, 회피, 추구, 축소 및 공유의 5가지 가능성을 계산한다. 위험을 수용한다는 것은 영향을 미치지만 조치를 취하지는 않는다는 것을 의미한다. 회피는 해당 위험과 관련된 모든 것을 완전히 제거하는 것을 의미한다. 예를 들면 자산관리자나 보험사가 온난화를 유발하는 석탄으로 인한 수익이 일정 수준을 초과하는 기업에 대해 투자와 보험 가입을 거부하는 등의 사례이다. 추구는 위험을 기회로 전환하는 것을 의미한다. 프로세스, 시스템 또는 전략을 개선하여 위험을 감소시킨다. 공유는 공급업체, 규제기관, 전문 협회 또는 경쟁기업과의 협업으로 위험을 완화하는 전략에 가깝다. 경영진과 관리자는 이러한 ERM 프레임을 활용해서 더 구체적이고 제한된 범주에서 의사결정을 할 수 있다.

기업에서 각자의 ERM 프레임워크를 완성하는 방법

물론 COSO ERM 프레임워크도 검토와 수정이 필요하다. 이는 기업의 비즈니스 상황이 변해감에 따라 위험을 재평가하는 것으로 시작한다. 그러나 더 중요한 것은 ERM 프로세스의 효율성에 대한 자기 비판적이고 대응적인 관점이다. 왜냐하면 ERM 프레임워크는 그 효율성과 체계에 대해 반복적인 의문이 제기되면서 완성되기 때문이다. 외부 환경의 실제 변경사항을 신속하게 ERM 시스템에 플래그로 지정하고 수정된 ERM 프레임워크 응답을 추적해갈 수 있는 구조가 필요하다.

내부·외부 이해관계자와의 커뮤니케이션도 성공적인 ERM 프레임워크 활용의 필수적인 부분이다. 큰 회사일수록 내부 커뮤니케이션이 간단하지 않다. 따라서 조직은 이사회와 고위 경영진이 기후 및 지속가능성 위험 노출과 수행된 위험 관리 운영에 대한 정보를 적시에 얻을 수 있도록 프로세스를 구성해야 한다. 투자자 및 대출기관뿐만 아니라 신용평가기관, 직원, 공급업체, 규제기관 및 일반 대중을 포함한 외부 이해관계자와 소통하는 것도 마찬가지로 성공적인 ERM 프레임워크에 포함된다. 물론, 논쟁의 여지가 있는 위험 관리 결정은 비공개로 내릴 수 있다. 그러나 철저하게 비공개로 실행되는 위험 관리는 성공적인 위험 관리가 아니다. 주주와 대출기관이 기후위기와 같은 위험에 직면하여 회사가 지속가능한 가치 창출을 보장하는 견고한 ERM 체계를 보유하고 있음을 아는 것이 중요하다. 위험 관리의 모범 사례를 대중에게 공개하는 것도 마찬가지 전략이다.

이러한 ERM 프레임워크의 구축은 ESG 생태계 전체에 시스템적 효과를 가지며, 경쟁 기업들과 전체 시장이 기후위기에 대응하고 탄소배출 없는 미래로 전환하는 데 도움이 될 수 있다. TCFD 프레임워크가 전체 공개를 전제로 하는 것도 이런 이유에서이다.

시장의 ESG 리더와 트렌드를 읽어보자

지속가능경영 보고서 작성 사례

현재 모든 기업이 따를 수 있는 ESG 표준이 있을까? 아쉽게도 그렇지 않다. 전 세계 기업들에게 가장 포괄적으로 영향을 끼칠 수 있는 국제회계기준(IFRS) 재단은 2021년 11월 영국 글래스고에서 열린 UN 기후협약 당사국총회(COP26)에서 국제지속가능성기준위원회(ISSB) 설립을 공식화했다. ISSB는 2022년 내에 통일된 ESG 기준 초안을 발표할 예정이므로, ESG 표준을 위한 움직임은 이제 시작이라고 볼 수 있다. 따라서 각 기업은 시장의 ESG 트렌드를 읽고 자기만의 ESG 내러티브를 써나가야 할 것이다. 먼저 한경 ESG가 선정한 2021년 ESG 베스트 프랙티스인 SK 그룹의 지속가능 보고서를 살펴보자.

다음 그림은 SK 그룹의 DBL(Double Bottom Line) 경영이 잘 설명되어 있는 SK하이닉스 지속가능 보고서의 사회적 가치 요약이다. SK하이닉스는 SV(Social Value) 영역에서 하이닉스가 사회에 기여한 가치만큼 환

| SK하이닉스 DBL 개념과 SV 가치 산정 |

(%, 전년동기대비)

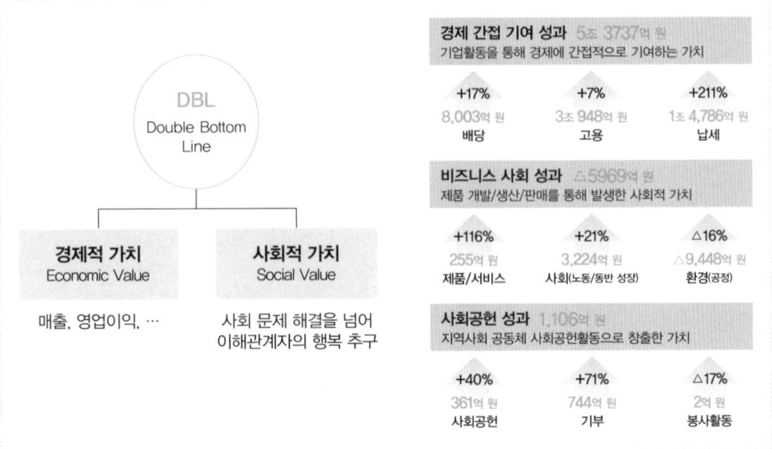

출처: SK하이닉스, 〈지속가능경영 보고서〉, 2021.

경에 대한 책임을 계량화하여 적었고(2020 환경 성과는 -9천 억 수준) 이에 대해 책임질 예정임을 공시를 통해 알리고 있다.

SK에서 측정하는 사회적 가치는 크게 3개 분야로 나뉜다. 경제 간접 기여 성과(고용, 배당, 납세 등), 비즈니스 사회 성과(환경, 사회, 지배구조), 사회공헌 성과(기업의 CSR 프로그램, 기부, 구성원의 자원봉사 실적)이다.

다음으로 보이는 내용은 UN이 2015년 선포한 17개의 지속가능한 발전 목표(SDG's)와 연결된 사회적 가치 중장기 전략이다. 환경 부문에서는 국내외 생산시설에 RE100 실행, 폐기물매립 제로(ZWTL) 달성, 수자원 재이용량을 늘리는 계획으로 UN의 가이드라인을 잘 따르고 있다. 그리고 동반성장 부문에서는 협력사 기술협력 및 투자 계획을 담아 공급망 관리를 강조하는 UN의 지침과도 결을 맞췄다. 목표와 지표를 정했으니 남은 것은 어떻게 수행할 것인가이다. SK는 지난 2019년 수

| UN의 SDG's와 연결된 SK하이닉스의 SV 중장기 추진 전략 |

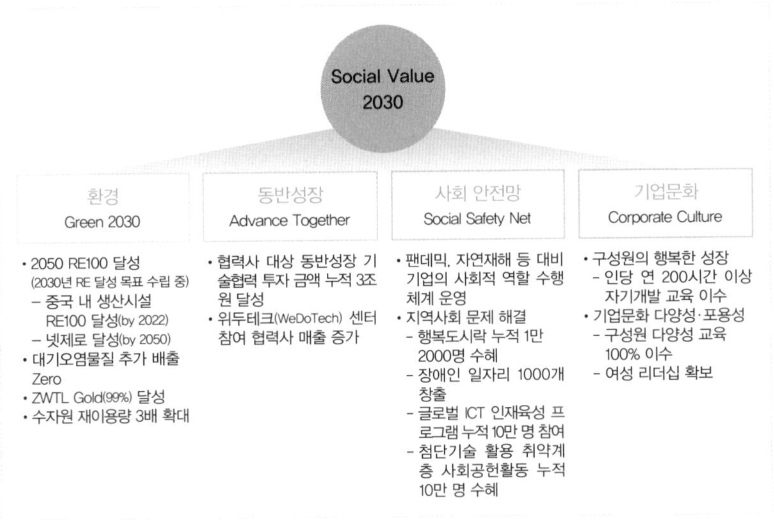

출처: SK하이닉스, 〈지속가능경영 보고서〉, 2021.

펙스 추구 협의회 산하 '사회공헌위원회'의 명칭을 'SV(Social Value) 위원회'로 변경했는데 그룹 차원에서뿐 아니라 SK하이닉스와 같은 그룹사에도 이사회 산하에 지속경영위원회와 ESG 경영위원회를 조직하여 실행 준비를 마쳤다. SK그룹과 그룹사의 홈페이지에서 열람할 수 있는 지속가능 보고서에는 위와 같이 공시한 경영진의 비전과 조직으로 각 분야에서 어떻게 ESG 경영을 실천하고 수행했는지가 다양한 지표와 함께 공개되어 있다.

그 외 고려할 사항, '다가올 법과 제도'

한경 ESG 인터뷰에 따르면 정준혁 서울대 법학전문대학원 교수는 "ESG 공시 의무화 이후 소송이 늘어날 것"이라고 전망했다. 2025년부터 자산 2조 원 이상 코스피 상장사의 ESG 공시가 의무화된다. 또 금융위원회를 포함한 감독기관은 ESG 관련 기업 공시와 모니터링을 강화할 계획이다. 지속가능경영 보고서가 의무 공시 영역으로 넘어가면 왜 약속대로 이행하지 않는지를 놓고 투자자와 펀드 운용사가 소송을 제기할 가능성이 있다. 또 생태계의 상위 기업의 ESG 관련 규제 위반으로 인해 하위 기업이 공급업체에서 탈락할 경우 소송으로 이어질 수 있다. 기존 컴플라이언스 관련 소송과 ESG 소송 간에는 큰 차이가 없으나 환경 이슈는 변수가 많기 때문에 이해관계자 간에 생길 법적 갈등에도 대비해야 할 것이다.

법무법인 세종의 황성익 변호사는 ESG의 모든 이슈는 철저히 순환구조로 돌아간다고 말한다. 앞으로 기업은 공급망 내 다양한 이해관계자와 ESG의 환경 리스크를 해결하기 위해 협력하게 되는데, 이 과정에서 원 사업자와 수탁업체 간 사회적 문제가 발생할 수도 있고 이를 해결하는 과정에서 지배구조 문제가 발생할 수도 있다. 이러한 ESG 속 순환구조를 파악하고, 이와 관련한 경영상 위험 요소와 기회 요인을 분석하는 것이 중요해질 것이다. 그럼에도 리스크 대응을 해나가야 할 기업들은 현재 여러 가지 이유로 눈치만 보고 있는 실정이다. 특히 ESG 경영 시행으로 생기는 가장 까다로운 문제가 사회 이슈인데, 기업의 공급망 문제와 밀접한 관련이 있는 중대재해처벌법, 갑질 논란 이슈 등은 상당히 민감한 문제이기 때문이다.

법무법인 세종의 송수영 변호사는 공급망 리스크에 대비하는 바람직한 접근방법은 '다 같이 잘해야 한다'가 핵심이라고 말한다. 과거에는 가격경쟁력을 보고 협력사를 선택했지만 이제는 협력사를 구할 때도 신중해야 한다. 공급망 관리체계 확보를 위한 새로운 시스템을 만들어 대응할 필요가 있다. 앞서가는 대기업들은 이미 협력업체에 ESG 교육을 제공하거나 ESG 경영 범위를 확대하고 있다. 동반성장위원회에서도 대기업과 협력해 중견기업과 중소기업 지원사업을 진행하고 있다.

이민호 율촌 ESG 연구소장은 미국의 생태학자 개럿 하딘이 만든 유명한 모형인 '공유지의 비극'을 어떻게 피해야 할지 고민하고 있다. 이 모형은 구성원의 이기심과 환경 문제를 쉽고 간결하게 설명해준다. 모형을 통해 현상 분석은 했으나 기후변화와 같은 전 지구적 환경 문제를 나서서 해결할 '세계정부'가 존재하지 않는다는 점이 아쉽다고 이 소장은 말한다. 유사 세계정부 역할을 위해 설치한 기후변화협약 당사국총회(COP)가 있지만 글로벌 ESG 표준 수립까지는 아직 요원하고, 각국의 로컬 법률에도 ESG 의무가 반영되지 않았다. 그렇기 때문에 우리가 기대하는 ESG 생태계는 이해관계자 모두가 주체가 되어 선제적으로 실행해야 완성할 수 있다.

기업이 현시점에서 가장 어려워하는 부분은 모호한 규제에 대한 대응이라고 한다. ESG는 워낙 분야가 넓기 때문에 관련 정책이나 법안도 정부 여러 부처에서 관할하는 경우가 많아 흔히 '주인 없는 규제'라고도 표현한다. 아직까지 법안이나 정책이 논의만 진행될 뿐 구체적 방향성이 제시되지 않은 상황이라 기업의 불안이 크다. 그럼에도 기업은 ESG에 앞서서 대응하지 않으면 미래에 많은 재무적 부담을 떠안을 수 있기 때문에 지금보다 능동적이어야 한다. 화력발전, 정유업체 등 화석연료 의존도가 높은 기업은 곧 생존과 직결된 문제를 맞이하게 될 것이다.

ESG는 이익 추구를 부정하는 것이 아니라 기업의 장기적 발전을 위한 해결책을 제시하고 이를 위해 기업의 사업을 친환경, 친사회적으로 변화시키는 데 그 핵심이 있다. 기업과 이해관계자들이 법률이나 규제가 해결하지 못하는 환경, 사회 문제를 의결권 행사를 통해 해결하고, 전체의 장기적 발전을 바라보며 준법과 컴플라이언스를 넘어 법률에서 요구하는 것 이상으로 환경과 사회 문제를 고려하기 시작할 때, 비로소 ESG 생태계가 움직이기 시작할 것이다.

참고 문헌

〈1장〉

- 강성진 외, 《ESG 제대로 이해하기》, 자유기업원, 2021.
- 금융위원회, 금융감독원, 한국거래소, 〈기업공시제도 종합개선방안〉, 2021.1.
- 금융투자협회, 〈글로벌 IB·운용사 및 국제 기구의 ESG 업무 현황〉, 2021.03.
- 대외경제정책연구원, 〈글로벌 ESG 동향 및 국가의 전략적 역할〉, 2021.
- 대한상공회의소, 〈중소·중견기업의 ESG 경영 필요성〉, 2021.7.
- 유정현, 한유정, 한경래, 〈소비교체: 새로운 세력과 오픈런〉, 대신증권, 2022.3.
- 이종재, 〈ESG 경영의 대두와 융합의 현장〉, 한국융합경영학회, 2021.
- 자본시장연구원, 〈지속가능보고 의무공시 이행을 위한 논의방향〉, 2021.12.
- 조인호, 〈기업책임경영(RBC)과 ESG 관리를 통한 새로운 형태의 클레임 대응: 이니셔티브를 중심으로〉, 한국무역상무학회, 2021.
- 최유경, 정아름, 〈사회적 가치 창출을 위한 E.S.G. 활용방안(1)〉, 자본시장연구원, 2021.7.
- 최두옥, 《스마트워크 바이블》, 유노북스, 2021.
- 코트라, 〈해외 기업의 ESG 대응 성공사례〉, 2021.10.
- 한국거래소, 〈ESG 정보공개 가이던스〉, 2021.1.
- 한동숙, 〈공공기관의 ESG 도입을 위한 정책방안〉, 한국조세재정연구원, 2021.12.
- KCGS Report 11권 6호, 한국기업지배구조원, 2021.
- OECD, 〈ESG Investing: Practices, Progress and Challenges〉, 2020.

〈2장〉

- 김재필, 《ESG 혁명이 온다》, 한스미디어, 2021.
- 대한상공회의소, 〈중소·중견기업의 ESG 경영 필요성〉, 2021.7.
- 딜로이트 안진회계법인, 〈한국 기업들의 ESG 경영을 위한 변화〉, 2021.12.
- 리베카 헨더슨, 《자본주의 대전환》, 어크로스, 2021.
- 바이런 리브스 외, 〈경제는 게임이다 온라인게임 속 리더십을 배워라〉, 하버드 비즈니스 리뷰, 2013.
- 서스틴베스트, 〈ESG경영의 발전/ESG투자〉, 서강대학교 ESG MBA과정 강의자료, 2021.10.
- 소비자평가원, 〈친환경주의에 숨은 '그린워싱'〉, 2021.12.
- 원호섭, '커진 ESG 관심 반영하듯…우수기업도 늘었다', 〈매일경제〉, 2021.12.15.
- 유원상, 〈운명은 없다… 게임의 룰 이해하면 이긴다〉, 〈동아 비즈니스 리뷰〉, 2011.9.

- 이본 쉬나드, 《파타고니아, 파도가 칠 때는 서핑을》, 라이팅하우스, 2020.
- 이호성, 《현장중심형 스마트팩토리-제4차 산업혁명 시대 최강의 무기》, kmac, 2017.
- 톰 피터스, 《톰 피터스의 미래를 경영하라》, 21세기북스, 2005.
- 한국소비자원, 〈소비자 관점에서 본 기업 ESG경영의 미래〉, 2021.5.
- 한국지배구조원, 〈방글라데시 의류공장 붕괴사례로 알아본 기업의 사회적 책임〉, 《CGS Report》 11호, 2013.
- 환경부, 〈탄소중립 생활실천 안내서〉, 2021.8.
- EBS 다큐 프라임, 〈앙트레프레너, 경제강국의 비밀 1부〉, 2016.8.
- VATICAN NEWS, 〈교황, 테드(TED)서 기후행동 촉구 "더 늦기 전에 선택해야 합니다"〉, 2020.10.

〈3장〉

- 공공기관사회책임연구원, 〈2021 경영평가 우수사례 웹공유회〉 자료, 2021.7.
- 금융위원회, 금융감독원, 한국거래소, 〈기업공시제도 종합개선방안〉, 2021.1.
- 기획재정부, 〈2021년 공공기관 혁신 가이드라인〉, 2021.4.
- 기획재정부, 〈2021년도 공공기관 경영평가편람〉, 2020.12.
- 기획재정부, 〈2021년도 공공기관 지정〉 보도자료, 2021.1.
- 기획재정부, 〈2022년도 공공기관 경영평가편람 확정〉, 2021.12.
- 사회적가치연구원, 〈공공기관을 위한 ESG경영전략 웹세미나〉, 2021.11.
- 이승균, '윤석열 시대 개막, 문재인 정부 ESG 정책은?', 〈데일리임팩트〉, 2022.5.10.
- 자본시장연구원, 〈지속가능보고 의무공시 이행을 위한 논의방향〉, 2021.12.
- 장유미, '[尹정부 출범] 기업들 氣살리는 ESG 정책?…E 편중에 정책후퇴 우려', 〈아이뉴스24〉, 2022.05.14.
- 정부 관계부처 합동, '제4차 지속가능발전기본계획 2021~2040', 2021.1.
- 한국거래소, 〈ESG 정보공개 가이드선스〉, 2021.1.
- 한국조세재정연구원, 〈공공기관의 ESG 도입을 위한 정책방안〉, 2021.12.

〈4장〉

- 국토해양부, 〈기후변화대응 미래 수자원 전략〉, 2010.
- 김진, 〈부산 에코델타 스마트시티 물 특화 기술〉, 한국수자원학회지, 2020.
- 김희원, '밀원 감소에 기상이변 겹쳐… 벌통에서 꿀이 사라진다 [심층기획 – 위기의 양봉업계]', 〈세계일보〉, 2021.8.8.
- 그린피스, 〈기후위기가 가져온 바닷속 산호의 죽음, 백화현상〉, 2020.
- 민재형, 김범석, 《ESG 노력은 지속가능경영의 당위적 명제인가? 기업의 재무상태에 따른

비재무적 책임 향상 노력의 차별적 효과》, 한국경영과학회, 2019.
- 배군득, '산업부, 제4차 에너지기술개발계획 공청회 개최', 〈데일리안〉, 2019.11.18.
- '[사설] 기후위기 넘길 '넛지' 교육', 〈환경일보〉, 2021.10.18.
- 산업통상자원부, 〈건강한 미래를 위한 에너지전환〉, 2020.
- 삼정KPMG, 〈ESG의 부상, 기업은 무엇을 준비해야 하는가?〉, 《Samjong INSIGHT》 Vol.74, 2021.
- 안주아, 황경아, 윤석년, 〈기업의 사회공헌 활동에 대한 소비자 인식 분석〉, 한국언론정보학회, 2011.
- 임정일, 김용운, 김형준, 손승원, 〈스마트 워터 그리드 기술개발 및 표준화 동향〉, 《전자통신동향분석》 Vol.29, 한국전자통신연구원, 2014.
- 최상원, '하수처리장에서 수소차 7천대 쓸 수소에너지 만든다?', 〈한겨레〉, 2021.1.28.
- 채효석, 《지속가능한 발전을 위한 물-에너지-식량 넥서스》, 대한토목학회, 2018.
- 통계청, 〈2019년 기업생멸행정통계 결과〉, 2020.12.9.
- 한국과학기술정보연구원, 〈기후변화, 인간의 영향 및 산호초의 회생방안〉, 2004.
- 한국에너지공단, 〈기후변화 정책에서 사회적 할인율이 가지는 의미〉, 2016.
- 환경부, 〈교토의정서 이후 신 기후체제-파리협정 길라잡이〉, 2016.
- KB금융지주, 〈KB트렌드보고서 (1) – 소비자가 본 ESG와 친환경 소비 행동〉, 2021.9.5.
- Michael Kiparsky et. al., 《Groundwater Recharge to Address Seawater Intrusion and Supply in an Urban Coastal Aquifer: Orange County Water District, Orange County, California 》, Case Studies in the Environment, 2021.
- OECD, 〈OECD 2030 환경전망보고서〉, 2008.
- SK ecoplant news room, 〈탄소중립으로 ESG 경영을 시작하라〉, 2021.

〈5장〉

- 강찬수, 'IPCC 보고서 "기후변화 계속되면 아시아 전역이 폭염 위협에 직면"', 〈중앙일보〉, 2022.3.1.
- 기상청, 〈우리나라 109년 기후변화 분석 보고서〉, 2021.4.
- 기상청, 〈2020년 이상기후 보고서〉, 2021.1.
- 김기현·천영호, 《2050 에너지 레볼루션》, 라온북, 2021.
- 김재필, 《ESG 혁명이 온다 2》, 한스미디어, 2021.
- 김지석, 《기후위기와 비즈니스의 미래》, 라이스메이커, 2021.
- 녹색기술센터, 〈4차 산업혁명 기반 기후변화 적용 산업 활성화 방안 연구〉, 2019.12.
- 사단법인 넥스트, 〈한국 산업계가 직면한 기후 리스크의 손익 영향도 분석〉, 2022.1.
- 삼일회계법인, 〈PwC 기후기술 보고서 2021〉, 2021.12.
- 서울경제TV, '반기성의 날씨와 경제-에너지·식량 말려버린 브라질 대가뭄', 2021.10.25.

- 서울경제TV, '반기성의 날씨와 경제–브라질 대가뭄이 만든 살인적 물가', 2021.11.16.
- 서현정, 'TCFD, 기업이 직면한 기후변화 리스크와 기회 정량화', 〈한국경제〉, 2021.7.12.
- 신영증권 리서치센터, 〈신영ESG, 알고 마시면 재미있는 Coffee와 ESG〉, 2022.2.
- 이정호, '1.5도↑ 방어선이 뚫리면 환경 난민 10억 명', 〈경향신문〉, 2021.1.24.
- 임팩트온, '영국 금융감독청(FCA), 'TCFD 연계 기후공시' 의무 규정 발표', 2021.12.21.
- 정진영 외, 《기후변화의 과학과 정치》, 경희대학교 출판문화원, 2019.
- 조천호, 《파란 하늘 빨간 지구》, 동아시아, 2019.
- 최현준, '기후 변화에 위험수위 치닫는 나일·메콩·리오그란데강 '물 분쟁'', 〈한겨레〉, 2021.8.3.
- 하나금융경영연구소, 〈맥킨지, 기후변화 위험에 대한 대응방안 마련 요구〉, 2020.3.
- 한국법제연구원, 〈4차 산업혁명 핵심기술을 활용한 기후변화 대응 전략 연구〉, 2017.11.
- 한국환경연구원, 《대한민국 탄소중립 2050》, 크레파스북, 2021.
- IPCC, 〈AR6 제1실무그룹 보고서〉, 2021.10.
- KOTRA, 〈美 실리콘밸리의 다음 혁신은 기후 위기에서 시작된다〉, 2021.8.2.

〈6장〉

- 강신호, 《이러다 지구에 플라스틱만 남겠어》, 북센스, 2019.
- 곽노필, '위기의 오존층 되살린 3인의 '이름없는 영웅'', 〈한겨레〉, 2021.10.8.
- 곽민정 외, 〈인체 마이크로바이옴 연구개발 동향〉, 한국보건산업진흥원 KHIDI 전문가 리포트, 2017.
- 금호석유화학, 〈금호석유화학, 쌀겨 추출물로 친환경 고무 복합체 제조〉, 2021.8.5.
- 김영수, '[글로벌 ESG 현장]獨 'ESG 모범국'될 수 있었던 배경은', 〈이데일리〉, 2021.5.6.
- 듀폰, 〈DuPont Publishes 2021 Sustainability Report〉, 2021.6.21.
- 모바일환경, 〈150년 역사 바스프의 힘 '페어분트'〉, 2015.8.15.
- (사)한국바이오플라스틱협회
- 삼정KPMG, 〈마이크로바이옴이 몰고 올 혁명〉, 제120호, 2020.
- 삼정KPMG, 〈스마트팜이 이끌 미래 농업〉, 제62호, 2016.
- 성재용, '금호석유화학, 폐플라스틱으로 친환경 원료 제조 사업 본격 추진', 〈뉴데일리경제〉, 2021.8.27.
- 손원익 외, 〈바이오플라스틱산업의 경제적·환경적 파급효과: 축차동태 연산가능 일반균형모형 적용〉, 자원·환경경제연구 제30권 제2호, 2021.
- 송기원, 《송기원의 포스트 게놈 시대》, 사이언스북스, 2018.
- 연구개발특구진흥재단, 〈유망시장 Issue Report 바이오 플라스틱〉, 2021.7.
- 월간 수소경제, 〈농업에도 수소연료전지 바람분다〉, 2021.4.30.
- 이연지, '[변화를 주목하라] 글로벌 '스마트팜' 경쟁 본격화...부가가치 창출 '기대'', 〈이코노

믹리뷰〉, 2016.11.4.

- 이인규 '탄소중립시대의 K-스마트팜', 〈아시아투데이〉, 2022.1.17.
- 정아현 외, 〈대체육 생산 기술〉, 축산식품과학과 산업, Vol 10, No1, 2021.
- 차동원, 《오염시키긴 쉬워도 원상회복은 불가능한 다양한 환경 문제들》, 박영사, 2020.
- 정부 관계부처 합동, 〈2030 국가 온실가스 감축목표(NDC) 상향안〉, 2021.10.18
- BBC뉴스 코리아, 〈환경: '기후변화'와 '플라스틱 문제'가 별개 사안이 아닌 이유〉, 2021.9.28.
- ESG경제, 〈듀퐁 주총, ESG 경영 강조… 플라스틱 쓰레기 대안은 '화이트바이오산업'〉, 2021.5.6.
- European bioplastics, 〈What are bioplastics?〉, Fact Sheet, 2016.
- GS칼텍스, 〈친환경활동 Circular Economy〉
- LG경제연구원, 〈글로벌 농화학기업들이 바이오작물보호제에 주목하는 이유〉, 2018.1.10.
- LG경제연구원, 〈플라스틱 폐기물 이슈, 행동하는 기업들〉, 2021.7.22.
- LG Business Insight, 〈글로벌 화학기업 생명과학사업 강화한다〉, 2015.8.19.
- OECD, 〈OECD ENVIRONMENTAL OUTLOOK TO 2030〉, 2008.
- S&T GPS 글로벌 과학기술정책정보 서비스, 〈[이슈분석 202호] 바이오화학산업·정책 동향 및 시사점〉, 2021.11.12.

〈7장〉

- 강성종, 이현 외, 《ESG경영 리더를 위한 사회적 정의》, 바른북스, 2021.
- 기업과 인권 포럼, 〈인권경영의 국제적 동향과 기업의 실천방안 및 정부의 역할〉, 2020.
- 박성현, 〈'기업의 사회적 책임' 국제규격(ISO 26000)의 동향과 고찰〉, 경영정보논총, 제18권, 2008.
- 배종석 외 8명, 《ESG 시대의 사회적 가치와 지속가능경영》, 클라우드나인, 2021.
- 법무부, 〈기업과 인권 길라잡이〉, 2021.
- 사)한국사회투자책임포럼, 〈2017년도 연구용역보고서〉, 2017.
- 사회적 가치연구원(CSES), 〈ESG Handbook〉, 2021.2.24.
- 삼정KPMG, 〈ESG 부상, 기업은 무엇을 준비해야 하는가?〉 《Sanjong INSIGHT》 Vol.74, 2021.
- 신지영, 《지금 당장 ESG》, 천그루숲, 2022.
- 앨런 패닝턴, 《이기적 이타주의자》, 사람의무늬, 2011.
- 이인형, 〈ESG 평가체계 현황과 특성분석〉, 자본시장연구원, 2021.9.
- 이형종, 송양민 공저, 《ESG 경영과 자본주의 혁신》, 21세기북스, 2021.
- 이효섭 외, 〈기업의 ESG 경영 촉진을 위한 금융의 역할〉, 이슈보고서 21-10, 자본시장연구원, 2021.

- 조신, '[조신의 이로운 경영] 5.경영자는 누구를 위해 경영해야 하는가?', 〈이로운넷〉, 2021.10.15.
- 한국인터넷진흥원, 〈국제기구 및 국제협의체의 개인정보보호 관련 주요 활동 및 논의 내용〉, 2020.6(2019년~2020년 상반기).
- 크리스티안 마두스베르그, 《센스메이킹》, 위즈덤하우스, 2017.
- hankookilbo.com
- KWDI, 〈기업문화 및 일하는 방식 진단을 통한 일·생활 균형 확산〉, 2017.
- news.sktelecom.com/171929
- www.ajunews.com/view/20220303153437537#PL2
- www.adb.org/what-we-do/sectors/dt/main
- www.daontimes.com
- www.hankyung.com/society/article/2022010958591
- www.mk.co.kr/news/business/view/2022/02/135756
- www.mk.co.kr/news/economy/view/2021/10/938662

〈8장〉

- 김미정, 〈중장년 구직자의 심리적 안녕감, 구직효능감, 그리고 공공취업지원프로그램이 노동시장참여에 미치는 영향〉, 경기대학교, 2019.
- 마이클 루릭 외, 강예진·이광훈 옮김, 《디자인 씽킹 플레이북》, 프리렉, 2018.
- 윤소겸, 〈국내 기업 조직 구성원의 직무열의에 영향을 미치는 요인에 관한 메타분석〉, 2021.
- 이상엽, 〈은퇴예정 지방자치단체 공무원의 심리적 안녕감과 은퇴설계방안에 관한 연구〉, 한국비교정부학회, 2011.
- 이현주, 박진영, 〈중장년층의 제2인생 설계를 위한 핵심역량모델 개발 및 교육요구 분석〉, 숭실대학교 한국평생교육·HRD 연구소, 2020.
- 임희정 외, 〈다양성 관리 차원에서의 여성 인적자원 개발〉, 2008 연구보고서-17.
- 정홍인,〈중장년 사무직 근로자의 경력발달과업 성취수준, 성공적 노화 예측요인, 성공적 노화 간의 구조적 관계〉, 2017.
- 존벅, 샤론 빌린스, 이종훈 옮김, 주현희 감수, 《소시오크라시-자율경영 시대의 조직개발》, 한국NVC출판사, 2019.
- 최재정, 〈제4차 산업혁명의 시대에 필요한 '미래역량 교육'의 방향과 원리 탐색〉, 교육의 이론과 실천, 2018. Vol.23, No.2, pp.39-67.
- 최지현, 서승호, 〈밀레니얼세대의 직업가치가 첫 직장 근속기간에 미치는 영향〉, 한국직업교육학회, 2021.
- 황준원, 〈미래출현〉, 파지트, 2022.

- www.hani.co.kr/arti/economy/it/1041573.html
- www.hani.co.kr/arti/society/women/1006538.html
- www.saramin.co.kr/zf_user/help/live/view?idx=101882&listType=news

〈9장〉

- 기업 지배구조원, 〈기업 지배구조와 기업위험의 관계에 관한 연구〉, 2020.12.
- 박영석, 〈ESG 총론 - ESG 어떻게 준비할 것인가〉, 서강대학교 경영대, 2022.1.11.
- 산업연구원, 〈기업 ESG 경영에 대한 산업정책적 접근과 시사점〉, 2021.11.2.
- 서스틴베스트, 류영재, 〈ESG 경영의 발전/ESG 투자〉 강의안, 서강대학교 Min MBA 과정 2021.10.
- 위평량, 〈쉽게 읽는 유토피아〉, 2013.
- 이명석, 〈거버넌스 신드롬〉, 성균관대학교 출판부, 2017.11.24.
- 전예진, '"개미만 호구 됐다"… 카카오페이 '먹튀' 사건의 전말', 〈한경닷컴〉, 2021.12.16.
- 정승환, 'ESG 무시했다간 생존 못한다… 10대 그룹 중 8곳 조직 신설', 〈매일경제〉, 2021.4.30.
- 조신, 《넥스트 자본주의, ESG》, 사회평론, 2021.
- 조준영, 〈㈜오뚜기, "ESG 경영활동 모범" 앞으로도 기업의 환경적, 사회적 책임 다하기 위해… ESG 경영체계 더욱 강화〉, 〈로컬라이프〉, 2021.11.18.
- 최헌섭, 〈지배구조가 기업의 사회적 책임에 미치는 영향〉, 《경영정보연구》 제28권, 대한경영정보학회, 2009.11.
- 콜린 셸, 《세잎 클로버》, 달궁, 2003.
- 푸지에, 《알기 쉽게 풀어 쓴 명쾌한 논어 21세기에 답하다》, 베이직북스, 2012.
- Hee Jeung Kim, 〈The Influence of Foreign Shareholdings on Corporate Governance : The Korea Case〉 Yonsei University, 2003.7.
- www.mk.co.kr/premium/behind-stroy/view/2021/04/29946

〈10장〉

- 김민석, 〈지속가능보고서, '그린워싱과 커뮤니케이션 사이 그 어딘가〉, 조선일보 더 나은 미래, 2021.6.22.
- 리베카 핸더슨, 《자본주의 대전환》, 어크로스, 2021.
- 메리츠증권, 〈ESG 총정리〉, 2020.4.28.
- 사)한국사회투자책임포럼, 〈2017년도 연구용역보고서〉, 2017.
- 사회적 가치연구원(CSES), 〈ESG Handbook〉, 2021.2.24.
- 삼정KPMG, 〈ESG 부상, 기업은 무엇을 준비해야 하는가?〉, 《Sanjong INSIGHT》 Vol.74,

2021.
- 이형종, 송양민, 〈ESG 경영과 자본주의 혁신〉, 21세기북스, 2021.
- 임선영, 〈공개정보 기반 ESG 평가기관의 평가체계 비교분석지수 및 데이터 사업자를 중심으로〉, 한국지배구조연구원(KCGS), 2021.
- 이효섭 외, 〈기업의 ESG 경영 촉진을 위한 금융의 역할〉, 이슈보고서 21-10, 자본시장연구원, 2021.
- 이인형, 〈ESG 평가 체계 현황과 특성 분석〉, 이슈보고서 21-09, 자본시장연구원, 2021.
- 조신, 《넥스트 자본주의, ESG》, 사회평론, 2021.
- 조신, 〈조신의 이로운 경영, 5.경영자는 누구를 위해 경영해야 하는가?〉, 이로운넷, 2021.10.15.
- 최유경, 정아름 〈사회적 가치 창출을 위한 E.S.G. 활용방안(1)〉, 자본시장연구원, 2021.7.
- 〈한국기업지배구조원, 'ESG 모범 규준' 개정〉, 김앤장 뉴스레터, 2021.9.10.
- 한국지배구조연구원, '개정 ESG 모범규준 공개', 2021.8.5.
- bis.or.kr
- djsi.or.kr/wp
- MERITZ Strategy Daily, 〈전략공감 2.0 Meritz Research 10〉, 2020.5.14.
- KBS, 〈붉은 지구 최종화! 웨더노믹스의 시대, 탄소중립 어떻게 해결할 것인가〉, 2021.9.23.
- KICPA 한국공인회계사회, 《ESG 바로보기》, 경성문화사, 2021.
- IMPACT ON, 〈1년 만에 세상 나온 K-ESG, 뜯어봤다〉, 2021.12.2
- IMPACT ON, 〈미SEC, 기후공시 의무화 규정 발표〉, 2021.3.22.
- IMPACT ON, 〈ISSB, 지속가능성 보고 표준안 2개 초안 발표〉, 2021.4.1.
- www.kesgresearch.com
- www.msci.com

〈11장〉
- 금융위원회, 〈ESG 국제동향 및 국내 시사점〉, 2021.2.
- 금융위원회 환경부, 〈2021년 녹색금융 추진계획(안)〉, 2021.1.
- 김윤화, '[카드뉴스] ESG 투자전략 7가지…네거티브부터 주주 행동주의까지', 〈녹생경제신문〉, 2021.10.23.
- 사회적책임경영품질원, 《지속가능성장을 위한 ESG 경영전략》, 자유아카데미, 2021.
- 산업연구원, 〈기업 ESG 경영에 대한 산업정책적 접근과 시사점〉, 제122호, 《Sanjong INSIGHT》 Vol.77, 2021.
- 삼정KPMG, 〈금융과 ESG의 공존: 지속가능한 금융회사의 경영 전략〉, 2021.
- 삼정KPMG, 〈ESG의 부상, 기업은 무엇을 준비해야 하는가〉, 《Sanjong INSIGHT》 Vol.74, 2021.

- 이코노믹리뷰, 〈[괄목상대 ESG투자①]친환경(Environment)에 투자하라〉, 2021.8.7.
- 이코노믹리뷰, 〈[괄목상대 ESG투자②]사회적기업(Social)에 투자하라〉, 2021.8.7.
- 이코노믹리뷰, 〈[괄목상대 ESG투자③]어려운 지배구조, 투자처도 '바늘구멍'〉, 2021.8.7.
- 인해욱, 《부의 기회, ESG에 투자하라》, 이레미디어, 2021.
- 우리금융경영연구소, 〈글로벌 자산운용사의 ESG 투자사례와 시사점〉, 2020.2.6.
- 유진투자증권, 〈슬기로운 ESG 투자생활〉, 2021.4.13.
- 조신, 《넥스트 자본주의, ESG》, 사회평론, 2021.
- 정부 관계부처 합동, 〈ESG 인프라 확충방안〉, 2021.8.26.
- 정부 관계부처 합동, 〈K-ESG 가이드라인〉, 2021.12.
- 키움증권, 〈ESG, EFT로 투자하기 Ver.2〉, 2020.2.13.
- 한국경제신문 및 한국경제매거진 전문기자, 《ESG K-기업 서바이벌 플랜》, 〈한국경제신문〉, 2021.
- 한국경제연구원, 〈ESG의 지배구조(Governance) 개선과 기업가치〉, 2021.
- 한국무역투자공사, 〈일본의 ESG 대응 전략 분석과 시사점〉, 2021.
- 한국사회책임투자포럼(KoSIF), 〈2020 한국 ESG금융 백서-지속가능금융, 교차로에 서다〉, 2021.
- 한국은행, 〈금융안정상황보고서〉, 2021.3. p.37-39.
- IEA, 〈Net Zero by 2050_ A Roadmap for the Global Energy Sector〉, 2021.5.
- IMF, 〈Global Financial Stability Report〉, 2019.10.
- McKinsey, 〈The Net-Zero Transition_What it would cost, what it could bring〉, 2022.1.
- UNEP Finance Initiative, 〈주식투자를 위한 ESG 통합 실용가이드〉, 2016.

〈12장〉

- 온실가스종합정보센터, 〈2020년 국가 온실가스 인벤토리 보고서〉, 2020.
- 《한경 ESG》, 한국경제신문, 1~8월호, 2021~2022.
- Alex Edmans, 〈Is Sustainable Investing Really A Dangerous Placebo?〉, 2021.9.
- GARP, 〈Sustainability and Climate Risk〉, 2022.

북큐레이션 • 급변하는 시대의 흐름에 맞춰 경쟁력을 키우고 싶은 사람들을 위한 책.
《2050 ESG 혁명》과 함께 읽으면 좋은 책, 당신의 미래에 기회가 가득하길 응원합니다.

2050 에너지 레볼루션

김기현, 천영호 지음 | 18,000원

혁신하는 자만이 살아남는 시대
새로운 에너지 패러다임에 맞게 변화하라!

최근 들어 날씨의 변화가 심상치 않다. 갑자기 비가 내렸다 멈췄다 하고 더웠다가 추웠다 한다. 지구온난화 현상으로 지구 온도와 해수면의 상승하고, 폭염, 산불 등의 기상재해가 과거보다 빈번하게 발생하고 있다. 이러한 지구의 환경과 기후의 변화는 우리의 삶에 어떠한 영향을 미치고 있을까? 2019년 UN '기후행동정상회의'에서 65개국 정상들이 지구온난화를 막기 위하여 '2050년 탄소중립 달성'을 선언했다. 그리고 이 변화의 중심에는 에너지 전환이 있다. 에너지 전환은 우리의 삶이 변하는 시작점이 될 것이다. 일상생활은 물론 일자리의 변화와 창출 또한 새롭게 이뤄질 것이다. 새로운 역량과 시각으로 흔들리는 세계 시장의 판도에 대비하라! 기회는 준비된 자에게 온다!

2050 수소에너지

백문석, 김진수, 이경북, 민배현, 이준석, 김기현, 천영호 지음 | 20,000원

우리의 삶을 재구성할 수소경제의 시대
깨어나는 거대한 잠재력 '수소에너지'를 주도하라!

21세기, 인류문명에 또 다른 바람이 불기 시작했다. 경제, 일자리, 일상생활, 서비스 등 사회 전반에 변화를 초래할 에너지 전환의 시대가 다가온 것이다. 전 세계가 '탄소중립'을 선언하고 친환경 에너지인 '수소' 생산에 적극적으로 참여하고 있다. 왜 수소일까? 우주에서 가장 풍부하게 존재하는 원소이자 연소하면 물을 만들고, 공해물질을 내뿜지 않는 무공해 에너지원이기 때문이다. 이 책은 탄소중립을 넘어 수소에너지가 가져올 미래는 무엇이고 그 미래를 선점하기 위해 각국 정부와 기업들이 주력해야 할 의제는 무엇인지, 이를 위해 각 분야의 전문가들이 주력해야 할 과제는 무엇인지 차근차근 짚어준다. '에너지 대전환'을 당면한 인류의 현실 앞에서 수소경제와 관련된 기초지식과 최신 기술 동향, 새로운 정보와 열린 통찰을 얻어 내고 다가올 미래의 맞는 전략과 대응책을 세우길 바란다!